파란의 시학
물의 풍경들

파란의 시학
물의 풍경들

초판 1쇄 인쇄 · 2025년 11월 20일
초판 1쇄 발행 · 2025년 11월 30일

지은이 · 신문수
펴낸이 · 한봉숙
펴낸곳 · 푸른사상사

주간 · 맹문재 | 편집 · 지순이 | 교정 · 김수란
등록 · 1999년 7월 8일 제2-2876호
주소 · 경기도 파주시 회동길 337-16(서패동 470-6)
대표전화 · 031) 955-9111(2) | 팩시밀리 · 031) 955-9114
이메일 · prun21c@hanmail.net / prunsasang@naver.com
홈페이지 · http://www.prun21c.com

ⓒ 신문수, 2025

ISBN 979-11-308-2343-0   93800
값 28,000원

저자와의 합의에 의해 인지는 생략합니다.
이 도서의 전부 또는 일부 내용을 재사용하려면 사전에 저작권자와 푸른사상사의 서면에 의한 동의를 받아야 합니다.
이 도서의 표지 및 본문 디자인에 대한 권리는 푸른사상사에 있습니다.

이론과비평총서 26

파란의 시학
물의 풍경들

A Poetics of Waves

신문수 지음

푸른사상
PRUNSASANG

熙崙에게

책머리에

아침에 일어나 부엌 창밖을 보며 냉수 한 컵을 마신다. 하루의 일상은 이렇게 물을 마시는 것으로 시작된다. 이 물은 어디에서 오는 것인가. 정수기로 다시 한번 거른 것이긴 하지만 내가 매일 마시는 물은 한강에서 취수되어 여러 단계의 정수 과정을 거쳐 각 가정에 배달된 것이다. 잠기운을 떨치고 정신을 맑게 해주는 한 잔의 물이 목구멍으로 흘러 내려가는 감촉을 음미하며 나는 수도꼭지 너머 정수장과 그 너머 강둑을 가득 채우며 흘러가는 양양한 강물을 떠올린다. 그 많은 물은 또 어디에서 오는 것인가. 검룡소의 작은 샘, 그 발원지에서 솟구치는 물만으로 그 도도한 흐름을 만들어내지는 못할 것이다. 강 유역에 산재해 있는 수많은 연못, 늪, 호수, 개울, 그리고 작은 하천의 물들이 서로 만나 뒤섞이고 풀어지며 합주한 결과이리라. 거기에는 이상기후 시대를 사는 농부의 탄식 섞인 땀과 버드나무 개울가에서 헤어진 연인의 쓰라린 눈물도 더러 섞여 있을 것이다. 일상의 물 한 잔에도 이렇게 물길이 만드는 수많은 풍경이 어른거리고 삶의 이런저런 애환이 담겨 있다. 이 책은 한 잔의 물속에 언뜻 언뜻 비치는 이런 풍경들에 대한 사색의 소산이다.

2018년 강단에서 퇴직한 후 떠나보내고 남은 책들을 홍천 공작산 아래 산기슭의 작은 오두막에 옮기고 일주일의 반 정도를 그곳에서 보내기 시작했다. 산간에 둥지를 트는 데 무엇보다 물이 문제였다. 주변 계곡에 개울이 흐르긴 했지만 수량이 적어 일용수로 이용하기는 어려웠다. 산길이 가파르고 좁아 지하 관정을 파는 차량이 올라오는 것이 쉽지 않아 지하수를 얻을 수도 없는 처지였다. 다행히 산기슭을 다듬는 작업 중에 법면 아래쪽에서 물이 솟구치는 것을 발견했다. 그곳을 깊이 파서 우물을 만들었다. 용출 수량이 제법 많아서 집을 며칠 비웠다 돌아와 보면 우물 주변이 질척거릴 정도로 젖어 있곤 했다. 물의 소중함과 더불어 낮은 곳을 향하는 그 은근한 방하심이 새삼 가슴을 적셨다. 우물 아래쪽에 작은 연못을 파고 넘쳐 나오는 물을 받아내고자 한 것은 그런 마음이 시킨 일이었다.

　잠자리에서 일어나면 한동안 발걸음이 반사적으로 연못으로 향하곤 했다. 작은 연못에 불과한데 왜 자꾸 그것에 이끌리는 것일까. 물과 연못에 대한 이 매혹을 어떻게 설명할 수 있을까. 그 근저에는 어떤 집단무의식이 자리하고 있을까. 연못에 비치는 나무들과 그 사이에 걸려 있는 새벽달의 청신한 모습에 정신이 맑아지는 기분이 물론 좋았다. 가스통 바슐라르가 말한 '대지의 눈'을 가까이 두고 있다는 설렘도 컸다. 바람이 세찰 때 연못이 미묘하게 흔들리는 모습에서 말러 교향곡 5번 4악장 아다지에토의 선율을 느끼기도 했다. 현악기와 하프로만 연주되는 선율에서 간간히 들리는 하프 소리가 연못의 작은 파란을 연상시켰기 때문이다. 지고의 선은 물과 같다고 가르치는 『도덕경』의 유명한 대목에 심선연(心善淵)이라는 구절이 있다. 물처럼 그윽하게 마음을 쓰는 덕을 지녀야 한다는 말이다. 물처럼 자유자재로 변신하면서도 연못처럼 그윽한 깊이의 경지 — 이런 자재로우면서도 고요하고 편안한 상태가 우리 삶이 근원적으로 희구하는 것이 아닐까. 연못은 이렇게 산간에 들어와 둥지를 튼 마음의 본래적 지향을 상기시켜주기도 했다.

　연못을 찾아 고요한 물을 응시하는 빈도가 잦아지면서 물 풍경은 이제 예사로 보이지 않았다. 어떤 물의 정경이든 연상의 파장을 일으키곤 했다. 어릴 적 여름 폭우가 그친 뒤 개울가에서 뜰채로 새우와 송사리를 잡던 일, 집 근처 저수지에서 물수제비뜨던 일, 동네 인근을 지나는 동진강 수로에서 자맥질하던 일, 홍수로 번진 한강물을 구경하러 갔던 일, 월든 호수에서 땅거미가 질 무렵 수영하던 일, 하와이 바닷가의 백사장에 앉아 붉게 물들어가는 석양의 바다를 바라보던 일 등등이 연못의 물결을 따라 점멸하곤 했다. 이 사사로운 추상들은 다시 그에 상응하는 텍스트의 세계로 옮아가곤 했다. 이 책에서 다루고 있는 문학작품과 그림들은 이런 마음의 공명이 불러일으킨 느낌과 해석의 소산이다. 사실 어디를 막론하고 스미고 번지는 물의 자재로운 유동성은 사회적 동물인 인간이 다른 사람과 본성적으로 소통하려는 욕구와 흡사하다고 말할 수 있다. 뿐만 아니라 언어 표현의 다채로움, 곧 수많은 비유, 운율, 리듬, 활음 등과 같은 텍스트를 채색하는 문채(文彩)들은 물의 일렁임, 뒤채임, 파문, 갑작스런 요동, 그리고 서로 뒤엉키며 발설되는 다양한 물소리를 연상시키는 것이기도 하다. '파란의 시학'이란 이 책의 제목은 이런 맥락에서 얻어진 것이다.

  이 책이 다루고 있는 텍스트들은 동서고금에 두루 걸쳐 있다. 또 보다 다양한 물의 경관을 음미하기 위해 지형적 장소와 공간을 고려하였다. 보다 구체적으로 말하면 벼루에 고여 있는 먹물에서부터 길바닥에 고인 빗물, 논두렁의 물, 그리고 우물에 대한 시적 상상을 비롯하여 늪, 호수, 강, 그리고 바다의 물 풍경을 소재로 다룬 작품들이 선별되었다. 이 가운데 저자 자신이 현장을 둘러보고 쓴 답사기 형식의 글이 세 편 포함되어 있다. 부족하나마 물에 대한 인간 상상력의 지형도를 그려볼 수 있기를 기대한다.

근래에 들어서 물은 생명의 근원, 자연현상을 이루는 요소, 삶의 교훈과 아름다움을 일깨우는 풍경으로서의 기능보다는 재료나 자원으로서의 역할이 두드러지고 있다. 도시의 수도시설과 위생시설을 작동하는 물을 고려하지 않고서는 근대 도시문명을 운위할 수는 없다. 더욱이 이상기후가 이제 상시적 현상이 되어버린 시대에 물은 기후변화를 말하는 키워드이기도 하다. 이런 모든 것을 고려하면 이 책이 소묘하고 있는 물의 양태는 지극히 협소하다. 그 왜소함은 내 삶의 반경이 그렇기 때문이기도 하다. 시인 신동옥은 『달나라의 장난 리부트』라는 시집에서 이렇게 쓴 적이 있다: "천 길이 아니라 천 갈래다. 물속 말은 물 바깥말로 번역되지 않는다. 물은 멀다." 책을 마무리하며 신동옥의 이 시구가 통절하게 다가온다. 독자 제현이 이를 디딤돌로 하여 더 너른 물의 세계로 침잠해가길 바랄 뿐이다.

　이 책을 구성하고 있는 대부분의 글들은 이미 여러 문예지와 학술지의 지면을 통해 발표된 것이다. 발표의 기회를 제공해준 모든 분들께, 특히 『문예연구』, 『작가포럼』, 『문학수첩』의 편집자들께, 이 자리를 빌려 감사의 말씀을 전한다. 아울러 늘 생각꺼리를 제공해주고 든든한 도반이 되어준 한국생태문화연구회 동학 여러분에게도 감사의 말씀을 드린다. 끝으로 먼 타지에서 학문의 길을 걸으며 이제 첫 저서를 준비하고 있는 큰 아이의 앞길에 큰 물길이 열리길 바라는 마음으로 책 출간의 기쁨을 특별히 그와 함께 나누고자 한다.

2025년 7월 17일
신문수

차례

책머리에 • 5

제1장 물길, 그 들머리에서

1. 삶의 물, 물의 삶   23
2. 물의 인문학   28
3. 물의 윤리학   36

제2장 관조의 물: 물-거울의 풍경들

1. 관조의 징검다리: 물-거울   53
2. 우물: 삶의 거울   67

제3장 홍수 풍경

1. 홍수 사회: 김애란의 「물속 골리앗」   95
2. 각성의 현장: 박화성의 「홍수 전후」와 최서해의 「큰물진 뒤」   105

제4장 늪과 호수

1. 우포늪: 물의 신전   117
2. 맑고 깊은 물의 향연: 다시 월든 호숫가에 서서   134

제5장 강

1. 「흐르는 강물처럼」: 이해와 사랑의 사이   157
2. 두물머리 풍경: 유배에서 풀려난 다산을 생각하며   175

제6장 바다

1. 「이어도」의 바다: 숙명과 해방의 사이   203
2. 상실과 죽음의 바다: T.S. 엘리엇의 「드라이 샐베이지스」   213
3. 『모비딕』의 바다: 생사의 파노라마   223

제7장 예술 속의 물

1. 윈슬로 호머의 해양 풍경   249
2. 물을 품은 건축: 안도 다다오   267

참고문헌 • 287

찾아보기 • 292

물을 보는 데는 방법이 있으니, 반드시 그 물결을 보아야 한다.
觀水有術 必觀其瀾

— 맹자

물길, 그 들머리에서

봄이 오는 전조는 먼저 물소리에서 느껴진다. 겨울의 끝자락, 봄이 멀리서 손짓하는 입춘 언저리에 이르면, 석양 무렵 이따금 산책 나가는 집 근처 천변의 물 흐름 소리는 이전과 다른 느낌을 준다. 냇물은 동면에서 깨어나 기지개라도 켜는 듯 다소 가쁜 듯하면서도 낭랑한 음조를 띠기 시작한다. 다른 것은 물소리만이 아니다. 물색도, 주변의 공기도, 칙칙했던 대지도 이전과 달라 보인다. 비스듬한 햇살에 흘러가는 물결이 환한 은빛으로 반짝거리면서도 다음 순간에는 한결 짙푸른 모습으로 뒤척이곤 한다. 누렇게 시들었던 풀밭과 헐벗었던 나무들에도 은은한 눈록(嫩綠)의 분위기가 감돈다. 일렁이는 물살을 가르는 물오리들의 활발한 몸놀림 또한 봄이 가까이 다가오고 있음을 일깨운다.

그러나 천지에 봄이 성큼 다가와 있음을 알리는 봄의 전령사는 뭐니 뭐니 해도 천변의 갯버들이다. 2월 말에서 3월 초가 되면 갯버들 가지에 보송보송한 털이 뒤덮인 회록색의 꽃들이 피어난다. 아직 바람이 차지만 무리 지은 버들개지의 은빛 군무는 봄을 기다리는 마음을 설레게 만들기에 부족함이 없다. 흘러가는 강물에 얼비친 버들개지들의 하늘거리는 모습은 쉼 없는 세월의 흐름 속에서도 어김없이 되풀이되는 생명의 순환을 상기시킨다. 이렇게 삶은 흐르고 또 되돌아온다. 세월이 덧없이 흘러가지만 거기에 영속적인 것이 또한 깃들어 있는 것이다. 이 엄정한 자연의 순리는 삭막한 겨울을 인고의 시간으로 견뎌온 사람에게는 하나의 위안일 것이다. 그러나 모두가

물길, 그 들머리에서

한마음일 수는 없으리라. 그것을 삶의 무상을 더 뼈저리게 환기시키는 현상으로 받아들이는 사람도 없지 않을 것이다.

환절기의 마음은 어쩔 수 없이 착잡하다. 오가는 절기에 낀 일상이 마음을 하나로 가지런하도록 내버려두지 않기 때문이다. 이 야누스적인 시간에 마음이 싱숭생숭해져 사람들은 투정을 부리기도 하고 몸살을 앓기도 한다.

강물이 풀리다니
강물이 무엇하러 또 풀리는가
우리들의 무슨 서름 무슨 기쁨 때문에
강물은 또 풀리는가

기러기같이
서리 묻은 섣달의 기러기같이
하늘의 얼음장 가슴으로 깨치며
내 한평생을 울고 가려 했더니

무어라 강물은 다시 풀리어
이 햇빛 이 물결을 내게 주는가
— 서정주, 「풀리는 한강 가에서」 부분[1]

---

1 서정주, 『미당 시전집 1』, 민음사, 1994, 115쪽.

겨우내 얼어붙었던 한강물이 풀리는 것을 바라보면서 시인은 투정을 한다. 우리에게 또 어떤 설움을 되뇌게 하고 어떤 기쁨을 되살려보게 하려고 강물은 다시 풀리는 것인가. 자연의 변화는 지나간 삶의 굴곡을 떠올리도록 마음을 자극하기 마련이다. 그러나 시인의 착잡한 마음은 반드시 이 때문만은 아니다. 시인은 "우리들의 무슨 서름 무슨 기쁨 때문에/강물은 또 풀리는가"라고 쓰고 있다. 설움과 기쁨이 먼저이고 자연의 변전은 그로 말미암아 보이는 현상이라는 역설이 또한 첫 연에 깃들어 있다. 그리하여 시인은 얼어붙었다가 풀리며 다시 제 모습으로 흘러가는 물의 변신 자체가 곧 삶이 겪는 슬픔과 열락의 비유일 뿐이라는 암시를 던지며 시를 시작하고 있다.

2연에서 시인은 얼음장처럼 차가운 겨울 하늘을 헤치고 북녘으로 날아가는 기러기를 바라보면서 신산스러운 자신의 삶을 새삼 떠올린다. 그것은 섣달의 차가운 서리를 맞은 삶이요 시련과 절망을 반복해온 삶이다. 신산의 세월을 겪으며 시인의 마음 또한 차갑게 얼어붙어버렸다. 시인은 누구에게도 정을 주지 않고 마음의 빗장을 닫은 채 북녘으로 날아가는 기러기처럼 평생 울음을 삼키며 살고자 다짐을 했었다. 그러나 3연에서 알 수 있듯이 시인의 이 모진 결의는 봄을 맞아 강물이 풀리듯 자신도 모르게 스르르 풀어지고 만다. 따스한 봄 햇살에 경직되었던 그의 마음은 녹아내리고, 일렁이는 생명의 물결은 삶의 가능성과 연속성을 긍정하게 만든다. 풀리는 강물은 이렇게 굳어버린 마음의 옷을 하나하나 벗겨내는 따스한 햇살을 닮아 있다.

물길, 그 들머리에서

    시절과 더불어 풀린 물은 더욱 힘차게 낮은 곳으로 흘러간다. 물은 지나는 길의 모든 것들을 품안에 보듬으며 함께 아래로 흘러내린다. 물은 유연한 듯하면서도 이렇게 추세의 힘을 발휘한다. 그렇다고 모두가 흐름에 떠밀려 가는 것은 아니다. 물속의 잉어들은 물의 흐름을 좇다가도 종종 몸을 돌려 물길을 거슬러 오르며 헤엄을 친다. 생명이 있는 곳에는 어디에나 대세를 거스르는 이런 개체적 몸짓이 출현한다. 물길이 깊어져 작은 소를 이루는 곳에 잉어들이 떼를 이루고 있는 것을 볼 수 있지만 산책길에 이들을 관찰하고 있노라면 거의 언제나 무리를 이탈해 흐름을 거슬러 올라가는 개체적 존재가 나타난다. 이렇게 똑같은 흐름 속의 무리를 떠나 스스로 있고자 하는 충동이야말로 뭇 생명의 본유적 특징의 하나일 것이다. 생명의 과정 중에서도 인간사에서 이에 상응하는 개체적 자유의 몸짓은 가장 뚜렷하다. 사실 인간의 역사는 이런 독자적 영혼이 내쉬는 자유의 숨결에 의해 정태 상태에서 벗어나 이따금 질적 도약을 이루어왔다고 말할 수 있다.

    어릴 적 살았던 고향 집 근처에 작은 저수지가 있었다. 저수지 제방 길섶에는 여러 가지 날벌레와 곤충들이 많았다. 학교에서 돌아오는 길에 저수지에 이르러 특히 짝지은 장군잠자리에 홀려 종종 물가로 내려가곤 했다. 잠자리가 내려앉은 물풀 너머로 비치는 푸른 하늘과 뭉게구름은 어린 마음속에 잠겨 있는 어떤 도발적인 충동을 늘 자극했던 것 같다. 그때마다 나도 모르게 주변의 돌멩이를 집어 그 고요의 한가운데를 향해 냅다 던지곤 했다.

그리고 돌멩이질은 이내 물수제비뜨기로 이어지곤 했다. 고요를 깨뜨리는 풍당 소리와 뒤이은 파문의 일렁임에서 나는 갇혀 있는 내 작은 새가슴의 고동 소리를 들었던 것 같다. 물 위를 튕기며 뻗쳐 나가는 물수제비의 팽팽한 긴장감 또한 좋았다. 고요한 물을 헤집고 싶은 마음이나 흐름을 거슬러 오르려는 잉어의 몸짓은 같은 마음의 다른 표현일 것이다. 덧없이 흐르는 일상에 칼집을 내서 나만의 문양을, 내 고유한 삶의 무늬를, 새겨 넣고 싶은 충동 말이다. 방랑자의 삶을 살았던 시인 오상순은 이런 마음을 "흐름 위에/보금자리 친/오! 흐름 위에/보금자리 친/나의 혼(魂)…"(「방랑의 마음」)이라고 노래한 적이 있다.

다시 환절기의 마음이란 무엇인가. 그것은 변전하는 시간의 여울이 우리를 공간적 사이로 인도하기에 빚어지는 마음의 착잡상이 아닐까. 시간의 추이는 삶의 공간에서 일어나는 번쇄한 일상을 새삼 일깨우는 것이다. 천변을 따라 걷다가 건너편 산책길로 넘어가기 위해 물길을 가로지르는 징검다리를 건넌다. 내 눈은 댓돌과 댓돌 사이의 물의 폭주를 주시한다. 조화를 이루며 조용히 합주하던 물은 그 사이에서 돌연 긴장 관계로 바뀐다. 돌과 돌 사이, 돌과 물 사이, 땅과 하늘 사이, 자연과 사람 사이… 그 무수한 '사이'들이 물의 폭주 속으로 밀려들어 간다. 물은 이들 사이에서 튕겨 나와 파란을 만들며 급류에 휘말린다. 삶의 현실은 안팎으로 겹치고 펴지는 이런 파란의 중첩적 연속일 것이다. 문제는 그 사이의 긴장이 점점 고조되고 있다는 데

물길, 그 들머리에서

있다. 시간과 시간 사이가 급박해지면서 인간과 자연 사이, 인간과 인간 사이를 비롯한 뭇 '사이'가 망가져가고 있는 것이 오늘의 현실이다. 극심한 대립과 갈등의 세태로 적정한 사이가 교란되면서 개체적 존재가 설 자리는 점점 좁아지고 있다. 물길을 거슬러 올라오던 잉어도 징검다리 댓돌 사이에서는 물의 폭주로 맥없이 떠밀려 아래로 곤두박질치고 만다.

참으로 걱정스러운 것은 사회의 절대적 가치로 군림하는 이념의 폭주이다. 그것이 사람 사이의 갈등을 증폭시키는 기제로 작용하기 때문이다. 가령, '민주주의', '민족', '평등', '통일'과 같은 이념이 그런 것들이다. 우리 사회는 민주화의 물길을 연 이후에 특히 이런 이념의 깃발로 세몰이를 해온 정치 세력에 의해 지배되어왔다. 정치의 본질은 이들 이념이 표상하는 인간다운 삶의 실현을 위한 거버넌스의 확립에 있다. 그러나 우리의 정치 무대는 정치를 위한 정치, 곧 권력을 쟁취하고 유지하는 데만 골몰하여 권모술수와 파당적 합종연횡으로 얼룩져왔다. 그리하여 정치적 이념은 인간다운 삶의 실현을 위한 계도적 가치가 아니라 진영 논리를 부추기는 이데올로기로 전락되어버렸다. 각 정치집단은 이념의 깃발을 광풍처럼 흔들어대 사람들의 의식을 주술처럼 마비시켜 그들이 세운 푯대 아래에 묶어두려고 애써왔다. 이런 집단적 최면 상태에서는 개인이든 집단이든 스스로를 되돌아보는 반성적 성찰이 들어설 여지가 없게 된다. 한나 아렌트(Hannah Arendt)는 일반 대중이 집단 논리에 매몰되어 합리적 판단을 몰각해버린 무사고(無思考)

의 상태가 바로 독일 나치즘 체제가 집권하고 권력을 이어간 밑바탕이었음을 전범 아돌프 아이히만의 재판 과정에 대한 보고를 통해 일깨운 바 있다. 이념적 갈등이 심화되고 비이성적 진영 논리의 횡행이 두려운 것은 그것이 민주주의를 빙자한 전체주의 체제로 가는 길목일 수 있기 때문이다.

약육강식의 원리가 지배하는 시장자본주의 사회에서 사회적 연대와 책임을 중시하는 공동체 정신은 물론 중요하다. 그러나 그것이 개인을 몰각하는 전체주의적 공동체를 지향해서는 곤란하다. 강대국에 둘러싸인 지정학적 어려움을 유독 많이 겪은 탓인지 우리는 애국심으로 뭉친 한마음의 공동체를 자주 운위해왔다. 사회적 약자를 보듬고 돌보는 사회적 기강도 중요하고 험난한 국제 질서 속에서 나라의 생존을 도모하는 것 또한 중대사다. 그러나 어떤 상황에서도 추세에서 벗어난 잉어를 질식시키고 솎아내는 식의 "개인 없는 우리"가 되는 것은 경계해야 마땅하다. 그런 닫힌 마음의 떼창은 곧 인간다운 삶의 포기를 뜻하기 때문이다. 강물은 크고 작은 파란을 수용하면서도 조화로운 한 물길을 이루기 때문에 더욱 힘차고 양양하게 흘러가는 것이 아니겠는가.

건너편 천변에는 버들개지가 더 무성하게 피어 있다. 그 보송보송한 은빛 꽃송이에서 머지않아 연녹색 잎이 피어날 것이다. 그러기에 가냘픈 버들개지 하나하나에는 생명의 환희가 약동하고 봄이 출렁인다. 갯버들은 이 순간을 위하여 혹독한 밖의 시련을 견뎌내며 안으로는 자재(自在)의 힘을 키워

물길, 그 들머리에서

왔다. 꽃은 그런 준비 끝에 피어난다. 그렇게 피어난 꽃에서 나는 생명의 고유한 독자성과 존엄성을 본다. 그렇더라도 이 생명의 향연은 유장한 자연의 시간 속에서 한 호흡에 불과하다. 밤낮으로 멈추지 않고 무심하게 흘러가는 물소리가 일깨우지 않더라도 우리는 그것을 피었다가 이내 시들어버리는 봄꽃의 처연한 숙명에서 무시로 느낀다. 그렇지만 나는 지금 이 순간만은 무상의 늪에서 벗어나 버들개지와 더불어 살아 있음을 깊이 호흡하고 싶다. 버들개지의 은빛 찬란한 생명과 그 위엄을 만끽하고 싶다. 그럼으로써 시들어가는 생이지만 나 역시 살아 있음을 확인하기 때문이다.

봄의 길목에서 제일 먼저 개화하는 물가의 버들개지는 물이 뭇 생명현상의 원천임을 또한 일깨운다. 갯버들을 비롯한 버드나무 종은 특히 물을 좋아하는 식물이다. 개천의 흐름 가운데에 퇴적물이 쌓여 만들어진 작은 사구에도 두 그루의 커다란 버드나무가 쌍둥이처럼 서 있다. 이들은 개천 쪽으로 뿌리를 내려 개천 바닥의 마르지 않는 물기를 자양 삼아 생존을 이어왔을 것이다. 옛적에 우물 옆에 버드나무가 많이 심어진 것도 같은 이유에서이다. 내가 본 가장 멋진 수변 풍경의 하나도 버드나무들로 이루어진 것이다. 창녕 우포늪의 쪽지벌로 흘러가는 수로를 따라 자라고 있는 거대한 왕버들 무리의 위용이 그것이다. 군락을 이루고 있는 이 왕버들은 더러는 그 육중한 줄기가 대지와 평행을 이루며 사방으로 뻗어 있기도 하고 더러는 수로 위로 드리워져 있는데 중력을 묵묵히 견디는 듯한 그 장엄한 모습은 물을 마음껏 빨아들일 수 있는 물가가 아니라면 도저히 만들어낼 수 없는 것이리라. 우포늪 왕버들이 연출하는 신비스러운 경관은 자연스레 신화의 세계를 떠올리게 한다. 고구려 건국 시조 주몽의 어머니 유화 부인은 버드나무 꽃[柳花]이란 뜻인데 신화에 의하면 그녀는 본래 강의 신 하백의 딸이었다. 나무와 강물과 창생의 생명이 어우러진 창세신화이다. 그래서인지 고구려 땅인 만주 지역에서 버드나무는 물과 생명의 상징으로 여겨진다고 한다. 생명은, 또 세계는, 이렇게 물에서 시작되었고, 생명과 문명의 유지와 연속 또한 물 없이는 생각할 수 없다. 그러나 우리는 이 사실을 곧잘 망각한다. 이제 우리 삶의 필수적 요소인 물의 물리적 양태, 그 수리학을 잠시 생각해 보자.

1

삶의 물, 물의 삶

> 이곳은 물이 없고 다만 바위뿐
> 바위만 있고 물 없는 모랫길뿐
> 길은 산들 사이로 구불구불 이어지고
> 산은 물이 없는 바위산
> 물이 있다면 발을 멈추고 목을 축일 터인데
> 바위 사이에서는 멈출 수도 생각할 수도 없다
>
> ―T.S. 엘리엇, 『황무지』에서[2]

물은 생명의 근원적 요소이자 그 존속에 필수적인 것이다. 생명체는 물과 더불어 태동했고 물과 더불어 살아간다. 세계의 거의 모든 창세 신화는 물과 연관되어 있다. 아폴로 17호 우주비행사들이 우주 공간에서 찍은 지구 사진 '블루 마블(Blue Marble)'의 '블루'는 생명체의 존재를 표상하는 색깔인데 바로 생명을 품은 바다의 영상이다. 태양계의 행성 가운데 오직 지구에만 생명체가 존재하는 것은 지구에 액체 상태의 물이 있기 때문이다. 금성과 화성에도 수분은 있다. 그러나 그 수분은 수증기 상태로 있기 때문에 대부분 우주 공간 속에 흩어지고 만다. 지구 바깥편의 목성, 토성, 천왕성 등에도 수분은 있지만 그것은 고체 상태인 얼음으로만 존재한다. 이런 상태에서는 생명이 출현할 수 없다. 행성으로 형성된 이후 지구는 고온의 마그마

---

[2] T. S. Eliot, *The Complete Poems and Plays of T. S. Eliot*, London: Faber and Faber, 1978, p.72.

로부터 분출된 수증기가 냉각되면서 액체 상태의 물이 생성되고 이 물이 염분과 결합하여 바닷물이 만들어졌다. 바닷물이 다시 증발해 공기 중에 수분 덩어리 곧 구름이 형성되고 그것이 비가 되어 떨어지면서 지상에서도 생물이 살 수 있는 조건을 갖추게 되었다.

생명체의 몸 또한 대부분 물로 구성되어 있다. 가령 인간의 경우 신체의 약 70%가 물로 되어 있다. 몸의 곳곳을 순환하며 영양과 산소를 공급하는 혈액의 80~90%가 물이고 두뇌와 심장도 75% 정도가 물이다. 이렇게 우리 몸의 대부분이 물로 구성되어 있기 때문에 신진대사도 가능한 것이다. 물은 음식물을 용해하여 영양소를 만들고 이를 에너지로 만들어 신체의 각 부분에 전달하는 데 핵심적인 역할을 한다. 인체의 각 조직에서 만들어진 노폐물을 밖으로 배출하는 데도 체내 수분이 관여한다. 물은 인체 세포 내에서 복잡한 화학 반응을 일으키는 촉매로 기능하면서 또한 생명 유지에 필요한 화학물질들이 세포벽을 넘나들 수 있도록 도와준다. 우리 체온이 통상 36~37도를 유지하는 것도 인체 내에 물이 있기에 가능한 것이다. 물은 이렇게 인체에 없어서는 안 되는 중요 요소이다. 사람은 체내 지방과 단백질의 50%를 상실해도 생명을 유지할 수 있지만 체내 수분의 10%가 감소하면 마비가 오고, 12~15%의 수분 손실 상태가 1주일 넘게 지속되면 사망하게 된다. 이런 사실들은 결국 물이 액체 상태를 유지하는 온도의 범위에서 생명체는 최적의 기능을 발휘한다는 것을 말해주는 것이기도 하다.

다시 말하거니와 물은 생명 존속에 필수적이다. 모든 생명체의 일상은 물 없이는 생각할 수 없다. 먹고, 마시고, 씻고, 배설하는 일상의 뭇 행위는 모두 물의 장(場) 속에서, 그 수리적 역학 속에서 이루어진다. 그러나 우리는 이 사실을 곧잘 망각한다. 공기 없이 살아갈 수 없는데도 공기의 중요성을 의식하지 못하는 것과 마찬가지다. 물의 부족으로 생존이 어렵다면 인간 문명 또한 기대할 수 없다. 서두에 인용한 엘리엇의 시구가 암시하는 것처럼 물이 없는 황량한 상황 속에서 우리는 살아갈 수 없고, 안주할 수도 없고, 생각할 여유도 갖지 못한다. 생명의 존속뿐만 아니라 인간다운 삶을 살기 위해서도 물은 긴요한 것이다. 사람은 생존하기 위해 매일 2~3.5리터의 물을 마셔야 하고 최소한의 위생 생활을 하는 데에도 40~75리터의 물이 필요하다. 이는 물론 최소한의 양이다. 2021년 기준으로 유럽인들은 하루에 대략 100리터, 미국인들은 500리터, 한국인은 303리터의 물을 사용하는 것으로 조사되고 있다. 그러나 생활에 필요한 최소량의 안심하고 사용할 수 있는 물을 가까운 곳에서 구하지 못하는 사람들의 수는 전 세계적으로 무려 20억, 곧 세계 인구의 25%에 이르는 것으로 보고되고 있다.

인류의 역사가 증언하듯 인간 문명은 물길을 중심으로 이합집산을 거듭했다. 세계 4대 문명은 모두 큰 강 주변에서 발생했다. 이집트 문명을 이룬 나일강, 메소포타미아 문명을 이룬 티그리스와 유프라테스강, 인더스 문명을 이룬 인더스강, 고대 중국 문명을 태동하게 한 황하강, 모두 사람과 물자의 대규모 이동을 용이하게 하고 관개를 통해 식량을 지속적으로 생산할 수 있는 수로를 품은 지역이다. 이 큰 강들은 한편으로는 바다와 연결되어 해로를 개척하고 다른 한편으로는 내륙의 수많은 작은 수로들에 이어지면서 문명을 확장시키고 통합해가는 근거지가 되었다. 문명화는 이처럼 물을 안정적으로 확보하고 효율적으로 이용해가는 과정이기도 하다. 반대로 물이 안정적으로 공급되지 못하면 문명은 결국 소멸될 수밖에 없다. 가령 중남미의 마야 문명은 200년간 계속된 가뭄으로 사라졌다는 설이 있다. 아프리카의 사하라 사막도 한때는 푸른 초원지대였지만 지표수가 심층의 화석대수층으로 흘러들어 가면서 물 부족으로 사막으로 변했고, 중국의 황량한 황하 북쪽 평원지대도 황하 문명의 발생기에는 물에 잠긴 늪지대였다고 한다.

근대 산업혁명 또한 물의 힘을 혁신적으로 이용할 수 있는 기술의 터득으로 가속화되었다. 초창기 산업혁명을 이끈 면방직 공업의 발달은 수력을 이용하는 각종 수차의 발명으로 수작업에서 기계적 생산으로 전환됨으로써 가능해졌다. 수력에 이은 증기력의 활용은 산업혁명을 본궤도에 올려놓는 결정적 계기가 되었다. 18세기 말 제임스 와트가 새롭게 고안한 증기기관은 산업 분야는 물론 일상적 삶의 혁신을 이루는 원동력이 되었다. 예컨대 증기기관 덕분에 영국에서는 탄광 개발에 큰 장애물이었던 지하수와 갱도에 고이는 물을 펌프로 퍼낼 수 있게 되면서 석탄 생산이 배가될 수 있었다. 갱도에서 퍼낸 물은 운하에 이용되고 이런 운하들과 연결된 지방의 작은 수로들은 채탄장에서 공장 지역으로 석탄을 운반하는 수상 운송을 활성화했다. 증기기관은 또한 코크스 용광로의 가열을 획기적으로 개선시킴으로써 철강 생산을 증진시켰다. 근대 대도시의 등장도 증기기관 펌프로 퍼 올린 강물을 음용수로, 조리용 식수로, 그리고 무엇보다 도시화의 부산물인 각종 하수와 배설물을 위생적으로 처리하는 데 사용함으로써 가능해졌다. 도시 집중은 전 세계적으로 오늘날까지 지속적으로 심화되고 있는데, 현대 도시문명은 실로 물 없이는 상상할 수 없는 것이다.

주지하듯 지구 표면은 약 71%가 물로 덮여 있다. 지도는 통상 육지 중심으로 그려져 있지만 지구는 사실 수구라고 부르는 것이 마땅할 정도로 뭍보다는 물이 압도적이다. 부피로 따지면 전체 지구상 물의 약 96.5%는 바닷물이고 나머지 3.5%가 민물이다. 이 중 0.9%도 염수이고 담수는 2.6% 정도이다. 그나마 그 대부분은 남북극의 얼음과 빙하 상태로 있고, 민물 가운데서도 인간이 이용할 수 있는 물은 지구 전체 물의 양의 0.003%에 불과하다.[3]

---

3 "Water Distribution on Earth," Wikipedia, 2022년 8월 21일 접속, https://en.wikipe-

다시 말해 지구의 가용 수자원이 100리터라면 그중 인간이 이용할 수 있는 물은 0.003리터, 약 1/2티스푼에 해당하는 정도이다. 그렇더라도 이렇게 이용 가능한 물이 육지에 균등하게 분포되어 있다면 지구상에 물 문제는 야기되지 않을 터인데 그렇지 않은 것이 현실이다. 예컨대 물 부족에 시달리는 근동과 아프리카 지역 건조 지대의 담수 보유량은 가용 수자원의 약 2%에 불과하여 이 지역에 사는 15억 명의 인구가 물 부족으로 생존을 위협받고 있다. 이들 중 상당수는 하루 일상의 대부분을 물을 구하는 데 보내고 있는데 안타깝게도 그 수가 매년 증가하고 있다.

  물은 과거에는 자유재였으나 이제는 중요한 자원으로서 우리 모두가 함께 사용하는 공유재가 되었다. 스티븐 솔로몬(Steven Solomon)은 20세기가 석유 자원을 둘러싼 갈등의 역사였다면, 21세기는 물에 대한 투쟁이 세계질서와 문명의 운명을 결정짓는 새로운 전환점이 될 것이라고 경고한다.[4] 이렇게 세계적으로 물 부족이 심화되다 보니, 유엔은 1993년 3월 22일을 '세계 물의 날(World Water Day)'로 제정하고 매년 이날을 기념하여 물의 소중함을 일깨우고 물 부족을 타개하기 위해 국제협력을 다지는 여러 행사를 펼치고 있다.

---

dia.org/wiki/Water_distribution_on_Earth.
[4] 스티븐 솔로몬, 『물의 세계사』, 주경철·안민석 역, 민음사, 2013, 11쪽.

2   물의 인문학

    생명의 기원과 존속에서 빼놓을 수 없는 필수 요소다 보니 물은 신화, 전설, 종교, 철학의 중요한 의미소가 되어왔다. 세계의 거의 모든 신화는 생명의 기원을 물에서 찾고 있다. 수메르 신화는 태초에 빈 공간인 하늘 아래 잔잔한 바다만 있었는데, 폭풍의 신이 나타나 바다의 물결을 가르면서 대지가 솟아난 것으로 설명하고 있다. 수메르어에서 바다라는 뜻의 'mar'는 '자궁'이란 의미도 지니고 있다. 다신 사회인 일본에서도 많은 신들이 바다와 접촉하여 태어난 것으로 전해지는데, 일본어에서도 바다라는 뜻의 '海, うみ'는 또한 '낳다, 잉태하다'라는 뜻도 있다.[5] 고대의 창조신화나 개국설화에서도 물은 중요한 신화소로 등장한다. 가령 『성경』은 하나님이 물과 더불어 천지창조를 시작한 것으로 적고 있다: "땅이 혼돈하고 공허하며, 어둠이 깊음 위에 있고, 하나님의 영은 물 위에 움직이고 계셨다"(『창세기』 1: 2). 앞서 언급한 대로 주몽의 어머니 유화 부인이 황하의 수신인 하백의 딸이고, 신라의 시조 박혁거세는 나정(蘿井)에서, 그의 부인 알영은 알영정에서 태어났다고 하니, 이들의 탄생설화도 물과 연관되어 있다. 중국의 전설적인 통치자인 황제(黃帝), 순(舜), 우(禹) 임금 등은 모두 물을 관장하고 치수를 책임지는 존재들이었다. 비교종교학을 개척한 엘리아데(Mircea Eliade)는 종교를 무엇보다 신성한 것의 체험이라는 시각에서 볼 것을 강조하면서 여러 종교에서 신

---

5   알레브 라이틀 크루티어, 『물의 역사』, 윤희기 역, 예문, 1997, 22쪽, 25쪽.

성함이 어떻게 발현되고 있는가를 살피고 있는데, 물은 하늘, 땅, 돌과 더불어 신성함을 불러일으키는 가장 중요한 요소로 주목되고 있다.[6] 엘리아데가 환기시키듯이 물과 그 원천인 샘을 신성한 것으로 숭배하는 현상은 전 세계에 걸쳐 있다.

우주와 세계의 기원 및 현상을 신화에 의탁해 설명하는 대신 그 궁극적 기반이 되는 물질을 찾고자 했던 우주론 시대에도 물은 주목되었다. 서양에서 자연과학적 사유의 싹을 틔운 이오니아의 자연철학자 탈레스(Thales)는 물이 만물의 근원이라고 생각했다. 그가 물을 근원적인 것이라고 생각한 것은 지상의 여러 사물들이 물이 다양한 양태로 상을 변화시키면서 비롯된 것이라고 추론했기 때문이다. 그는 또한 지구가, 큰 배가 그렇듯이, 거대한 물 위에 떠 있는 것이라 추정했다. 지진 현상도 지구를 띄우고 있는 이 물이 흔들리면서 그 진동으로 야기되는 것이라고 그는 주장했다. 우주의 아르케(archē)를 물이라고 규정하면서도 탈레스는 만물을 변화시키는 궁극적인 것은 신이라고 생각했다. 이런 점에서 탈레스는 여전히 신화적 사유 체계에서 벗어나지 못했다고 볼 수 있다. 호메로스나 헤시오도스의 신화적 세계에서 지구는 가장자리를 순환하며 끝없이 흐르는 강물인 오케아노스에 의해 둘러싸인 원반형으로 상상되었다.

바빌론의 천지창조 신화에서도 세계는 본래 물로 뒤덮여 있었는데 이 물이 가장자리에서부터 조금씩 물러나면서 땅이 형성되었다고 보고 있다. 탈레스를 비롯한 아낙시만드로스(Anaximandros), 아낙시메네스(Anaximenes)와 같은 이오니아의 자연철학자들은 우주론을 전개하면서, 근동의 인접 문명들,

---

6 Mircea Eliade, "The Waters and Water Symbolism," *Patterns in Comparative Religion*, Trans. Rosemay Sheed. New York: Sheed and Ward, 1958, pp.188~215 참조.

특히 바빌론의 천문학적 지식을 빌려오긴 했으나, 그것을 토착화하면서, 베르낭(Jean-Pierre Vernant)의 지적대로, 종교적 시각에서 벗어나 실증적이고 합리적인 관점에서 우주의 질서를 설명하고자 했다는 점도 유의해야 한다. 그러한 시각은 자연 사물을 인간 자신과 구별되는 대상으로 객관화해서 보는 시각의 문을 열어간다.[7] 탈레스가 말하는 신은 종교적 차원의 어떤 절대자를 염두에 두었다기보다는 자연을 생동하게 하는 인간적인 것을 초월하는 모종의 힘을 말하는 것으로 보는 것이 타당하다. 이오니아 자연철학자들은 자연을 탐구하면서 그것을 신과 결부시키지 — 예컨대 천둥, 번개를 제우스의 권능으로 보는 시각 — 않고 현상의 원인이 된 경험적 근거를 제시하고자 했다는 점에서 "신화적 사유에서 이성으로의 이행"[8]을 대변하는 것이다. 탈레스가 물을 만물의 근원적 요소로 본 것도, 아리스토텔레스가 『형이상학』에서 전하고 있듯이, 만물의 영양소가 습기를 머금고 있고, 이 습기로부터 따뜻함이 생겨나면서 그것으로 인해 또한 그 따뜻한 기운이 생동하기 때문이고, 무엇보다 모든 씨앗이 습한 본성을 지니고 있다는 근거에 입각해서이다.[9]

---

7   장 피에르 베르낭, 『그리스인들의 신화와 사유』, 박희영 역, 아카넷, 2005, 233~250쪽; 박희영의 다음의 주장도 참조: "탈레스를 비롯한 이오니아의 자연철학자들이 아르케 개념을 출발점으로 하여 퓌시스를 탐구하고 설명함을 통해, 서서히 신인동형주의적 환상에서 깨어나 자연과학적 설명 체계에로 전진해 나아가고 있음을 깨닫게 된다. 이 같은 관점에서 보면, 그들은 이제 자연으로서의 자연과 직접 맞부딪치되, 그것과 실제적 차원에서 일치감을 느끼며 행동하는 방향이 아니라, 인식론적 차원에서 그것을 자신과 구별되는 대상으로서 관조(theoria)하며 인식하는 방향으로 나아가게 됨으로써, 자연에 대한 철학적 지도 그리기의 방법론적 첫 발을 내딛는 가운데 형이상학적 사유의 길을 개척하고 있는 것이다."(박희영, 「그리스 초기 자연 철학의 형이상학적 사유」, 『哲學』 제79집, 2004, 129쪽)

8   베르낭, 앞의 책, 16쪽.

9   Friedrich Nietzsche, *The Pre-Platonic Philosophers*, Trans. Greg Whitlock. Urbana and Chicago: University of Illinois Press, 1995, p.26 참조.

우주론 시대의 그리스 철학자들은 더 이상 나눌 수 없는 근원적인 것, 처음 그것에서 생겨나서 마지막에 다시 거기로 돌아가는 플라톤이 스토이케이온(stoicheion, στοιχεῖον)이라고 명명하고 아리스토텔레스가 질료인이라고 말한 것의 규명에 관심을 기울였다. 이들은 그에 못지않게 변화와 생성의 현상에도 주목했다. 뒷날 라틴어로 원소(elementum)라고 번역될 스토이케이온이 항구적인 것이라면, 그 반대 현상인 변화는 어떻게 일어나는가라는 문제 또한 자연 탐구의 주요한 이슈였다. 변화와 생성에 대한 자연철학자들의 사유에도 물은 중요한 생각거리였다.

에페소스 출신의 헤라클레이토스(Herakleitos)는 이른바 만물유전설(panta rhei)을 주장하며, 같은 강물에 두 번 발을 담글 수 없다는 유명한 말을 남겼다. 그는 세상 만물의 변화를 끊임없이 흘러가는 물에 비유한 것이다. 근래의 해석자 중에는 만물이 변화한다는 생각에는 만물이 변화함으로써 항상성을 유지한다는 의미도 내포되어 있다고 지적하는 사람도 있다.[10] 다시 말해 항상성과 변전성은 대립적이라기보다는 상호 연관되어 있다. 물에 대한 미묘한 통찰을 보여주는 헤라클레이토스는 그럼에도 만물의 근원이 물에 있다고 주장한 탈레스와 달리 그 근원이 불에 있다고 생각했다. 그는 불이 변해서 물이 되고, 물은 다시 반은 대지로 나머지 반은 대기로 비산한다고 주장했다. 이 과정은 가역적인 것이기도 하다. 대지는 다시 물로 변할 수 있고, 공기 또한 물로 되돌아간다는 것이다.

우리는 여기서 아르케의 유일성을 거부하고 4원소설을 주장한 엠페도클레스(Empedocles)를 떠올리지 않을 수 없다. 시칠리아 출신의 이 철학자 역시 우주의 변화와 생성에 대해 숙고했는데, 그는 세상 만물은 근원적인 네 가

---

10 이창대, 「헤라클레이토스 철학에 대한 새로운 이해」, 『철학』 43, 1995 참조.

지 요소, 곧 흙, 물, 공기, 불에서 비롯되었다고 주장했다. 이 네 가지는 따로 생성된 것이 아니라 언제나 존재해왔고 영속적인 것이라고 그는 생각했다. 엠페도클레스는 이 네 원소를 스토이케이온이라 부르지 않고 '뿌리(rhizomata)'라 칭한다. 이 네 뿌리가 되는 요소들은 '사랑'과 '투쟁'이라고 부르는 두 상반된 힘의 영향하에서 서로 섞이기도 하고 분리하기도 함으로써 그 밖의 다른 모든 존재자를 만들어낸다. 다시 말해 세상의 변화란 이미 존재하고 있던 이 요소들의 혼합과 분리의 영속적 과정에 다름 아닌 것이다.[11]

4원소설은 현대에 와서 가스통 바슐라르와 같은 상상력의 철학자에 의해 다시금 주목되었다. 과학철학자로 학문 활동을 시작한 바슐라르는 처음에는 4원소설이나 그 변주라고 할 수 있는 중세의 4체액설과 같은 도식화된 설명틀을 객관적인 과학철학의 정립을 어렵게 만드는 인식의 방해물로 간주하고 비판했으나 문학 이미지와 상상력의 탐구로 관심을 돌리면서 그 중요성을 인식하게 된다. 시적 이미지를 연구하면서 바슐라르는 하나의 물질 원소가 시인의 상상력을 일정한 방향으로 이끄는 인도자 역할을 한다는 것을 발견했기 때문이다. 바슐라르가 상상력의 철학을 정립하는 과정에서도 물은 선도적인 역할을 한다. 사물의 인식에서 몽상 혹은 상상력이 얼마나 큰 그림자를 드리우는지를 알게 된 후 상상력의 철학을 본격적으로 정립하는 도정의 들머리를 그는 물의 이미지 분석으로 장식한다. 그것을 다룬 저서 『물과 꿈』에는 '물질적 상상력에 관한 시론'이라는 부제가 붙어 있다. 상상력이 단순히 대상의 이미지를 재현하는 데 머무르지 않고 그것을 변형시키는 역동성을 지닌다는 것을 인지하면서 바슐라르는 그 역동성이 대상의

---

11 G.E.R. 로이드, 『그리스 과학사상사―탈레스에서 아리스토텔레스까지』, 이광래 역, 지성의 샘, 1996, 64~65쪽.

외적 형태에 반응하는 형태적 이미지를 넘어서서 그것을 이루고 있는 물질적 특질에 다채롭게 반응함으로써 생기된다는 생각에 이르게 된다. 그리하여 바슐라르의 상상력 철학에서 물질적 상상력은 중요한 자리를 차지하게 되는데, 4원소 가운데에서 물이야말로 물질적 상상력으로의 열림을 가장 전범적으로 보여준다고 할 수 있다.

물은 비근한 가시적 대상이면서도 외적 형태가 고착되어 있지 않고 유동적이고 그 물질성은 또한 오관을 모두 자극할 수 있는 특질을 지니고 있다. 예컨대 산간 계곡을 흐르는 물은 맑고(시각), 소리를 내며 흐르고(청각), 발을 담그면 상쾌하고(촉각), 손으로 떠 마시면 시원하다(미각). 게다가 물은 양태 또한 다양하다, 맑은 물이 있는가 하면 혼탁한 물이 있고, 얕은 물이 있는가 하면 깊은 물이 있고, 잔잔한 물이 있는가 하면 난폭한 물이 있다. 이 다양한 양태로 물의 물질성은 더욱 배가된다. 어떤 이유로든 물에 공감적 애착을 갖는 시인은 물의 이와 같은 다양한 물질성을 통로로 하여 실로 수많은 상징적 이미지가 깃든 시 세계를 펼쳐 보일 수 있다. 물의 이 같은 다양한 물질성과 그것이 불러일으키는 무수한 이미지들이 물의 시학의 정립을 재촉하는 동력인 것이다.

고대 동양 사회에서 물은 삶의 토대였던 농업 경영의 핵심인 치수(治水)의 대상이자 음양오행사상의 중요 요소이다. 기원전 4세기경 전국시대 중국에서 싹튼 것으로 알려진 오행사상은 수(水), 화(火), 목(木), 금(金), 토(土), 다섯 가지를 삼라만상의 생성과 변화를 설명하는 근본 요소로 간주했다. 그리스 자연철학자들이 말하는 근원 요소들이 현대적 의미의 물질 개념과 동일한 것이 아니듯이, 오행설의 다섯 가지 요소 또한 기본적인 물질이라기보다는 기본적 변화상 혹은 기본적 과정의 표상으로 보는 것이 타당하다. 오행의 '행(行)'이 본래 '사방으로 통하는 큰 길'이라는 의미라는 데서도 그 점을 유추해볼 수 있다.[12] 오행을 철학적 사유의 대상으로 삼은 중국 고대의 최초의 문헌으로 흔히 『상서』의 「홍범(洪範)」편을 꼽는다. 「홍범」은 오행을 이렇게 설명하고 있다.

> 1을 '수'라 하고 2를 '화'라 하며 3을 '목'이라 하고 4를 '금'이라고 하며 5를 '토'라고 한다. 수는 '아래로 흐른다'고 하고 화는 '위로 타오른다'고 하며 목은 '굽거나 곧다'고 하고 금은 '쇠의 성질을 따른다'고 하며 토는 '곡식을 심고 거둔다'고 한다.[13]

인용문은 오행을 이루는 요소들을 서로 연관시켜 비교하면서 또한 상호 간의 속성을 분별하여 구분하고, 다른 한편 그것이 변화와 운동의 과정에서 나타난다는 것을 시사해준다. 「홍범」은 오행 중에서 물을 맨 먼저 꼽고 있다. 농업사회였던 중국에서 본래 생존의 기본 조건인 땅을 우선시했던 것과 대조적이다. 물이 없으면 곡식을 심고 거두는 것이 어렵기 때문에 그 상관성에서 물이 우선한다고 보았다고 할 수 있다.

물이 만물의 본원이라는 시각은 「홍범」에 이어 『관자』에서도 발견된다. 『관자』의 「수지(水地)」편에 따르면 물은 곧 천지를 창조하는 재료이다. 물은 나머지 사행인 화, 목, 금, 토를 생성한 후 이들을 섞어서 만물을 만들어낸 것으로 되어 있다. 『관자』는 또한 물을 "땅의 혈기"로 비유하면서 피가 힘줄과 혈맥을 통하여 흐르는 것처럼 물 또한 땅을 관류하는 생기의 흐름으로 파악한다. 이처럼 물이 인체의 혈기와 같은 것이기 때문에 물을 떠나서

---

12 갑골문에서는 '行' 자를 '彳亍'로 쓰고 있는데 중앙에서 사방에 이른다는 뜻을 함축한다. (유소홍, 『오행, 그 신비를 벗긴다』, 송인창·안유경 역, 국학자료원, 2008, 42쪽)
13 위의 책, 66쪽에서 재인용.

는 나무와 곡식의 터전인 토지도 활력을 갖지 못한다. 『관자』는 또한 "남녀의 정기가 합하고 물이 흘러 형체를 이룬다"[14]고 봄으로써 생명 탄생의 궁극적 힘이 물에서 비롯된다고 주장한다. 물은 "만물의 본원이며, 모든 생명의 종실이다[萬物之本原也, 諸生之宗室也]." 한 걸음 더 나아가 물은 인륜 도덕의 모체이기도 하다. "아름답고 추한 것, 현명하고 못난 것, 어리석고 뛰어난 것이 나오는 곳이다[美惡賢不肖愚俊之所生也]."[15] 이를 바탕으로 『관자』는 수질이 다르기에 각 나라의 국민성이 다르다는 견해를 피력하기도 한다.

---

14 관중, 『관자』, 김필수 외 역, 소나무, 2016(개정판), 446쪽.
15 위의 책, 449쪽.

3 물의 윤리학

 물은 수많은 비유의 수레이기도 하다. 앞서 살핀 대로 물은 신화와 종교의 세계에 깊이 침투되어 있고, 의식의 흐름이라는 용어가 상기시키듯이 문학적 상상력 속에도 큰 흐름을 형성하고 있고, 정치적, 경제적, 사회적 현상에도 은유가 되어 흐른다. 가령 정보의 바다, 지식의 흐름, 유통망, 유동성 위기, 낙수효과 등과 같은 일상화된 표현을 생각해보라. 물에 의탁하여 삶의 예지를 교시하고 바람직한 삶의 길을 헤아려보고자 한 것은 동서양을 막론하고 정신문화의 한 흐름으로 자리 잡아 왔다. 그중 가장 두드러진 예를 동양의 고전인 『논어』와 『도덕경』에서 찾아볼 수 있다. 동양 사상의 원천인 이 경전들은 종종 바람직한 삶의 덕목을 물의 속성을 빌어 설명하고 있다.

 공자는 제자들과 자주 강가를 거닐며 대화를 나누고 학문을 논했다. 그는 흐르는 강물에 의탁하여 군자의 길과 도의 이치를 설명하곤 했다. 공자의 학

〈재천관수도〉

파란의 시학: 물의 풍경들

문을 흔히 수사지학(洙泗之學)이라고도 일컫는데, 여기서 수사는 노나라 도성의 동북부에 있는 수수(洙水)와 사수(泗水)를 가리킨다. 그는 이 두 강 사이에서 서당을 열고 제자들을 가르쳤던 것이다. 공자의 일생과 행적을 그림으로 제시한 이른바 〈공자성적도(孔子聖蹟圖)〉에 〈재천관수도(在川觀水圖)〉라는 삽화가 끼어 있을 정도로 공자는 물가에서 흘러가는 물을 응시하며 사색하길 즐겼다.

공자는 어느 날 강가에서 흘러가는 물을 물끄러미 바라보다가 이렇게 말했다. "가는 것이 이와 같구나. 밤낮으로 그치지 않는도다[逝者如斯夫 不舍晝夜]"(「자한」 16). 유명한 천상지탄(川上之嘆)으로 자주 회자되어온 구절이다.[16] 일견 평명해 보이지만 이 구절에 대한 해석은 분분하다. 우선 모든 것이 흘러가는 냇물처럼 시시각각 쉼 없이 지나감을 한탄한 것으로 읽을 수 있다. 그렇게 과거로 사라져가는 것 속에서 우리는 태어나 살다가 나이를 먹고, 늙어서 죽는다. 인간의 문명도 그렇게 스러지고, 역사도 그처럼 기억 너머로 사라져간다. 그러나 공자는 지나간 과거보다는 지금 이 순간의 삶의 길에 더 관심을 기울였고 하늘의 선의를 믿었던 사람이다. 그래서 이 현실주의 철학자가 삶의 덧없는 흐름을 일부러 거론해 체념 섞인 한탄을 내뱉었을 리 없다고 보는 반론이 제기된다. 이런 시각의 주석자들은 '逝者如斯夫'에서 '서(逝)'를 가는 것[往]으로가 아니라 나아가는 것[進]으로 해석한다. 물은 그냥 지나가버리는 것이 아니라 더 나은 방향으로 중단 없이 나아간다는 것이다.

이런 시각에서 정자(程子)는 밤낮으로 그치지 않는 냇물을 통해 공자가 도체(道體)의 본연을 교시하고자 한 것이라 해석했다. 한 세기 뒤에 남송의 주

---

16 주희, 『사서집주 I: 논어/중용』, 한상갑 역, 삼성출판사, 1976, 151쪽.

자(朱子)는 그 주장을 이어받아 "배우는 자들이 때때로 성찰하여 공부에 털 끝만큼도 게으르거나 중단하는 일이 없기를[欲學者時時省察 而無毫髮之間斷 也]" 촉구한 것이라 덧붙여 강조한다.[17] 송학의 추종자들은 그 전거로 물은 "웅덩이를 채운 후에 나아가서[盈科而後進]" 사해에 이른다는 맹자의 해설을 상기시킨다.[18] 도의 길이든 삶의 행로이든 순리가 있기 마련이다. 그러나 남보다 앞서서 명리를 거머쥐고자 하는 세속의 마음은 이를 무시하고 건너뛰고자 한다. 맹자는 빈 곳을 채운 뒤에 흘러가는 물의 속성을 들어 그런 엽등(躐等)의 욕망을 경계한다. 여기에서 물은 마르지 않는 원천으로부터 흘러나오는 것이다. 근원이 있으면 물은 멈추지 않고 흐르지만 그렇지 못하면 가령 여름철 폭우로 갑자기 불어난 물이라도 이내 마르고 만다. 근본이 있다 하더라도 차분한 연찬을 통해 채워 넣지 않으면 앞으로 나갈 수가 없다. 그래서 학문을 이루고자 하는 선비는 실제보다 과한 허장성세의 명성을 부끄러워해야 마땅한 것이라고 맹자는 가르친다.

공자를 따르는 성리학자들은 '천상지탄'을 학문을 닦고 도심을 함양하는 일에서 늘 앞으로 나아가야 한다는 것을 역설한 것으로 해석했지만, 앞서 시사한 대로 이런 긍정적 해석만 있는 것은 아니다. 흘러가는 물처럼 모든 것이 덧없이 지나가고 사라진다는 비관적 시각에 대한 공감도 적지 않다. 일본의 유학자 요시카와 고지로(吉川幸次郎)는 한대 이전의 고주석은 오히려 후자 쪽이 우세했고 일본에서도 에도 중기의 오규 소라이(荻生徂徠) 같은

---

17 위의 책, 원주 참조, 152쪽.
18 「이루장구 하」 18: 맹자께서 말씀하시기를 "근원인 샘이 솟아올라 밤낮으로 그치지 아니하여, 구덩이에 찬 뒤에 나아가서 사해에 이르나니, 근본이 있는 자가 이와 같은지라 이것을 취한 것이다." 주희, 『사서집주 II: 맹자/대학』, 한상갑 역, 삼성출판사, 1976, 200쪽.

주석가 또한 그런 입장에 서 있었음을 지적한다.[19] 사실 흘러가는 물에서 덧없이 흐르는 세월의 무상함을 읽어내는 것은 세월에 마모되어가는 삶을 살아가는 대다수의 일반 사람에게는 자연스러운 것처럼 보인다. 상처받은 마음의 정서를 자연에 의탁하여 토로하는 서정시인들 역시 크게 다를 바 없을 것이다. 가령 시인 김영랑은 「시냇물소리」라는 시에서 달빛을 받아 은빛으로 반짝이는 강물의 황홀경에 젖어 강물이 흘러서 그 "유미적 초월"의 순간이 덧없이 사라질 것 같은 조바심에서 "물아 거기 좀 멈췄스라"고 탄식조로 애원하고 있다.[20] 황진이 또한 "청산리 벽계수야 수이 감을 자랑 마라"로 시작하는 시조에서 "명월이 만공산하니 쉬어간들 어떠리"라고 권하고 있거니와 사랑하는 님의 변덕스런 마음을 흘러가는 물에 빗대어 자신의 변하지 않는 사랑과 대비시킨 아래의 시조에서도 특유의 영속/변전의 대립의 미학을 펼쳐 보인다.

> 청산은 내 뜻이오 녹수는 님의 정이라
> 녹수 흘러간들 청산이야 변할손가
> 녹수도 청산을 못잊어 우러예어 가는고.

내 사랑의 의지는 청산처럼 부동이지만 님의 정은 흘러가는 물처럼 가변적인 것으로 보인다. 화자는 산이 자리를 지키고 물이 흘러가는 것이 자연의 순리라면 남녀의 사랑도 그럴 수밖에 없다는 것을 현실적으로 인정하는

---

19 요시카와 고지로, 『요시카와 고지로의 공자와 논어』, 조영렬 역, 뿌리와이파리, 2006, 337~339쪽.
20 최동호, 『한국 현대시와 물의 상상력-한국 현대시의 의식현상학적 연구』, 서정시학, 2010, 67~69쪽 참조.

듯하다. 그러나 종장에 이르러 반전이 일어난다. 녹수가 청산을 못 잊어 내내 울면서 떠나갔다면 이루어지지 못한 그 사랑은 자연의 순리가 아니라 역리인 것으로 비쳐지기 때문이다. 왜 사랑하면서도 맺어질 수 없는가. 반상의 구별 혹은 신분의 차이가 사랑을 가로막는 것이라면 떠나보내야 할 것은 바로 인습적 제도, 사회적 모순 그 자체다. 황진이는 비극적 사랑을 운명적인 것으로 받아들이는 것이 아니라 사회제도의 모순을 드러냄으로써 그런 불합리가 인습으로 굳어진 사회 체제에 항의를 제기하고 있는 셈이다. 사랑이 흐르는 물처럼 덧없고 무상한 것이 아니라 사회적 관행과 악습이 여세추이(與世推移)를 강요하여 사랑을 비극적으로, 덧없는 것으로 만들고 있는 것이다. 이 시조는 흐름에 떠밀려가며 그 흐름을 되돌리고 싶은 절절한 욕망이 역설적으로 흐름의 완강함을 환기시키고 있다.

물은 『논어』의 핵심적인 주제인 인(仁)을 설명하는 데도 등장한다. 바로 지(知)와 대비시켜 인을 말하고 있는 널리 회자되는 구절, "지자요수 인자요산(知者樂水, 仁者樂山)"이 그것이다(「옹야」 21). 왜 지혜로운 사람은 물을 좋아하고 어진 사람은 산을 좋아하는가. 주자의 설명에 기대면 지혜로운 사람은 사리에 통달하여 무슨 일에서나 막힘이 없는 점이 물과 흡사하기에 물을 좋아하고 어진 사람은 의리에 편안하고 두텁고 중후하여 옮겨가지 않는 점이 산과 흡사하기에 산을 좋아한다. 이어지는 구절에서 지혜로운 사람은 동적이고 어진 사람은 정적이며, 동적인 탓에 구속되지 않으니 지혜로운 사람은 즐겁고, 정적인 탓에 늘 변함이 없으니 어진 사람은 오래 수를 누린다고 말해진다.[21] 이렇듯 아래로 두루 흘러가는 물의 속성은 여러모로 수신의 교훈

---

21 이어지는 구절을 포함한 전체의 원문: "知者樂水, 仁者樂山. 知者動, 仁者靜. 知者樂, 仁者壽." 주희의 원주: "知者 達於事理而周流無滯 有似於水 故樂水. 仁者 安於義理而厚重不遷 有似於山 故 樂山." 주희, 『사서집주 I: 논어/중용』, 104쪽.

을 설파하는 수레로 활용되어왔다. 맹자 또한 성선설을 주장하면서 "인성의 선함은 물이 아래로 흘러가는 것"처럼 자연스러운 것이라고 물의 흐름을 빗대서 말하기도 했다(「고자장구상」, 2).[22] 동양에서 물을 비롯한 자연 현상을 삶의 윤리적 덕목의 비유로 즐겨 끌어들이는 바탕에는, "도는 자연을 본받는다(道法自然)"라는 노자의 말이 환기시키듯이,[23] 인간의 삶이 저절로 되어가는 자연의 순리를 따를 때 가장 바람직하다는 생각이 깃들어 있다. 사실 여기서 본받다는 뜻의 '法'이라는 단어 자체가 물(水)과 흘러가다(去)가 합해져 만들어진 글자이다.

물을 비유의 수레로 즐겨 쓰기는 노자의 『도덕경』 또한 마찬가지이다. 최상의 선(善)은 물과 같다[上善若水]는 것은 『도덕경』에서 회자되는 메시지의 하나이다. 물이 도에 가까운 것은 "만물을 이롭게 하는 데 뛰어나지만 다투지 않고, 모든 사람들이 싫어하는 곳에 머물기[水善利萬物而不爭, 處衆人之所惡]" 때문임을 이어지는 구절은 말한다. 이런 기본적인 도덕적 자질에 덧붙여 물은 보다 구체적으로 일곱 가지 덕성을 지니고 있는 것으로 나타난다. 이른바 수유칠덕(水有七德)이다. "머물 때는 물처럼 땅을 좋게 하고, 마음 쓸 때는 물처럼 그윽함을 좋게 하고, 주는 데는 물처럼 어짊을 좋게 하고, 말할 때는 물처럼 믿음을 좋게 하고, 정치는 물처럼 다스려지게 하고, 일할 때는 물처럼 능하게 하고, 움직일 때는 물처럼 때를 좋게 하라[居善地 心善淵 與善仁 言善信 正善治 事善能 動善時]."(『도덕경』 8장)[24] 노자는 이렇게 물의 속성을 빌려 도에 가까운 삶, 남회근의 표현을 빌린다면, "완정(完整)하고도 완선(完

---

22 주희, 『사서집주 II: 맹자/대학』, 267쪽.
23 『도덕경』 25장(『노자/장자』, 장기근·이석호 역, 삼성출판사, 1976, 96쪽).
24 『노자/장자』, 57쪽; 번역은 남회근, 『노자타설 상』을 참고하여 수정했음.

善)한"²⁵ 삶을 살기 위한 준칙을 제시하고 있다. 그리고 끝으로 물은 만물을 이롭게 하면서도 그 공을 내세워 세상과 다투지 않는다는 것을 다시 한번 강조하고 있다. 물은 어떤 그릇이든 그 형상과 크기에 스스로를 맞추어 담기고, 흐르다가 가로막는 것이 있으면 다투지 않고 우회해 제 갈 길을 간다. 노자가 물을 빌어 이 부쟁(不爭)의 철학이 군자의 삶의 근본을 이루어야 함을 역설하는 것은 온화한 인간관계가 사회적 삶의 바탕이고 정치는 무엇보다 이런 조화롭고 화합된 공동체를 만드는 방향이어야 한다는 동양 고래의 정치관과 무관하지 않다. 공자 역시『논어』의 첫머리에서 군자는 "남이 나를 알아주지 않더라고 성내지 않는 사람[人不知而不慍 不亦君子乎]"(「학이」 1)²⁶임을 말하고 있는데 이 또한 같은 맥락에서 명성에 연연하여 다투지 않는 것이 군자의 으뜸가는 자질임을 강조하고 있다.

순자 또한 물의 덕성을 빌려 유가의 가르침을 부연하고 있다: "물은 두루 여러 가지 생물들을 살아가게 하지만 아무런 작위도 가하지 않으니, 그것은 덕이 있는 사람과 같다. 그 흐름은 낮은 곳으로 꾸불꾸불 흘러가지만 반드시 그 이치를 따르고 있으니, 그것은 의로운 사람과 같다. 물은 출렁출렁 다함이 없으니, 도를 터득한 사람과 같다. 만약 물을 터서 흘러가게 한다면 그에 따른 빠른 흐름이 소리에 울림이 따르는 듯하고, 백 길의 골짜기로 흘러든다 하더라도 두려워하지 않으니, 용감한 사람과 같다. 움푹한 곳으로 흘러들면 반드시 평평해지도록 흘러드니, 법을 잘 지키는 사람과 같다. 물이 찬 다음에도 위를 깎을 것도 없이 평평해지니, 올바른 사람과 같다. 유약하면서도 어디에나 숨어드니, 잘 살피는 사람과 같다. 그곳을 들락날락하면

---

25 남회근,『노자타설 상』, 부키, 2013, 226쪽.
26 주희,『사서집주 I: 논어/중용』, 17쪽.

깨끗해지니, 잘 교화하는 사람과 같다. 물은 이리저리 꺾이면서 흐르지만 결국은 반드시 동쪽으로 가니, 마치 뜻이 굳건한 사람과 같다. 그러므로 군자는 큰 강물을 보기만 하면 반드시 그것을 바라보게 되는 것이다[夫水, 大徧與諸生而無爲也, 似德. 其流也埤下, 裾拘必循其理, 似義. 其洸洸乎不淈盡, 似道. 若有決行之, 其應佚若聲響, 其赴百仞之谷不懼, 似勇. 主量必平, 似法. 盈不求槪, 似正. 淖約微達, 似察. 以出以入, 以就鮮絜, 似善化. 其萬折也必東, 似志. 是故君子見大水必觀焉]."[27]

『도덕경』78장에서 노자는 다시금 물을 거론하여 겸손하고 부드러운 삶의 지혜를 설파한다: "천하에 물보다 부드럽고 연한 것은 없으나, 단단하고 강한 것을 물리치는 데는 물을 능히 이길 것이 없을 뿐만 아니라 그런 물의 능력을 대신할 것도 없다[天下莫柔弱於水 而攻堅强者莫之能勝 以其無以易之]".[28] 『도덕경』은 이어서 세상 사람들이 물처럼 부드럽고 유연한 것이 결국은 단단하고 강한 것을 꺾고 만다는 것을 잘 알면서도 이를 삶의 준칙으로 삼아 실천하지 않음을 질타하고 있다. 특히 세상을 다스리는 위치에 있는 사람들은 이 점을 명심하여 스스로를 낮은 위치에 두고 유연하고 부드러운 자세로 모든 것을 포용할 때 비로소 태평성대의 바른 세상을 열어갈 수 있는 법인데, 실제로는 대개의 경우 그 반대로 굳세고 강한 것만을 움켜쥐려 드는 세태였음을 지적하며 이를 경계하고 있는 것이다.

흔히 의지의 시인으로 일컬어진 청마 유치환은 만년에 이 점을 염두에 둔 시를 통해 강고한 것을 추종했던 젊은 시절을 반성적으로 돌아본 바 있다.

---

27 순자, 『순자』, 김학주 역, 을유문화사, 2008(초판 2001), 958~959쪽.(번역은 약간 수정했음)
28 『노자/장자』, 180쪽.

바로 「흐름에 잠긴 소도(小刀)」라는 시다.

    파르란히 짙푸른 하늘이며 스쳐가는 하얀 구름송이며가 화안히 들여다 보이는 조그마한 맑은 개울 속에 어짠 小刀 하나가 잠겨 있다.

    小刀는 찌르는 것, 베는 것!

    맑은 흐름은 쉼없이 이 小刀의 刀身을 헹기고 씻고 헹기고 씻어 흐른다. 흐르기만 한다.

    …(중략)…

    小刀는 단연히 찌르는 것, 베는 것!

    그러므로 그는 그의 본연 — 비상한 果斷의 둘레를 쉼 없이 감돌아드는 溫柔의 蠱惑에서 애써 놓여나려 한다. 도사리려 한다.

    그러나 어찌 칼이 물을 베랴, 찌르랴!

    진실로 反決할 줄 모르는 善性의 그 오직 無量한 량 앞에 頑惡은 마침내 한 개 凶器의 形骸로써 녹쓸어 가고 虛脫된 행위의 그 觀念만이 다만 觀念만으로 또렷이 또렷이 씻기어 남아감을 본다.

                                    — 유치환, 「흐름에 잠긴 小刀」 부분[29]

  찌르고 베는 본연의 기능을 행사하려면 칼은 깃발처럼 수직으로 곧추서야 하지만, 시의 제목에 명시된 대로 칼은 이미 맑은 물의 흐름에 잠긴 채 수평으로 누워 있다. 칼은 과단과 완악의 표상이자 살상의 흉기로 사람들이

---

29 유치환, 『유치환: 한국문학대계 15』, 김현 편, 지식산업사, 183~184쪽.

손에 쥐고자 하는 무력이지만 선성과 온유의 무량한 물의 흐름 속에서는 결국 한갓 녹슨 쇠붙이로 스러지고 마는 것이다. 엄혹한 일제 치하, 6·25 전쟁, 그리고 뒤이은 자유당 독재정권을 겪으며 살아온 시인이 칼로 표상되는 무자비한 정치권력이 미력하지만 끈질긴 민중의 저항 앞에서 결국 패퇴한 일련의 역사적 경험을 통해 이런 시적 성찰에 이른 것인지 모른다. 이런 통찰은 시인 자신의 개인사적 맥락에서도 살필 수 있다. 일제 치하, 특히 북만 시절을 포괄하는 그의 전기 시는 잘 알려진 대로 애련에 물들지 않는 바위와 같은 굳은 의지의 세계를 지향한다. 그러나 해방 이후 전란을 겪고 난 후에 발표된 그의 후기 시는 수직적인 깃발이 표상하는 강고한 신념의 세계로부터 반드시 멀어진 것은 아니지만 깃발과 더불어 백로처럼 날개를 펴는 애수 혹은 정념의 세계에 점점 기울어진다. 그리하여 그의 후기 시에 자주 등장하는 바다는 생명의 본향 혹은 그에 대한 그리움의 표상이라는 일반적인 이미지와 더불어 동양의 고전에서 물의 속성으로 간주되는 여러 자질들을 내포하고 있는 이미지로 종종 물결친다.

  이상에서 우리는 인간 생존의 필수 요소인 물의 물리적 측면과 더불어 물에 대한 인간의 오랜 성찰을 신화적, 철학적, 인문학적, 윤리적인 관점에서 거칠게나마 살펴보았다. 물에 대한 이런 전체적인 조망을 염두에 두면서 이제 장소와 공간에 담긴 물의 서로 다른 양태와 그 파노라마적 풍경을 보다 구체적으로 살펴보고자 한다. 그 관경의 무대에 오르기 위해 우리는 물을 소재로 한 문학작품과 예술작품을 눈여겨 볼 것이다.

관조의 물 : 물-거울의 풍경들

산간 들녘의 맑은 샘, 작은 연못, 혹은 잔잔한 호수는 우리의 발걸음을 멈춰 세운다. 이들 풍경에는 정녕 우리 마음을 잡아끄는 어떤 마력이 있다. 이런 물 풍경들에는 번쇄한 일상을 넘어선 어떤 청정함과 고요의 정기가 서려 있어서 그것이 마음 깊은 곳을 자극한다. 산속의 옹달샘을 노래한 동요의 작사자와 작곡자 또한 그런 느낌에서 노래를 지었으리라. 이들보다 더 아름다운 자연 풍경도 많겠지만 그런 멋진 경관이 모두 우리를 매혹시키는 것은 물론 아니다.

가스통 바슐라르는 우리의 감흥을 자아내는 이 풍경들의 공통점으로 잔잔하게 일렁이는 맑은 물을 꼽고 그것을 인간에 내재하는 나르시시즘적 충동과 연관시켜 설명한 적이 있다. 인간은 누구나 자신의 얼굴을 들여다보고 자기 존재를 확인하길 원한다. 거기에는 자신의 정체성에 대한 존재론적 관심과 더불어 다른 한편으로는 타인에게 인정받고자 하는 실존적 욕구도 스며 있다. 맑고 잔잔한 물은 존재 발견과 인정 투쟁의 최전선인 자기 얼굴을 투시해보고자 하는 내적 욕구를 자극하기에 우리는 그것에 우선 끌리는 것이다.

물론 이것이 전부는 아닐 것이다. 나르시시즘은 흔히 과대망상적 자기 집착과 연관시켜 말해지지만 원래 그것에는 있는 그대로의 자아가 아니라 이상화된 자아의 이미지에 대한 지향이 내포되어 있다. 인정받고자 하는 욕망만으로도 인간은 자기 얼굴이 매혹적이기를 원하기 때문이다. 나르키소스

관조의 물: 물-거울의 풍경들

신화는 일차적으로 존재 확인의 열망에 이 건강한 자존의 욕망이 결부되어 있음을 암시한다. 자기의 아름다운 모습에 취한다는 신화소에 대한 바슐라르의 설명 그대로, 나르키소스는 '나는 있는 그대로의 나를 사랑한다'라고 더 이상 말하지 않는다. 그는 '나는 나를 사랑하는 자로서 존재한다'고 선언한다.[1] 프로이트(Sigmund Freud)는 이 단계까지의 자기애를 1차 나르시시즘이라 부르고, 이 자기애의 리비도가 타인에 대한 사랑의 동력으로 전화될 수 있다고 말한다. 자신에 대한 건강한 관심이 있어야 타인에 대한 애정의 심리도 키울 수 있다는 것이다. 그러나 신화 속의 나르키소스와 에코의 관계처럼 자기애에 대한 탐닉이 지나치면 대상에 대한 관심을 거두어버리기 십상이다. 이때 비로소 그것은 흔히 말하는 문제적 나르시시즘, 즉 병리적 나르시시즘으로 진전된다.

이른바 '정체성 위기(identity crisis)'를 겪고 있는 존재는, 그 동기가 개인적

---

[1] 가스통 바슐라르, 『물과 꿈』, 이가림 역, 문예출판사, 1980, 51쪽. "얼굴 없는 인간"으로 살기를 강요당한 팬데믹 시대에 얼굴은 단순히 신체의 한 부분에 그치는 것이 아니라, 조르조 아감벤이 설명하는 대로, 실존적 진실을 드러내며 동시에 표명하는 '정치의 장소'라는 점이 한결 분명해졌다는 것도 상기할 필요가 있다. 아감벤은 모든 생명 존재에게 얼굴은 일종의 열림인데, 오직 인간만이 이 열림을 소유하고자 한다는 점을 강조하고 있다.(Giorgio Agamben, *Means wthout End*, pp.90~93; 조르조 아감벤, 『얼굴 없는 인간: 팬데믹에 대한 인문적 사유』, 박문정 역, 효형출판, 2021, 147~150쪽 참조)

이든 사회적이든, 많은 경우 자기 성찰을 통해 위기를 확인하고 그 상태에서 벗어날 동력을 얻고자 한다. 그래서 자신의 영상이 이상화된 자아의 이미지이기를, 다시 말해 자연스럽게 자존감을 북돋우는 모습이기를 원하기 마련이다. 이런 마음가짐에서 사람들이 얼굴 모습을 기계적으로 재현하는 거울보다는 유동적이고, 그윽하고, 유현한 영상을 반사하는 샘물이나 우물과 같은 자연의 거울을 더 선호하는 것은 순리이리라. 이 자연의 물-거울에는 바슐라르가 말하는 물질적 상상력의 작동으로 그 안에 비치는 영상을 보다 나은 것으로 혹은 더 매혹적인 것으로 완성시켜 나갈 수 있는 여지가 열려 있기 때문이다. 사람들은, 나르키소스가 그러했듯이, 물에 비친 자기의 모습을 보면서 맑고 깊고 시원한 물의 물질성을 자기 영상에 투영하는 것이다. 반면 상이 분명한 유리 거울의 경우 그 차가운 금속성은 그런 몽상의 가능성을 아예 차단해버리는 것으로 보인다. 물에 대한 우리의 매혹에는 상상력의 열림을 자극하는 물-거울의 이와 같은 반사적 특질도 작용한다고 말할 수 있을 것이다.

물-거울은 또한 이미지의 자연화를 거든다. 다시 말해 나르시시즘적 관조에 이끌리는 데에는 자연 속의 일원으로서 자연적 삶을 구가하고픈 욕망도 스며 있다. 숲속의 샘에서 나르키소스는 자기 얼굴만 보는 것이 아니다. 거기에는 숲과 하늘의 모습 또한 비추어져 있다. 이때 샘은 대지의 눈인 것이다. 관조되는 물은 동시에 관조하는 물이기도 하다. 맑고 고요한 물은 세계가 스스로를 보고자 하는 의지, 곧 범신론적 시각의 우주적 나르시시즘의 온상이기도 하다. 바슐라르의 인상적인 표현을 빌린다면, '상상하는 자연(nature imaginaire)'은 능산적 자연(natura naturans)과 소산적 자연(natura naturata)의 통일을 실현한다.[2] 우리는 능동적으로 세계를 표현하는 이 능산적 자연 앞에 뭇 존재와 더불어 공존하기를 희구한다. 우리가 맑은 물에 이끌리는 것은 이처럼 자기중심적 나르시시즘은 물론 우주적 나르시시즘에 매혹되기 때문이기도 하다.

다시 강조하거니와 맑고 고요한 물을 바라보는 관조의 감흥이 자아 성찰이나 자기 확인의 욕구에서만 비롯되는 것은 아니다. 그것은 어쩌면 작은 동기에 불과할지도 모른다. 바슐라르가 말하는 우주적 나르시시즘에 이미 암시되어 있듯이, 관조는 내면의 자아를 넘어서서 세계에 대한 사심 없는 마음의 열림으로 이어지기도 한다. 그것은 타산적이고 실용적인 요구에서 벗어나 사물을 있는 그대로 보는 시선에 몸을 맡기는 것이다. 관조는 응시 대상인 사물 존재의 본래적 타자성의 인지뿐만 아니라 그것이 자리 잡고 있는 세계 전체를 하나의 지평으로 개진한다. 삶 전체가 현전하는 듯한 느낌은 정녕 관조적 몰입의 큰 동인일 것이다. 관조의 주체는 그 순간 삶의 전체상의 일부로 안주하면서 세계와 하나를 이루는 일체감에 젖으며 목전의 실

---

[2] 위의 책, 60쪽.

용적 현실에 집착하는 자아의 테두리를 벗어난다. 이 합일감은 충일한 느낌을 주면서도 빈 마음의 정서에 가깝다고 해야 할 것이다. 그렇기 때문에 관조의 순간이 불러오는 이 무심의 경지는 역설적으로 삶의 깊이를 자각하는 계기가 될 수 있다.

1 관조의 징검다리: 물-거울

물을 관조의 대상으로 삼아 삶의 형편을 촌탁하는 모티프는 동양의 문화 전통에서도 큰 비중을 차지한다. 우리 문인화에는 물가의 바위나 정자에 앉아 물을 관조하는 선비의 모습이 자주 등장한다. 가령 조선 세종 때의 문인 강희안의 그림으로 알려진 〈고사관수도〉의 선비의 모습을 보자. 두 손을 맞잡은 공수(拱手)의 자세로 바위에 엎드린 채 물을 무심히 바라보는 그의 자태에는 나르키소스의 모습이 어른거린다. 너럭바위와 한 몸을 이룬 듯 바위에

강희안, 〈고사관수도〉, 종이에 수묵, 23.4x15.7cm, 국립중앙박물관

제2장 관조의 물: 물-거울의 풍경들

53

몸을 밀착시킨 선비는 물을 바라보며 무슨 사념에 잠겨 있는 것일까? 내려뜬 그의 눈이 향하고 있는 것은 물인 듯하나 그는 이미 내면 깊이 침잠한 상태로 보인다. 선비는 물가에 엎드려 물을 보고 있지만 그 물은 격물(格物)을 지향하는 마음의 거울일 뿐이다. 바위 너머 강물 자체도 이미 형상이 가물가물한 허공이다. 거칠지만 담백한 먹선의 자취는 정밀한 사생보다는 그 본질과 정신의 표출, 곧 전신(傳神)을 중시하는 화가의 회화관을 드러내고 있다. 격물치지의 이상적 자세가 있다면 그것은 곧 마음의 고요, 그 평상심의 상태일 것이다. 제갈량이 『회남자』를 빌려 『계자서』에서 말한 대로 "마음이 담박하지 않으면 뜻을 밝힐 수 없고, 안정되지 않으면 멀리 나아갈 수 없[非淡泊無以明志, 非寧靜無以致遠]"기 때문이다. 어쩌면 선비는 물에 어리는 자신의 형상을 통해 내면을 들여다보기 위해서라기보다 고요에 젖은 평정에 이르기 위해 물가를 찾았는지도 모른다. 그러면서 그는 아예 상념을 거두어 자아를 잊고 무심한 자연의 일부로 동화된 듯이 보이기도 한다. 자아를 몰각한 이 물아일체의 경지야말로 이 고결한 선비를 자아에 매달리는 서양의 나르키소스와 구별해주는 가장 중요한 점이리라

 일찍이 명말 청초의 화가 석도(石濤, 1642~1707)는 『화어록(畵語錄)』에서 화가가 그리는 산과 물, 그 각각의 자질과 그 상관성을 논하면서 물에 대해 이렇게 말한 적이 있다.

> 물이 휘감아 유유히 돌아가며 또 조용할 때 그 면이 평평하게 고른 것은 하늘이 준 합법성 때문이요, 아무리 먼 데라도 다 채우며 통하여 이르지 않는 데가 없는 것은 하늘이 준 찰찰한 투과력 때문이요, 열길 속이라도 마음이 우러나듯 말갛게 비치고 아롱지는 선명함과 깊은 그 순결은 하늘이 준 착함 때문이다.

漢洞平一也以法, 盈遠通達也以察, 沁泓鮮潔也以善.³

　물의 평정성, 팬 곳을 채워가며 낮은 곳으로 흘러가는 물의 끈기와 침투성, 깊으면서도 맑은 물의 선명성을 강조한 글이다. 특히 물이 계곡을 휘감아 돌면서도 평정한 수면을 유지하는 것을 자연의 이치라 하는 것은 흔들림 속에서도 고요함을 구하는 마음의 자세를 갖추어야 함을 말하고 있다. 다시 말해 물을 통해 동적 변화 속에서도 흔들리지 않는 무심한 자아의 길을 교시 받고자 하는 것이다. 〈고사관수도〉 자체가 그런 마음의 수행 과정을 현시한다. 그림의 구도나 다소 거친 붓질은 상당히 역동적이다. 뒤편으로 수직의 절벽이 있고 그 절벽에 뿌리박은 나무에서 뻗어 내려온 몇 가지의 덩굴이 바람에 휘날리고 물가의 수초 또한 이리저리 젖혀져 있다. 오주석의 지적대로 "세부를 보면 대부분 거칠기 그지없는데 전체로 보면 매우 고요하고 잔잔하며 천연스럽다."⁴ 요컨대 그림은 정중동(靜中動)의 구도 속에서 동중정(動中靜)의 세계를 지향한다. 『서경』에서도 인심(人心)은 위태해서 불안하고 도심(道心)은 미묘해서 보기 어렵기에 마음을 고요히 하여 하나로 집중해야 도의 길에 들어설 수 있음을 강조한 바 있다[人心惟危道心惟微惟精惟一允執厥中]. 그러나 그림 속의 선비는 마음을 다잡는 의지로가 아니라 물을 관조하면서 의도하지 않은 가운데 그런 경지에 이르고 있는 것처럼 보인다.

　삶을 돌아보고 내면을 성찰하는 거울로서의 물이 반드시 맑고 깊은 물인 것만은 아니다. 관조적 정신에게 그 계기를 제공하는 물은 어디에나 있다. 그것은 길가의 작은 웅덩이일 수도 있고, 논고랑에 고인 물일 수 있고, 마당

3　김용옥, 『석도화론』, 통나무, 1992, 188쪽.
4　오주석, 『오주석의 옛 그림 읽기의 즐거움 1』, 신구문화사, 2018(재개정판), 39쪽.

가의 우물일 수도 있고, 나뭇잎에 고인 빗물일 수도 있다. 만년을 가난과 병고 속에서 보낸 단원 김홍도는 죽음을 앞둔 어느 날 병상에서 일어나 붓을 잡았다. 먹을 갈기 위해 벼루에 물을 붓자 거기에 노쇠한 자신의 얼굴이 스치듯 비쳤다. 그 벼룻물 거울 속 자신의 모습을 보며 단원은 세속의 명리를 좇는 삶이 부질없는 것이었음을 다시금 깨닫는다. 가난하고 찾아주는 사람이 없더라도 고요한 산간에 머무르며 솔바람에 귀 기울이는 유유자적의 삶이 소중함을 다시금 절감하는 것이다.

> 문장으로 세상에 이름이 남아도 해가 될 뿐이며
> 부귀의 지극함도 거짓되고 수고로우니
> 어찌 산속 고요한 밤
> 향 피우고 조용히 앉아 소나무 소리 들음만 하리오
>
> 옛 먹을 가볍게 가니 책상에 향기 가득한데
> 벼루에 물 부으니 얼굴이 비치도다.
> 산새는 약속이나 한 듯 날마다 날아와 지저귀고
> 들꽃은 심은 이 없으나 스스로 향내를 발하도다.
>
> 文章驚世徒爲累 富貴薰天亦謾勞
> 何似山窓岑寂夜 焚香默坐聽松濤
>
> 古墨輕磨滿几香 硏池新浴照人光
> 山禽日來非有約 野花無種自生香[5]

---

[5] 유홍준, 『화인열전 2』, 역사비평사, 2001, 309~310쪽에서 재인용.

사후 단원의 아들 김양기가 편찬해낸 『단원유묵첩(檀園遺墨帖)』에 「산에 살며 읊조리다[山居漫吟]」로 소개된 시다. 화선(畫仙)이라 불릴 정도로 모든 장르의 그림에서 탁월한 재능을 보였던 단원은 중인 출신의 화원이면서도 문인 학자들과 폭넓게 교류할 정도로 시문에도 조예가 깊었고 글씨 또한 빼어났다. 그는 묵향 속에 파묻혀 보낸 삶 전체를 벼루에 고인 물에 비치는 자신의 모습에서 읽어내고 있다. 그가 지향한 삶은 그 근본에서 아무것에도 집착하지 않고 무상무주(無相無主)의 자연을 따르는 삶이라 말할 수 있다. 그는 자신이 기리는 삶을 더 구체적으로 기약 없이 날아와 노래하는 산새나 심은 사람이 없는데 자라나 스스로 꽃을 피우는 야생화에 비유하고 있다. 무엇에도 얽매이지 않고 순리에 따라 저절로 그렇게 되어가는 자재의 삶인 것이다.

관조의 물은 곧 번쇄한 삶을 단순화하고 정화시키는 물이기도 하다. 장자는 그래서 "물을 보면 마음을 씻고 꽃을 보면 마음을 아름답게 하라[觀水洗心 觀花美心]"고 가르쳤다. 김홍도는 벼루에 고인 한 방울의 물도 그런 사심 없는 무심의 경지에 이르는 데 부족함이 없음을 보여주고 있다.

자연을 벗삼아 삶의 철리를 탐구해온 현대의 시인 이성선(1941~2001)은 비 내린 후 길바닥에 고인 물에서 그런 성찰의 계기를 발견한다. 시인은 비가 그친 어스름 귀갓길의 발걸음을 더디게 만드는 여기저기 고인 물웅덩이들을 살피다가 홀연 그중의 하나에서 목탁 소리가 울리는 느낌에 젖는다.

　　비가 오고 그치더니
　　길가 여기저기 흙물이 고였다.

　　아무도 디디려 하지 않는
　　그곳에

목탁소리가 나서 들여다보니
사원이 하나 숨어 있다.

누가 빗물 속에
절을 숨겨
이 길바닥에 버려놓았나.

날이 저물자 사원에
달이 뜬다.

늦게 집 찾아 돌아가던 소리
우두커니 들여다보다가
물을 마신다.

물 속의
달을 마신다.

— 이성선, 「빗물 속의 사원」 전문[6]

   시인이 듣는 목탁 소리는 필경 비에 젖어 질척거리는 흙길을 딛는 발자국 소리일 것이다. 그것을 구도의 목탁 소리로 듣는 마음가짐이란 어떤 것인가. 시속을 초월한 본디의 자기와 그 진아를 하나로 품는 우주적 질서를 참구하는 마음이 아니고서는 그런 상상은 어려울 것이다. 그런 도심(道心)을 품고 있었기에 시인은 고인 빗물 속에서 구도의 도량인 절의 모습이 어른거리는 것을 보기에 이른 것이리라. 어둠과 더불어 절간 너머로 달이 뜨면서 피곤한 귀갓길을 다독이는 이 초월적 정경에 시인은 자기도 모르게 발걸음을 멈

---

6 이성선, 『이성선 전집 1』, 이희중·최동호 편, 서정시학, 2011, 414~415쪽.

추고 이 마음속 물-거울을 응시한다. 흙탕물은 이제 더 이상 탁한 물이 아니라 달을 품은 해인(海印)의 바다이다. 그것은 또한 맑게 정화된 샘물이기도 하다. 지친 일상의 갈증에 시인은 물을 떠 마신다. 그것은 세속의 갈증을 풀어주는 시원한 샘물에 그치지 않고 달을 품은, 곧 물아일체의, 선미 가득한 감로수이다. 비 온 뒤 진창길을 걷는 시인은 마음의 눈을 통해 세계를 새롭게 바라봄으로써 주객의 관계를 재정립하고 그 결과 시인은 이제 더 이상 세계로부터 소외된 존재가 아니다. 그는 세계와 일체감을 느낀다. 청각-시각-촉각-미각의 공감각적 과정의 귀결인 "물 속의/달을 마시"는 행위는 자아와 세계가 둘이 아닌 하나라는 깨달음의 현시이자 그런 삶의 지향에 대한 결의이다. 이런 의미에서 시인의 관조적 시선은 불이(不二)의 세계로 들어가는 선문(禪門)이고 그 시선 속의 물웅덩이는 세계 혹은 전 우주에 대한 제유라고 말할 수 있다. 시인은 이미 다른 여러 편의 시에서 화엄세계를 이루고 있는 존재들이 서로 먹고 먹히는 상호 보시의 연기론적 모티프를 통해 불이의 세계에 대한 지향을 중요한 시적 관심사의 하나로 드러낸 바 있다.

> 개울물을 건너는 아침
> 징검다리에 엎드려 물을 마시다가
> 문득 물에 몸 비치고 서 있는
> 나무 한 그루를 마신다.
> 성인(聖人)을 먹는다.
> 물에 떠내려오는 황소를 먹는다.
> 초가집 한 채도 먹는다.
>
> ─ 이성선, 「물을 건너다가」 부분[7]

---

[7] 위의 책, 240쪽.

시인은 징검다리를 건너다가 물에 비치는 모습에 이끌려 그것을 응시한다. 그리고 이내 몸을 굽혀 물을 마신다. 물을 떠 마시면서 이번에도 거기에 비치는 나무, 황소, 초가집 한 채를 "먹는다." 거기에 덧붙여 특이하게도 "성인"을 함께 먹는다. 이로써 먹는 행위가 성인이 말하는 세상의 철리를 깨닫고 그것을 내면화하여 삶의 기율로 삼겠다는 결의에 다름 아님이 분명해진다. 시인은 물에 비치는 다른 대상들도 연이어 "먹고" 마지막에 이르러 물을 마시는 염소에게 자신 또한 먹히는 것으로 상상하며 시를 마무리하고 있다. "먹는다"는 동사는 세속의 겉치레를 떨구었을 때 남는 것은 육체 ― 선불교에서 말하는 가을 서풍에 드러나는 알몸[體露金風] ― 이고 그 벌거벗은 본능과의 대면이 각성의 출발점이라는 것을 환기시키고 있다. 또 대상을 먹고 끝나는 일방통행이 아니라 먹으면서 동시에 그것에 먹히는 쌍방적 관계로 나타나는데 이는 인다라망과 같은 중중무진의 연기와 윤회의 사상이 그 시심의 밑바탕에 자리하고 있음을 시사한다. 다시 말하거니와 이성선에게 물-거울의 세계는 비치는 그대로의 것이 아니라 각성을 다짐하며 지향하고자 하는 세계의 발현인 것이다. 보다 구체적으로 자아와 세계가 상의상관적일뿐만 아니라 서로 서로에게 완벽하게 포섭되어 조화로운 화엄의 세계 ― 이것이 곧 시인이 희구하는 생의 양태 혹은 바람직한 삶의 질서라고 할 수 있다. 시인의 바람이라고 해서 그것이 반드시 개인적인 것만은 아니다. 어쩌면 그것은 자연의 부름이자 요구일 수 있다. '설악의 시인'으로 불렸던 이성선에게 설악산과 동해안 주변의 자연 풍광 자체가 바로 그런 모습으로 다가와 대자연의 전언을 건넨 것이라 말할 수 있다. 일찍이 릴케는 인간의 심미감은 물론 삶의 비전이 주체 내면에 한정된 것이 아니라 외부의 자연 속에 그 실재적 뿌리를 두고 있다고 생각했다. 그렇다는 것은 바깥 세계의 구체적 형상을 통해서 우리는 내면을 촌탁하고 깨우칠 수 있다는 뜻이기도 하다. 이에 대한 성찰이 『두이노의 비가』의 중요한 주제의 하나이다.

시골 논고랑에 고인 물 또한 이성선의 시선을 잡아끄는 또 다른 물−거울이다. 앞서 살핀 시와 비슷한 시기에 씌어진 「논두렁에 서서」는 시인이 왜 물−거울에 재현된 세계에 매혹되고 있는지를 보다 구체적으로 보여준다.

> 갈아놓은 논고랑에서 고인 물을 본다.
> 마음이 행복해진다.
> 나뭇가지가 꾸부정하게 비치고
> 햇살이 번지고
> 날아가는 새 그림자가 잠기고
> 나의 얼굴이 들어 있다.
> 늘 홀로이던 내가
> 그들과 함께 있다.
> 누가 높지도 낮지도 않다.
> 모두가 아름답다.
> 그 안에 나는 거꾸로 서 있다.
> 거꾸로 서 있는 모습이
> 본래의 내 모습인 것처럼
> 아프지 않다.
> 산도 곁에 거꾸로 누워 있다.
> 늘 떨며 우왕좌왕하던 내가
> 저 세상에 건너가 서 있기나 한 듯
> 무심하고 아주 선명하다.
>
> ― 이성선, 「논두렁에 서서」 전문[8]

---

[8] 이성선, 앞의 책, 225~226쪽.

갈아엎은 논고랑에 고인 물에 나무와 새가 비치고 산도 누워 있다. 그들 사이에 내 모습도 보인다. 그런데 그 속의 나는 "늘 떨며 우왕좌왕하던" 내가 아니다. 그 안에 나는 거꾸로 서 있지만 혼란스럽거나 고통스럽지 않고 마냥 "마음이 행복하다." 거꾸로 서 있는 것은 나만이 아니다. 나뭇가지도 "꾸부정하게" 비치고 산도 "곁에 거꾸로 누워" 있다. 그럼에도 불구하고 물-거울 속에서 나는 왜 행복한가. 시인은 몇 가지를 지목한다. 우선 현실의 삶과 달리 나는 "홀로"가 아니다. 나무나 새와 같은 주변 사물과 늘 "함께" 있다. 산도 외외하고 위압적인 모습으로 멀리 있는 것이 아니라 바로 "곁에" 누워 있다. 두 번째로 그 세계는 "누가 높지도 낮지도 않"은 평등의 세계이다. 달리 말해 모두가 대등하게 하나를 이루는 대동(大同)의 세계이다. 그러기에 그 세계는 "아름답다." 이성선의 물-거울의 세계는 가령 이상과 같은 시인이 거울 속에서 발견하는 친숙한듯하면서도 낯선("Unheimlich") 세계와 정녕 다르다. 그것은 현실의 형상들을 비추고 있으면서도 그것을 착잡한 소용돌이로 만드는 고통과 외로움 그리고 갈등 따위가 부재하는 세계이다. 그것은 단순히 반영된 세계가 아니라 시인의 유토피아적 시선에 의해 새롭게 재현된("re-presented") 세계이고 또한 바슐라르가 말하는 우주적 나르시시즘이 발현된 세계이다.

이상은 거울 속에서 분열된 자아상을 거듭 확인하지만 이성선은 물-거울의 세계에서 "본래의" 자아를 회복한다. 요컨대 이성선이 물-거울을 들여다보는 것은 착종된 현실을 "거꾸로" 세움으로써 본래적 세계로 되돌아가고자 하는 희구의 몸짓이다. 그렇기 때문에 물-거울로 표상되는 삶의 질서를 되풀이해서 응시하는 이성선의 시 세계를 현실도피적인 것으로 비판하는 것은 일면적이기 십상이다. 그의 시는 동시에 그 반명제적 현실을 끊임없이 환기시키기 때문이다. 사물의 형상이 거꾸로 비치는 것에 대한 새삼스런 주의 환기는 곧 미망에 젖은 시각의 전도를 통해서 화엄 대동의 세계로 가는 길이 열릴 수 있음을 교시하는 것이리라. 다시 말해 물-거울의 응시는 삶과 세계에 대한 시각의 전환 혹은 각성을 요구하는 부름에 대한 응답인 것이다.

이성선과 동시대의 시인 김광규에게도 찰리(察理)의 깨달음을 안겨주는 물-거울이 있다. 가을에 비 맞고 떨어진 낙엽 잎사귀에 고인 빗물이 바로 그것이다.

> 가을비 추적추적 내리고 난 뒤
> 땅에 떨어져 나뒹구는 후박나무 잎
> 누렇게 바래고 쪼그라든 잎사귀
> 옴폭하게 오그라진 갈잎 손바닥에
> 한 숟가락 빗물이 고였습니다
> 조그만 물거울에 비치는 세상
> 낙엽의 어머니 후박나무 옆에
> 내 얼굴과 우리 집 담벼락
> 구름과 해와 하늘이 비칩니다
> 지천으로 굴러다니는 갈잎들 적시며
> 땅으로 돌아가는 어쩌면 마지막
> 빗물이 잠시 머물러
> 조그만 가을 거울에
> 온 생애를 담고 있습니다
>
> ─ 김광규, 「가을 거울」 전문[9]

조락을 재촉하는 가을비에 "누렇게 바래고 쪼그라든" 나뭇잎들이 떨어져

---

[9] 김광규, 『시간의 부드러운 손』, 문학과지성사, 1979, 24쪽.

땅에 뒹군다. 시인은 시들어가는 낙엽을 나이 들어 쪼글쪼글해진 자신의 손바닥과 겹쳐서 본다. 그 또한 생의 가을 무렵에 와 있는 것이다. 그렇게 바랜 후박나무 낙엽에 "한 숟가락"의 빗물이 고여 있다. 시인은 그 작은 빗물에 한 세상이 비치고 온 생애가 압축된 형상을 본다. "내 얼굴"과 "구름과 해와 하늘"이 비치는 이 "가을 거울"은 나르키소스가 제 얼굴을 보았던 샘물과 그다지 다를 바 없다. 나르키소스도 샘물 속에서 자신의 매혹적인 얼굴뿐만 아니라 조화로운 자연의 형상을 보았고, 물속의 아름다운 자연 형상으로 인해 함께 비치는 얼굴에 대해 더욱 깊이 매혹되었던 것이다. 마찬가지로 가을 거울에 비치는 쓸쓸한 가을 풍경은 시인으로 하여금 인생의 황혼녘을 더욱 짙게 실감케 하며 지나온 생애를 되돌아보게 만든다. 그 생애는 시인 자신이 살아온 삶이자, 후박나무의 한 생애이기도 하고, 고인 빗물이 수증기가 되었다가 구름으로 응결되고 다시 비가 되어 내리는 우주적 순환을 함의하는 것이기도 하다. 한 방울의 빗물에 비친 이런 중층적 비전은 낙엽에 고인 빗물을 무심히 보아 넘기지 않고 그것을 거울 삼아 삶을 되비쳐 보는 시인의 관조적 시선에서 우러나온 것이다. 시인의 이런 원숙한 경지는 시간에 쫓기는 일상을 사는 대다수의 사람들에게서는 좀처럼 찾아보기 어려운 것이리라. 가을 거울을 응시하는 그의 눈은, 우찬제의 지적대로, 그만큼 세월의 깊이가 배어 있는 웅숭깊은 것이다.[10]

　김광규는 1975년 문단에 데뷔한 이래 소소한 일상을 되짚어 봄으로써 그 안에 숨겨진 혹은 보이지 않던 삶의 진실을 드러내는 데 뛰어난 기량을 보여 온 시인이다. 일상적 소재 중에서도 물은 그가 특히 주목하는 시적 대상이다. 물에 대한 그의 시적 관심은 초창기에서부터 말년에 이르기까지 두루

10　우찬제, 『나무의 수사학』, 문학과지성사, 2018, 287쪽 참조.

걸쳐 있다. 첫 시집인『우리를 적시는 마지막 꿈』에 이미「물의 힘」,「물의 모습 (I)」,「물의 모습 (II)」,「물의 소리」등 물을 소재로 한 네 편의 시가 실려 있고, 이밖에도「가을 거울」이 실려 있는 시집인『시간의 부드러운 손』에「물의 모습 3」이라는 시가 포함되어 있고, 근래의 시집『물길』에도「물길」이라는 시가 실려 있다.

물을 보는 김광규의 시각은 다각적이지만 우선 식수나 수자원으로서 그 실용성을 강조하는 기능적인 것과는 거리가 멀다. 그의 시선은 전반적으로 물을 윤리적 덕목의 메타포로 말하는 동양적 전통의 테두리 내에 있다. 그러면서 물을 보는 초창기와 말년의 시상에는 미묘한 차이가 있다. 초기 시에서는 주로 드러나지 않는 혹은 무심히 지나쳐버리는 물의 힘을 주시한다. 그 힘은 태풍이나 홍수와 같은 자연 현상으로 드러나는 물의 물리적 파괴력을 가리킨다기보다는 상식의 시선이 놓치거나 잘 포착하지 못하는 모종의 힘, 있으면서도 없는 듯한 삶의 숨은 힘에 대한 은유이다. 이를테면「물의 힘」에서 그것은 실체가 불분명하지만 우리 삶을 뚜렷이 지배하고 있는 "욕망"의 표상이다.

> 바닷가에 밀려오는
> 보이지 않는
> 힘
> 맨몸으로 뛰어들어
> 몸부림쳐도
> 끝내 만질 수 없는
> 욕망
>
> ― 김광규,「물의 힘」부분[11]

---

11 김광규,『우리를 적시는 마지막 꿈』, 문학과지성사, 1979, 43쪽.

감각적으로 거부하고 부정하고자 해도 그 욕망은 엄연해서 결코 억누를 수 없을 뿐만 아니라, 때로는 형상을 바꿔, 마치 물이 때로 증기가 되고 얼음이 되고 비가 되어 내리듯이, 우리의 의식을 엄습한다. 그래서 그것은

> 종이에 쓸 수 없고
> 기계로 잡을 수 없고
> 법으로 다스릴 수 없는
> 힘을 감추고
> 욕망의 모습으로
> 괴어 있는 물
> 흐르는 물
> 밀려오는 물의
> 가득한
> 두려움
>
> ─ 김광규, 「물의 힘」 부분[12]

으로 다가온다. 다시 말해 물은 있으면서도 없고, 없으면서도 있는 모든 삶의 "유무(有無)"적 현상, 그리하여 언어의 색상표에서 누락되어 있지만 표현되기를 시인에게 요청하는 삶의 숨은 실체의 대명사이다. 이에 반해 김광규의 후기 시에서 물은 어떤 장애물이 있어도 멈추지 않고 여일하게 흐르는 속성이 부각되면서 삶의 영속적 흐름 혹은 인력으로 어찌할 수 없는 흐르는 세월과 시간을 암시하곤 한다. 삶을 반추하는 계기를 제공하는 「가을 거울」의 나뭇잎에 고인 빗물 또한 관조의 대상이긴 하지만 이런 맥락 속의 이미지로 분류할 수 있다.

---

12 김광규, 『우리를 적시는 마지막 꿈』, 44쪽.

2 　　　　　　　　　　　　　　　우물: 삶의 거울

　물을 관조의 대상으로 혹은 자기 성찰의 거울로 삼아온 역사에서 우물은 빼놓을 수 없다. 산업 시대 이전의 전통 사회에서 우물은 오랫동안 식수원으로서 나날의 생존에 긴요한 것이었다. 공동체의 거의 모든 사람들이 매일같이 물을 구하러 오가는 장소이기 때문에 우물은 물리적 생존뿐만 아니라 사회적·실존적 삶을 지지하고 시험하는 무대이기도 했다. 가령 「출애굽기」에 나오는 므리바의 샘은 모세와 그가 이끈 이스라엘 종족의 갈등이 불거지며 신앙을 시험하는 무대이기도 하다.[13] 그리스 신화에서 뮤즈 여신이 거주하는 헬리콘산의 아가니페 샘과 히포크레네 샘은 범속한 시각에서 벗어나 예술적 영감을 자극하는 샘으로 유명하다.

　우물은 대개 지상과 거리가 있는 지하에 벽으로 둘러쳐 있고 밑바닥이 보이지 않는 경우도 많기 때문에 거기에 비치는 영상은 한결 유현하고 신비스러운 양상을 띤다. 물-거울로서의 우물의 시적 이미지에 이런 사정이 투영되어 있음이 물론이다. 19세기 미국 시인 에밀리 디킨슨(Emily Dickinson)의 우물을 주제로 한 시에서 우리는 그 전형적 실례를 발견한다.

　디킨슨에게 우물은 무엇보다 알 수 없는 신비로 가득 찬 곳이다. 종종 우물을 찾아가 들여다보는 시인에게 그것은 속내를 알 수 없는 "타지에서 온 이웃처럼" 낯설게 보일 뿐이다.

---

[13] 「출애굽기」 17: 6, 「민수기」 20: 1~12 참조.

우물에 서려 있는 알 수 없는 신비로움이여!
물이 저 멀리 아득히 출렁인다
단지 속에 갇혀 있는
타지에서 온 이웃처럼

투명한 유리 덮개 이외에
그 끝닿은 바다 아무도 보지 못했으니
보고 싶을 때 들여다보면
다만 심연의 얼굴뿐

…(중략)…

허나 자연은 이방인
자연을 많이 운위하는 자들도
그 유령의 집을 지나가 본 적이 없고
그 유령을 손쉽게 밝힌 적도 없다.

자연을 알지 못하는 자 가엾지만
자연을 안다고 하나
가까이 갈수록 더욱 알 수 없게 되는 자들의
회한을 알게 되면 위안이 되리라

What mystery pervades a well!

The water lives so far,

A neighbor from another world

Residing in a jar.

Whose limit none has ever seen,

But just his lid of glass —

Like looking every time you please
In an abyss's face!

(…)

But nature is a stranger yet;
The ones that cite her most
Have never passed her haunted house
Nor simplified her ghost.

To pity those that know her not
Is helped by the regret
That those who know her, know her less
The nearer her they get.[14]

— 에밀리 디킨슨, 「우물(A Well)」

 지하에서 출렁이는 우물은 들여다보아도 바닥을 헤아릴 수 없는 "심연의 얼굴"이다. 우물의 물-거울은 유리처럼 반짝이면서 어렴풋이 얼굴을 비추지만 그것은 또한 "덮개"가 되어 그 내면의 투시를 가로막는다. 시선을 튕기는 우물의 이 불투명성은 밑바닥을 드러내지 않는 물리적 깊이는 물론 비치는 영상-얼굴의 내면적 실체의 불가해성도 내포되어 있다. 우물에 서려 있는 신비스러움은 일단 이 불투명성에서 기인된다고 볼 수 있다. 시인에겐 두려움과 외경의 대상이지만 주변에서 자라는 풀들은 우물을 조금도 두려워하지 않고 대담하게 바라보는 듯하다. 풀과 나무를 비롯한 자연 존재들은

---

14 Emily Dickinson, *Final Harvest: Emily Dickinson's Poems*, Boston: Little, Brown, 1961, pp.283~284.

우물과 친화적이다. 이들의 일상은 뿌리를 통해 생명의 원천인 물을 찾는 향수성(向水性)의 활동으로 특징지을 수 있다. 이들은 그 어느 곳보다도 물가에서 생생한 모습을 띤다. 그러나 인간인 시인은 그렇지 못하다. 이 소외감 또한 우물이 자아내는 신비의 한 자락이기도 하다. 투시의 욕망이 강렬해질수록 우물의 이 불가시성은 당혹감을 불러일으킬 수밖에 없다. 시인은 시의 후반에 이르러 우물을 심지어 "유령의 집(haunted house)으로까지 표현한다. 'haunted'란 단어 자체가 우물이 알 수 없는 묘령의 신비에 들려 있는 만큼 시인 또한 우물을 꿰뚫어보고 싶은 호기심에 사로잡혀 있음을 시사한다. 요컨대 디킨슨에게 우물은 낯설고 두려움을 불러일으키는 것이지만 그럴수록 그 신비스러운 실체를 벗겨내고 싶은 유혹을 자극하면서 동시에 또한 그런 유혹을 느끼는 자신의 내면도 들여다보고 싶은 욕망을 건드리는 대상이기도 하다. 그렇기 때문에 디킨슨의 우물은 실제적이면서 또한 어떤 상징으로 읽혀진다. 우리는 평생을 세상과 단절된 고독한 삶을 산 디킨슨의 가장 중요한 시적 성찰 대상이 자연과 신이었음을 상기하게 된다. 양자는 그에 대한 사색을 멈출 수 없을 만큼 그녀의 마음속에 큰 비중을 차지하고 있었지만 사색이 거듭되어도 그 수수께끼 같은 신비의 베일을 끝내 벗은 적이 없는 대상이었다.

　상수도나 자가 수도로 물을 공급받기 이전에 사람들은 주로 마을의 공동 우물에서 물을 길어다 사용했다. 마을 혹은 동네도, 그것을 뜻하는 '동(洞)'이라는 한자의 파자에서 알 수 있듯이, 물을 공유하는 사람들의 집단이라는 뜻이다. 전통사회에서 우물은 곧 취락 공동체의 중심인 것이다. 『주역』「정괘(井卦)」의 첫머리에 나오는 "우물은 마을을 변화시킬 수 있지만, 우물을 바꿀 수는 없다[井改邑 不改井]"는 말도 그 점을 말해준다. 널리 알려진 윤동주의 「자화상」은 이런 맥락을 염두에 두고 살필 필요가 있다.

산모퉁이를 돌아 논가 외딴 우물을 홀로 찾아가선 가만히 들여다봅니다.

우물 속에는 달이 밝고 구름이 흐르고 하늘이 펼치고 파아란 바람이 불고 가을이 있습니다.

그리고 한 사나이가 있습니다.
어쩐지 그 사나이가 미워져 돌아갑니다.

돌아가다 생각하니 그 사나이가 가엾어집니다.
도로 가 들여다보니 사나이는 그대로 있습니다.

다시 그 사나이가 미워져 돌아갑니다.
돌아가다 생각하니 그 사나이가 그리워집니다.

우물 속에는 달이 밝고 구름이 흐르고 하늘이 펼치고 파아란 바람이 불고 가을이 있고 추억처럼 사나이가 있습니다.

— 윤동주, 「자화상」 전문[15]

윤동주가 이 시를 쓴 1939년 무렵 한국 사회의 거의 어디서나 우물은 마을 사람들 대다수의 식수원이었다. 물을 길어 가기 위해 사람들이 자연스레 모여드는 장소인 우물은 만남의 장소요 사회화의 구심점이기도 했다. 그런데 이 시에서 우물은 "산모퉁이를 돌아" 논가에 외따로 떨어져 있고, 화자가 거기에 "홀로" 가는 것으로 설정되어 있다. 시는 이렇게 삶의 일상으로부터 소외된 고립감이 먼저 강조되어 있다. 이 시의 초고라 할 수 있는 습작 노트

---

15 윤동주, 『정본 윤동주 전집』, 홍장학 편, 문학과지성사, 2004, 102쪽.

에 실려 있는 「자상화」에서 1연의 "홀로"가 더 강한 표현인 "단 혼자"로 되어 있는 점 또한 삶의 일반적 흐름에서 비껴선 시적 화자의 고립감이 의도적인 것임을 방증한다.

 화자의 소외의식과 고독감은 시의 문면으로는 우선 자신의 내적 갈등에서 기인되고 있다고 말할 수 있다. 그는 우물을 거울 삼아 자신을 비춰 보고 우물 속의 자신을 처음에는 혐오했다가 다시 생각해보니 가여워지고 그다음 순간에는 다시금 자신에 대한 미움이 되살아난다. 이렇게 현재적 자아에 대한 혐오와 연민이 교차하는 가운데 화자는 그런 내적 불화 이전의 자신, 자연과 합일을 이루고 있던 자신의 모습을 기억해내고, 추억 속의 그 존재 양태를 그리워한다. 시의 마지막 연은 이런 심리적 추이가 집약된 것이다.

>우물 속에는 달이 밝고 구름이 흐르고 하늘이 펼치고 파아란 바람이 불고 가을이 있고 추억처럼 사나이가 있습니다.

 이 구절에 묘사된 우물 속 자연의 형상—"달이 밝고 구름이 흐르고 하늘이 펼치고 파아란 바람이 불고 가을이 있고"—은 2연의 그것을 그대로 반복하고 있지만 그 함의는 사뭇 다르게 다가온다. 2연의 경우 내면적 갈등으로 번민에 사로잡혀 있는 자신과 달리, 아니 그런 자신에 아랑곳하지 않는, 그 무심함이 강조됨으로써 자연은 자아와 외부 세계의 불화 상태를 두드러지게 하는데 반해 마지막 연의 자연은 갈등을 모르는 순진한 자아의 표상으로서 혹은 자아와 세계가 조화를 이룬 삶의 모습으로서의 그것이다. 한 해 전에 쓰인 산문 「달을 쏘다」에서도 비슷한 심경의 추이를 볼 수 있다. 시인은 조락의 계절 가을에 어쩔 수 없이 젖어 드는 비감에 잠을 못 이루고, 필경 비슷한 우수의 감정에 지쳐 단교의 편지를 보낸 친구를 생각하다가 문밖으로 나선다. 그의 발길은 달밤의 연못을 향하고 고요한 물속에서 그는 자신의 착잡한 마음과 달리 여일한 자연의 모습을 발견한다.

> 발걸음은 몸뚱이를 옮겨 못 가에 세워줄 때 못 속에도 역시 가을이 있고, 三更이 있고, 나무가 있고, 달이 있다. 그 찰나 가을이 원망스럽고 달이 미워진다. 더듬어 돌을 찾아 달을 향하여 죽어라고 팔매질을 하였다.[16]

물-거울을 관조하며 자신을 성찰하는 시인의 내면은 이렇게 착잡하기만 하다. 「자화상」은 연희전문 2학년에 재학하고 있던 23세 젊은이의 내면 풍경이다. 북간도 용정에서 청운의 꿈을 품고 연전에 입학한 지 두 해째를 맞은 그는 한 개인으로서 어떤 삶의 길을 걸어야 할 것인지 모색하고 그렇게 정해진 길에 매진할 것이 요구되는 시점에 서 있는 것이다. 그러나 마땅한 길은 잘 보이지 않는다. 그의 전기에 따르면 입문부터가 순탄하지 않았다. 문과를 택하고자 하는 그에게 아버지는 생계가 보장되는 의과로 진학하기를 바랐고 할아버지는 고등고시를 보아서 입신출세하길 권했다. 진로 선택에서 가족과 빚은 갈등에 더하여 점점 엄혹하게 조여오는 식민지의 현실은 미래를 전망하고 기획하는 것이 무의미할 정도로 암담한 것으로 바뀌고 있었다. 1937년 중일전쟁을 일으킨 일제는 전시체제를 강화하면서 신사참배를 강요하고, 각급 학교에서 조선어 교육을 폐지하고, 민족지 계열의 많은 일간지와 문학잡지를 폐간시키고, 1939년에는 창씨개명령을 공포했다.

이런 상황에서 단순히 삶의 길이 아니라 군국주의 식민체제의 야만적 억압에 맞서는 바른 길을 찾는 것은 번민과 갈등을 수반하는 어려운 일이고

---

16 위의 책, 148쪽.

그것을 실천하기는 더욱 힘든 일일 수밖에 없는 것이다. 길을 주제로 한 두 편의 시는 이런 정황의 추이를 잘 보여준다. 1938년 연전 입학 직후에 쓰인 「새로운 길」은 "나의 길은 언제나 새로운 길/오늘도 …. 내일도//내를 건너서 숲으로/고개를 넘어서 마을로" 나아감의 결의와 희망이 앞서는 데 반해 4학년 때인 1941년에 쓴 「길」은 사방이 돌담으로 막혀 있어 돌고 돌지만 출구가 보이지 않는 소외의 길이자 상실의 길이다.

> 잃어버렸습니다
> 무얼 어디다 잃었는지 몰라
> 두 손이 주머니를 더듬어
> 길에 나아갑니다
>
> 돌과 돌과 돌이 끝없이 연달아
> 길은 돌담을 끼고 갑니다.
>
> 담은 쇠문을 굳게 닫아
> 길 위에 긴 그림자를 드리우고
>
> ─ 윤동주, 「길」 부분[17]

대뜸 "잃어버렸습니다"라고 시작하는 이 시에서도 상실의 대상이 무엇인지를 적시하고 있지는 않다. 그것은 상실에 대한 인식이 미흡해서라기보다는 그 전방위적 압박으로 삶 전반이 피폐해져가고 있기 때문일 것이다. 조선어 교육이 일체 금지되면서 모국어를 상실하고, 이제 일본 유학을 앞두고 창씨개명을 하지 않으면 안 될 처지에 놓여 정체성의 보루인 고유의 이름을

---

17 위의 책, 119쪽.

상실할 수밖에 없는 것이 목전의 다급한 현실이었다.[18] 시인은 이 시에서도 담 저편에 남아 있는 자신과 돌담을 끼고 도는 자신으로 찢긴 자아의 갈등상을 노정하고 있지만 그와 동시에 그 갈등에 허우적거리며 갈피를 못 잡는 무기력한 자신의 모습을 자책하는 상태에서 벗어나고 있음을 보여주고 있다. 시의 결말에서 우리는 그 점을 느낄 수 있다.

> 풀 한 포기 없는 이 길을 걷는 것은
> 담 저쪽에 내가 남아 있는 까닭이고,
>
> 내가 사는 것은, 다만,
> 잃은 것을 찾는 까닭입니다.
>
> ─ 윤동주, 「길」 부분[19]

담 저쪽에 남아 있는 내가 잃어버린 참된 자아라고 한다면, 마지막 연에서는 절망과 갈등 속에서도 이제 담 너머 저쪽을 선택하여 잃어버린 나를 찾으며 살겠다는 결의를 표명하고 있다. 이와 같은 '존재에의 용기'는 비슷

---

18 1939년 9월에 쓴 「자화상」을 끝으로 윤동주는 1940년 12월까지 1년 3개월 동안 단 한 편의 시도 쓰지 않았는데, 매년 적어도 서너 편의 시를 써온 그간의 시력으로 보아 이 이례적인 침묵은 이런 일련의 상실의 충격과 무관하지 않을 것이다. 송우혜는 『윤동주 평전』에서 이렇게 쓰고 있다: "그렇다, 윤동주는 그가 몸소 겪고 있던 그 처참하고 치욕적인 시대 상황에 절망한 것이다. 그는 한민족의 언어와 글을 갈고 닦을 것을 그의 필생의 목표로 정했고, 거기에다 온 심령을 기울여온 문화인이었다. 그런데 이미 그 말을 빼앗기고 글을 빼앗긴데다가, 이제는 겨우 남은 껍데기였던 성과 이름마저 벗기우고 빼앗기고 있는 것이다. 채찍 밑에 엎드린 어린 양처럼, 또는 노예처럼, 그 잔인하고 사악한 폭력에 굴복하고 있는 무력한 자신과 자신의 동족을 보면서 그가 느낀 것이 무엇이었을까!"(송우혜, 『윤동주 평전』, 푸른역사, 2004, 275쪽)
19 윤동주, 앞의 책, 119쪽.

한 무렵에 쓰인 「서시」의 "나에게 주어진 길을/걸어가야겠다"는 구절에도 이어지고 있다.[20]

돌이켜보면 산모퉁이를 돌아서 외딴 우물을 찾아가는 것으로 시작되는 「자화상」의 첫머리는 굴종을 강요하는 식민지 전시체제에 내던져져 어떤 삶의 길을 걷고 어떤 정체성을 정립해야 할 것인지에 대한 시인의 예민한 자의식적 상황의 유비이다. 우물 속에 투영된 자신의 모습에서 시인은 한편으로는 좁은 우물이 환기시키는 바, 닫혀 있는 현실의 벽을 절감하고, 주체적 결단을 내리지 못하고 그런 상황에 끌려가고 있는 자신의 처지를 새삼 재확인한다고 말할 수 있다. 시인은 이런 욕된 삶 속에 침전하여 허우적거리는 자신이 혐오스러워 그를 외면하고 돌아서고자 한다. 그러나 그런 상황을 초래한 궁극적 원인이 가혹한 외부 현실에 있음을 상기하면서 화자는 어쩔 수 없이 자기연민에 젖는다. 그러면서 또한 반도와 달리 일제의 속박에서 비교적 자유스러웠던 북간도 명동촌의 소년시절의 삶이나 그 이후의 용정에서의 삶을 상기하며 그 시절을 그리워하기도 한다. 우물의 응시가 자극하는 자기 성찰에는 이렇게 여러 가지 자아상이 혼재해 있다. 「자화상」 이후에도 바람직한 정체성 정립을 위한 시인의 내면 탐구는 시의 주요한 주제를 이루고 있는데 이 자기 성찰에서 거의 언제나 복수의 자아가 어른거린다. 가령 1942년 일본 유학시절에 쓴 것으로 알려진 「흰 그림자」에서 시인은 "오래 마음 깊은 속에/괴로워하던 수많은 나를" 떠올리며 그들을 각기 본래의 상태로 돌려보내고 남는 "흰 그림자," 곧, 김우창의 표현을 빌리면, "흰 조선옷을 입고 토착적인 삶을 누리던 때의 자기 모습을 환기함으로써 자기 위안의

---

20 김응교, 『처럼: 시로 만나는 윤동주』, 문학동네, 2016, 360~362쪽 참조.

근거"로 삼고 있다.[21]

　물에 비치는 조화로운 자연의 형상이 자신의 내면적 갈등을 반향해주는 척도이듯이 흰 그림자로 표상되는 근원적 자아는 복수의 자아들을 수렴하면서 실천적 행동을 위한 토대로 자리 잡게 된다. 윤동주는 추억 속에서 차츰 선명히 떠오르는 대지에 뿌리내린 삶 그리고 그런 삶을 영위했던 흰색 옷의 자아를 궁핍한 식민지 현실을 헤쳐 나갈 초석으로 삼기에 이른다. 창씨개명을 하지 않을 수 없는 상황에서 쓰인 「참회록」에서 시인이 "밤이면 밤마다 나의 거울을/손바닥으로 발바닥으로 닦아보자"고 분기하는 것은 이런 마음의 과정을 거친 후에 도달된 결의의 표명이라고 할 수 있다. 여기서 거울을 닦는다는 것은 중의적이다. 그것은 내면적 갈등을 야기했던 여러 갈래의 자아를 흔들림 없는 하나의 명징한 자아상으로 정립해가는 것이자 "파란 녹이 낀 구리 거울," 곧 유구한 역사의 거울에서 그것을 잠식해온 파란 녹을 제거해나가는 일이기도 하다. 역사를 자각하고 시대적 소명을 분명히 하면서 윤동주는 자아를 하나로 모아 정립하고 실천적 삶의 지향에 나서고자 하는 것이다. 이렇게 「자화상」의 우물은 긴장된 식민체제하의 현실에서 나는 누구인가, 나는 어떤 삶을 살아야 하는가라는 고통스런 질문을 던지며 자아를 성찰하고, 반성하고, 결의하는 길로 나아가는 도정의 시인의 모습을 투영하고 있다.

　지배와 종속의 갈등이 첨예한 식민지 체제를 살아내며 시적 상상력을 일구어낸 또 다른 시인인 셰이머스 히니(Seamus Heaney) 또한 우물에의 매혹을 고백하고 있다. 북아일랜드 출신으로 노벨 문학상을 수상한 히니는 "세월의 상처(time-wound)"에 신음해온 지역의 지방성과 토속 전통을 즐겨 탐구해온

21　김우창, 『궁핍한 시대의 시인』, 민음사, 1977, 179쪽.

시인이다. 고향 데리의 여기저기에 산재해 있는 수렁, 늪, 호수, 우물 등은 그의 시적 상상력을 자극해온 중요 소재이다. 첫 시집 『어느 자연주의자의 죽음(Death of a Naturalist)』의 끝을 장식하고 있는 「사적인 헬리콘(Personal Helicon)」은 우물이 시인의 시적 상상력을 길어 올린 중요한 원천이었음을 증언한다.

어린 시절 그들은 나를 떼어내지 못했다 우물로부터
두레박과 더불어 양묘기가 있는 낡은 펌프로부터
나는 그 어둑한 낙하와 붙잡혀 있는 하늘
그리고 수초, 곰팡이, 젖은 이끼의 냄새를 좋아했다

벽돌공장 마당에 있던 낡은 판자 뚜껑이 덮인 우물 하나
나는 로프 끝에 달린 두레박이 곧장 떨어질 때의
요란한 철벅임 소리를 맛보았다
너무 깊어서 거기에 그림자 하나 비치지 않았지만

돌 깔린 마른 수로 아래에 있던 얕은 우물.
덮여 있는 부드러운 수초의 기다란 뿌리를 걷어내면
양어장 연못이 그렇듯
하얀 얼굴이 솟구쳐 올라왔었지

또 다른 우물들은 메아리처럼 울려, 우리가 소리치면
깨끗하고 새로운 음악으로 되돌려주었지. 어떤 우물은
좀 무섭기도 했지, 고사리와 큰 키의 디기탈리스 풀에서
쥐가 기어 나와 내 영상을 가로질러 내달렸기 때문에

As a child, they could not keep me from wells

And old pumps with buckets and windlasses.
I loved the dark drop, the trapped sky, the smells
Of waterweed, fungus and dank moss.

One, in a brickyard, with a rotted board top.
I savoured the rich crash when a bucket
Plummeted down at the end of a rope.
So deep you saw no reflection in it.

A shallow one under a dry stone ditch
Fructified like any aquarium.
When you dragged out long roots from the soft mulch
A white face hovered over the bottom.

Others had echoes, gave back your own call
With a clean new music in it. And one
Was scaresome, for there, out of ferns and tall
Foxgloves, a rat slapped across my reflection.[22]

　북아일랜드 시골 농장에서 자란 히니는 어렸을 적 여기저기 산재한 우물가를 맴돌며 놀았었다. 그는 어두컴컴한 우물 속으로 떨어지는 두레박 소리와 우물에 비치는 어슴푸레한 하늘이 좋았다. 아울러 우물 주변의 "수초, 곰팡이, 젖은 이끼의 냄새"도 좋아했다. 그는 우선 벽돌공장 마당에 낡은 판자 뚜껑으로 덮여 있던 우물을 상기한다. 그것은 양묘기에 두레박을 매달아 물

22　Seamus Heaney, *Seamus Heaney Selected Poems 1966-1987*, New York: The Noonday Press, 1990, p.40.

을 퍼내는 우물이었다. 우물이 깊어서 물 위에 비치는 영상은 거의 보이지 않았으나 우물에 떨어지는 두레박 소리는 온 사방을 울렸다. 일상의 답답함을 깨뜨리는 그 풍성한 소리를 "맛보는" 즐거움을 시인은 특기하고 있다. 그런가 하면 돌로 만든 수로 근처의 얕은 우물은 수초로 덮여 있었는데 뿌리 채 그것을 뽑아내면 자신의 하얀 얼굴이 그대로 비치는 우물이었다. 맑은 우물의 물-거울에 솟아오른 자신의 얼굴을 마치 나르키소스라도 된 것인 양 바라보며 어린 소년은 주체적이고 독립적인 삶의 꿈을 키웠을 것이다. 우물에 가까이 가지 말라는 어른들의 명령을 무시한 일탈의 체험이기 때문에 더욱 그러했을 것이다. 또 어떤 우물은 아래를 향해 소리를 지르면 그것이 "깨끗하고 새로운 음악"이 되어 메아리치는 희열을 안겨주기도 했다. 우물들은 이렇게 신명나는 즐거움을 시청각적으로 체험하게 해준 것으로 기억된다. 우물이 희열만을 안겨준 것은 아니다. 어떤 경우에는 우물가 주변의 풀더미에서 쥐가 뛰쳐나와 물에 비치는 그의 영상을 가로질러 우물물을 치고 내달려 그를 놀라게 한 적도 있었다. 우물은 이렇게 삶의 즐거움은 물론 공포를 온몸으로 느껴보는 체험의 무대였다. 시인은 그때를 돌아보며 우물가의 놀이가 자신의 감각의 지평을 확장시키고 상상력을 넓혀 준 일종의 원체험이었음을 새삼 자각하고 이 시를 쓴 것이다. 시인의 자각 그대로 근래의 환경심리학자들은 유소년기에 자연과 친밀한 교감을 나눈 체험은 성장하는 아이에게 자존감, 집중력, 자율성, 창의성 등을 함양하는 중요한 계기가 된다는 것을 밝히고 있다. 시의 제목이 시사하고 있듯이 어린 시절의 우물은 히니의 예술적 상상력을 사사로이 자극한, 말하자면 헬리콘산의 아가니페 샘 혹은 천마 페가소스의 말발굽이 치고 간 자리에 솟구친 히포크레네 샘이었던 셈이다.

    윤동주와 히니에게 자기 정체성 정립과 주체적 삶의 결의를 다지는 계기를 제공한 우물은 우리 사회에서 사라진 지 오래이다. 식수를 공급하는 공유 시설로서 우물은 실용적 기능은 상실했지만 그러나 그 사회적·상징적 기능마저 모두 소멸된 것은 아니다. 그것은 전설과 추억과 꿈과 상상 속에 여전히 남아 있다. 1994년에 발표된 오정희의 소설「옛우물」에서 우리는 다시금 그 점을 확인한다. 이 작품에서 우물은 폐정된 지 오래지만 그것을 기억하는 마음속에 살아남아 상흔을 치유하고 삶을 지속할 수 있는 동력을 공급해주는 장소로 기능하고 있다.

「옛우물」은 여주인공이 45세가 되는 생일날 아침 문득 자신의 삶을 되돌아보는 것으로 시작된다. 지방 소도시에서 은행원의 아내로서 주어진 삶에 안주하고 있는 그녀는 45년 동안 "대통령도 마술사도 … 무인도의 로빈슨 크루소도, 광야에서 외치는 선지자도, … 연금술사도"[23] 될 수 있었을 터이지만, 이제 그런 "도태시킨 가능성에 대해" 별반 아쉬워하지 않고, "아들을 나날이 싱싱하게 자라는 나무처럼 바라보며 소망과 걱정을 나누고 자잘한 생활의 문제, 음식과 성을"(26쪽) 나누고, 적절한 의례와 관습을 지키며 살아가고 있는 평범한 여자이다. 그녀는 결혼하고 아이를 낳으면서 "재빨리 모성의 자리로 옮겨" 앉았고 그 후로는 예전에 빈번하게 꾸던 꿈, "날거나 추락하는 꿈"(13쪽)을 더 이상 꾸지 않게 되었다. 그녀는 "익숙한 길을 걸어가듯" 그렇게 여자라면 누구나 걷는 "생애 속으로 한걸음씩 옮겨 놓았다." 남편이 여행길에 사다준 러시아 인형을 보고 그녀는 그 생애의 모습을 한결 구체적으로 그려보고 그것을 수긍했다.

---

[23] 오정희,『불꽃놀이』, 문학과지성사, 1995, 10~11쪽.(이하 인용은 이 판본에 따르되, 인용된 쪽수만 밝힘)

얇은 나무로 만든 것으로 볼이 붉은 처녀의 얼굴이 그려지고 민속 의상의 무늬와 채색을 입힌, 얼핏 오뚝이처럼 단순한 모양이지만 그 안에는 똑같은 모양의 인형들이 크기의 차례대로 겹겹이 들어 있었다. 그것은 내게 인생의 중첩된 이미지로 받아들여졌다. 앙상한 뼈 위로 남루하고 커다란 덧옷을 걸친 듯 살가죽이 늘어진 한 늙은 여자 속에 얼마나 많은 여자들이 들어 있는 것일까. 보다 덜 늙은 여자, 늙어가는 여자, 젊은 여자, 파과기의 소녀, 이윽고 누군가, 무엇인가가 눈 틔워주기를 기다리는 씨앗으로, 열매의 비밀로 조그맣게 존재하는 어린 여자 아이.(34~35쪽)

그녀는 인형이 역순으로 보여주는 삶의 행로를 걸어왔고, 앞으로도 그것들이 중첩되면서 진전되는 삶을 묵묵히 살아갈 것이라는 것을 45세의 생일날 아침 새삼 확인한다.

얼핏 평탄대로로 보이는 그녀의 삶에 파란이 없었던 것은 결코 아니다. 그녀는 "마늘과 생강이 어우러져 내는 맛을 알고 행주와 걸레의 질서를 사랑하지만 종종 무질서 속으로 피신하는 것도 한 방법"(12쪽)이라는 것을 모르지 않았다. 그 무질서의 유혹은 아기가 태어난 지 얼마 되지 않아서 걸려온 옛 연인의 전화였다. 그녀는 젖을 탐해 피가 날 정도로 젖꼭지를 깨무는 젖먹이의 뺨을 후려쳐서 떼어내고 그에게 달려갔다. 그들은 강 건너 고찰을 함께 찾았고, 그 주변을 수놓고 있는 만개한 붉은 영산홍을 보면서 그것을 자신들의 격정적인 사랑의 표징으로 받아들이고 지옥에 가더라도 그 금지된 사랑을 놓지 않으리라고 마음에 다짐했다. 그러나 그들은 천연덕스럽게 부부인 양 행세하는 것이 편치 않았고, 옆자리의 놀러 나온 가족의 아이들이 부모가 잠시 자리를 비운 사이 잠에서 깨어나 그들을 찾아 서럽게 우는 모습을 보면서 질서를 무너뜨리는 일탈의 결과를 의식하지 않을 수 없었다. 그들의 일탈은 결국 현상적 질서를 넘어서지 못하고 그 일부로 수렴되어갔다. 그들은 각자의 가정을 지키면서 그 불륜 관계를 이어갔다.

그러다 그가 죽었다. 그녀는 신문에 난 그의 부고를 보고 그것을 알았다. 그로 인해 일탈 속 균형을 유지해오던 일상의 질서에 다시 한 번 파란이 인다. 그녀는 충격으로 한동안 "세상의 온갖 소리들이 종잡을 수 없이 웅웅대는"(20쪽) 귀울음을 앓았고, 세상 사람들이 모두 시체처럼 보이는 환각에 시달렸다. 그녀는 그렇게 상실의 후유증을 앓으면서 그 고통을 일상의 질서 속에 녹여가며 그것을 견뎌냈다.

> 그는 죽고 내 안의 무엇인가가 죽었다. 그것이 무엇인지 나는 알지 못한다. 아마 알고자 하는 소망조차 없는 건지도 모른다. 내게는 문득 걸음을 멈추고 상점의 진열창에, 슈퍼마켓의 거울에, 물 위에 비치는 내 얼굴을 물끄러미 바라보는 습관이 생겼다. 저녁쌀을 씻다가 문득 눈을 들어 어두워지는 숲이나 낙조를 바라보는 시선 속에, 물에 떨어진 한 방울 피의 사소한 풀림처럼 습관 속에 은은히 녹아 있는 그의 존재와 부재. 원근법이 모범적으로 구사된 그림의, 점점 멀어져가는 풍경의 끝, 시야 밖으로 사라진 까마득한 소실점으로 그는 존재한다.(37쪽)

그가 죽은 후 그녀는 자신의 정체성에 대해 심각히 자문했던 듯하다. 거리의 진열창 유리에, 슈퍼마켓의 거울에, 혹은 물 위에 한동안 버릇처럼 자신의 얼굴을 비춰 보곤 했기 때문이다. 그러나 그녀는 상실을 내면으로 키워나가기보다는 일상사에의 헌신으로 그것을 상쇄하고 위무하는 쪽을 택했다. 그리하여 그의 죽음이 일상 풍경의 소실점으로 사그라져갈 무렵 죽음이 모든 것을 무화시키는 절멸 그 자체가 아니라는 역설적인 생각에 이르게 된다. "모든 죽은 사람들이, 그들에 대한 기억이 소멸된 뒤에도 그들이 남긴 살아 있는 사람들의 유전자 속에 깃들이듯 그는 나의 사소한 몸짓과 습관 속에 남아 있다"(20쪽).

　세상 만물이 죽는다고 모두 소멸되는 것이 아니라 인연 속에 면면히 존속된다는 생각은 시간이 가도 수그러들지 않는 그의 죽음의 여운에서 비롯된 것이겠지만, 기묘한 것은 그것이 또한 그녀에게 살아 있는 존재자와 생명의 연속성을 자각하는 계기가 되었다는 점이다. 그녀는 모로 누워 몸을 웅크리고 자는 남편을 지켜보면서 거기에 유아기의 그가 "변치 않는 모습으로 씨앗처럼"(12~13쪽) 들어 있는 것을 인지하고, 열일곱 살 난 아들에게서 그맘때의 남편의 모습을 유추하기도 하고, 아들이 소지품에 도도라는 명칭을 붙인 것을 보고 4백 년 전에 아프리카에서 멸종된 새가 죽지 않고 여전히 잔존하고 있다고 느낀다. 그리하여 그녀는 한때 "관습과 질서"로 고착되어버렸다고 여겼던 그녀와 남편의 관계와 또 그것이 표상하는 일상의 삶에 단순히 "관습이라거나 시간의 길들임이"라고만 말할 수 없는 그 무엇이 있다는 것을 인정하기에 이른다. 일탈의 체험은 이렇게 제도와 질서를 전복시키기보다는 그것을 긍정하고 이해하는 방향으로 선회한다. 동시에 그와의 불륜 관계는 그녀가 시장 보러 나온 김에 옛날에 그와 함께 차를 마셨던 찻집에 들렀다가 목격한 간질병 환자의 간질 발작 같은 일상적 질서에 내재하는 사소한 비정상적 행위쯤으로 정리된다. 실로 예전의 오정희 소설에서는 좀처럼 찾기 힘든 관행화된 질서에 대한 긍정과 용인이라고 아니할 수 없다.

　의미심장하게도 그의 죽음과 화해하기 시작하면서부터 여자는 잊었던 '옛우물'을 꿈속에서 보기 시작한다. '옛우물'은 그녀가 어릴 적 살았던 동네의 공동 우물이다. 그녀를 비롯해서 여자아이들은 물맛 좋고 깊은 이 우물에서 물을 길어 날라야 했는데, 물을 긷다가 두레박을 빠뜨리지 않을까 늘 전전긍긍해야 했다. 증조할머니는 그 우물에 "천년이 지나면 이무기가 되고 또 천년이 지나면 뇌성벽력 치는 밤 용이 되어"(38쪽) 승천할 금빛 잉어가 살고 있다고 말하곤 했다. 할머니의 이야기를 듣고서 그녀는 친구들에게 금빛 잉어에 대해서 말했으나 계모 밑에서 힘겹게 살아가고 있던 정옥이 이외에는 아무도 그것을 믿어주지 않았다. 정옥은 그녀의 말을 신뢰했을 뿐만 아니라 그것이 "소원을 들어주는 잉어"(40쪽)일 것이라고 덧붙이기도 했다. 두레박을 자주 빠뜨려 집에서 쫓겨나 우물가에서 곧잘 울곤 했던 정옥은 그해 늦가을 우물에 빠진 사체로 발견되었다. 동네 사람들은 굿을 하고 우물을 흙으로 메워버렸다. 정옥과 매몰된 우물에 대해 사람들은 곧 잊어버렸으나 그녀는 정옥이 금빛 잉어를 보기 위해 한밤중에 우물에 갔다가 변을 당한 것이라고 한동안 생각했었다.

그의 죽음은 기억 속에 침전해 있던 또 다른 죽음을 그녀의 의식 속으로 길어 올린 것이다. 옛우물에 대한 그녀의 꿈은 거의 언제나 두레박을 빠뜨려 울고 있거나 죽은 정옥과 함께 적막하게 가라앉은 우물 속을 들여다보는 모습을 포함했다. 물을 길어 올리다 힘이 부치거나 긴장이 풀려 두레박을 우물에 빠뜨리는 일은 어린 소녀들에게 상흔으로 남을 만큼 열패감을 주는 일이었다. 게다가 그로 인해 제때에 물을 길어 가지 못하면 집에서 꾸중을 듣기 일쑤였다. 여자가 두레박을 빠뜨려 울고 있는 꿈을 거듭 꾸었다는 것은 그것이 기억에서 지워버리고 싶은 트라우마적인 체험이었음을 시사한다. 그의 죽음은 이렇게 그녀에게 어쩌면 첫 번째 상실의 트라우마였을 옛우물의 체험을 소환하고 있다. 그 상실감에는 물론 소꿉친구 정옥의 죽음과 그리고 갖가지 추억이 서린 옛우물의 폐정도 포함되어 있다.

그의 죽음만이 옛우물에 얽힌 기억의 소환을 재촉한 것은 아니다. 소설의 부플롯(subplot)을 이루고 있는 연당집의 소멸 또한 그것과 무관하지 않다. 연당집은 그녀가 살고 있는 아파트에서 그녀 소유의 또 다른 작은 아파트로 가는 길목의 야산에 있는 오래된 기와집이다. 이 고택에는 연못, 누각, 정자가 딸려 있고 널찍한 앞뜰과 후원에는 사시사철 꽃들이 무성히 피었다. 후손들은 이 고택을 헐고 거기에 횟집 '가든'을 낼 요량으로 철거공사를 진행하고 있다. 고택은 노모를 모시고 사는 정신이 온전치 못한 '바보'로 별칭되는 아들의 참여 속에 헐리고 있었다. 여자는 '작은집' 아파트에 이따금 들러서 그곳 창문을 통해 연당집이 헐려가는 것을 유심히 지켜보며 시간을 보내왔다. 연당집과 '바보'에 대해 그녀는 스스로도 이해할 수 없을 정도로 집착했다. 그녀는 "오래된 아름다운 집"이 사라지는 것이 안타깝고 무엇보다 "익숙한 것의 사라짐, 그 낯섦"(51쪽)이 견딜 수 없기 때문이라고 그 이유를 스스로에게 짚어낸다. 왜 익숙한 것이 사라지고 난 후의 낯섦이 마음에 걸린 것인가? 그 심리적 착목의 근저는 어떻게 형성된 것인가?

이 의문 앞에서 그녀가 겪어온 세 가지 사건이 계열화되어 있음을 다시금 주목할 필요가 있다. '옛우물'–'그'–'연당집.' 모두 죽음 혹은 소멸과 연관된 체험이다. 그의 죽음과 상실의 아픔 속에서 폐제(foreclosure)되다시피 한 옛우물 사건이 소환되고, 연당집이 소멸되어가는 과정을 지켜보는 와중에 그렇게 소환된 기억이 한층 구체적이고 분명한 모습으로 떠올랐다고 볼 수 있다. 연당집의 헐림은 '그'의 죽음을 매개로 하여 옛우물의 폐정을 사후적으로 다시금 재구성해보도록 만든 것이다. 그녀와 직접적으로 연관된 두 사멸은 모두 그녀로 하여금 익숙한 질서가 무너져버린 낯선 세계에 내던져진 고립감과 소외감 속에서 거기에 고통스럽게 적응하지 않으면 안 되는 체험이었음이 분명하다. 연당집에 대한 그녀의 집요한 관심에는 안주해온 세계가 사라진 후 바보가 겪게 될 당혹스러움의 유추적 동일시가 작용하고 있음이 물론이다.

'그'가 죽은 후 심각한 후유증에 시달렸지만 그녀는 낯선 상황에 적응해나가면서 삶의 연속성을 새롭게 확인하게 된다는 점을 앞서 지적했었다. 그런 성숙된 비전은 어떤 경로로 얻어진 것인가. 옛우물은 여주인공이 상실과 죽음을 처음으로 절실하게 체험한 공간이지만, 그녀에게 우물은 또한 막내 동생이 태어날 때 조왕신에게 봉헌할 정화수를 떠온 신성한 곳이고, 용이 되어 승천할 금빛 잉어가 사는 곳이기도 하다. 계모의 구박 속에서도 꿋꿋이 살아가던 정옥은 우물에 사는 그 잉어가 소원을 들어줄 것이라고 믿기도 했다. 정옥의 죽음과 함께 우물은 메워져 어둠의 심연으로 사라졌지만, 그것은 금빛 잉어가 표상하는바 승천의 가능성, 암울한 현실을 초월할 수 있는 희망의 표상으로 마음속에 새겨져 있었던 것이다. 그녀는 깊은 어둠 속에 감추어져 있는 이 수직적 상승의 에너지, 윤동주가 외딴 우물에서 보았던 달과 구름과 하늘과 파란 바람을 머금고 있는 모습이 배태하고 있는 희망의 씨앗을 그 시원의 기억에서 함께 소환한 것이 아니었을까.

사실 금빛 잉어가 우물에 실제로 살고 있는지의 여부는 중요하지 않다. 그해 여름 장마 후 물맛이 변해 우물을 쳤을 때 우물 바닥에서는 녹슨 두레박, 갈쿠리, 고무신짝 등 잡동사니가 실려 올라왔지만 그녀와 정옥이 기리던 금빛 잉어는 없었다. "그래도 나는 맑은 물이 그득 고이면 금빛 잉어가 살리라는 생각을 버릴 수 없었다. 정옥이는, 금빛 잉어는 사람들 눈에 띄면 안 되니까 샘이 솟는 깊은 구멍으로 잠시 숨어버렸을 거라고, 맑은 물이 고이면 다시 돌아올 거라고 말했다"(42쪽). 이렇게 여자의 마음속 깊이 새겨져 있었기에 금빛 잉어의 기억은 옛우물이 사라진 뒤에도 여전히 의식의 밑바닥에 남아 있다가 그의 죽음과 화해하는 과정에서 불현듯 되살아나 그녀를 지탱해 준, 더 나아가 무미한 일상을 긍정하는, 힘으로 작용한 것이다. 「유년의 뜰」에 등장하는 또 다른 우물의 이미지를 통해서도 우리는 그 점을 유추할 수 있다.

> 우물은 깊었다. 둥그렇게 내려앉은 어두운 하늘은 두레박줄을 한없이 한없이 빨아들이고 방심하고 있던 순간 마침내 철버덕 수천 조각으로 깨어져 흐트러졌다. …(중략)… 한 차례 물을 길어 마시고 발등에 쏟아 붓고 나는 다시 끝없이 두레박줄을 풀어내며 우물 속을 들여다보았다. 우물 속은 고요하고 알 수 없는 소리로 가득 차 있었다. 그 속에는 어쩌면 탄식과도 같은 누군가의 숨소리가 섞여 들리는 듯도 했다.[24]

우물은 두레박이 떨어지면서 수천 조각으로 출렁였다가 물을 길어 올리는 사이 다시금 원상을 회복하고 동시에 그것은 그 깊은 하늘의 영기를, "고요하고 알 수 없는" 숨소리를 내뿜는다. 이는 에밀리 디킨슨과 어린 셰이머스 히니를 사로잡았던 이미지이기도 하다. 신문의 부고란을 통해 그의 죽음을 알게 되었을 때 그녀는 자기도 모르게 거울을 찾아 들었는데 거기에서도 조각조각 균열된 얼굴을 보았었다. 그녀는 한순간 당황했지만, 이내 그 깨진 얼굴을 수습하며 일상의 삶을 이어갔다.

그것은 그의 기억을 지워가는 것이면서도 동시에 "사라진 뒤에야 비로소 드러나는 존재의 흔적"(32쪽)을 확인하는 과정이기도 했다. 이 존재의 흔적은 죽음을 초월하는 생명의 유구한 존속의 유비로 읽을 수 있다. 이런 시각은 고요하고 알 수 없는 소리들을 뿜어내는 우물을 생명을 길어내는 여성의 자궁 공간으로 이해하는 페미니즘의 목소리를 불러들이기도 한다. 물론 타당한 시각이다. 그렇지만 시각을 확대하여 인간 존재 일반의 삶의 조건에 대한 성찰로 볼 여지도 충분하다. 오정희는 이 소설에서 '그'로 표상되는 일탈의 에너지, 일상의 질서와 관행에 저항하는 그 전복적 자유에의 충동이 억누른다고 해서 사라지는 것이 아님을 말하고 있다. 그러면서도 그녀는 삶

---

[24] 오정희, 『유년의 뜰』, 문학과지성사, 1995, 40쪽.

속에 잠재해 있으면서 그것에 활력을 부여하는 이 근원적 충동이 일상의 안정을 파괴하는 힘으로 분출되는 것을 그 어느 때보다도 경계하고 있는 것처럼 보인다. 5년간의 절필 끝에 쓴 첫 작품으로 알려진 「옛우물」이 이전의 오정희 소설들과 달라진 것 중에서 바로 이점이 가장 주목된다.

 자아를 성찰하고 삶을 되돌아보는 기회를 제공하는 물–거울의 양태는 실로 다양하다. 그 관조의 폭과 깊이 또한 마찬가지로 다양하다. 관조의 물은 무념무상의 초연한 경지를 열어주기도 하고, 삶의 무상을 새삼스럽게 환기시켜주기도 하고, 그 무상한 삶이 뭇 생명의 우주적 순환의 일부를 이룬다는 생각을 일깨우기도 한다. 그것은 또한 자아의 분열상을 확인하고 그것을 통어하여 하나로 수렴된 통일적인 자아의 정립을 다짐하고 창조적 상상력을 키우는 계기가 되기도 하고 인간의 내면에 잠재해 있는 욕망과 자유의 파괴적 충동의 다채로운 스펙트럼을 비추는 거울의 역할을 떠맡기도 한다.

홍수 풍경

2025년 7월 17일 충남 서산에 하루 동안 438.9mm의 비가 내렸고, 같은 날 전남 광주도 426.4mm의 기록적인 강우량을 보였다. 이는 종전 최고 기록인 2024년 7월 10일 충남 서천의 하루 강수량 400.0mm를 경신한 것이다. 2024년 7월 9일 군산 인근의 어청도에는 오후 11시 51분부터 1시간 동안 146.0mm의 비가 내렸다. 이는 한반도 기상관측사상 1시간 강수량으로 역대 최고치였다. 이 최고치에는 미치지 못했지만 2025 7월 17일 서산의 경우 시간당 강수량이 114.9mm를 기록했다. 이 밖에 많은 지역에서 시간당 강수량이나 1일 강수량에서 종전 기록을 경신하는 극한 호우가 내렸다. 이로 인해 곳곳에서 인명 피해, 하천 범람, 도로 침수, 건물 침수 등 막대한 피해가 발생했다. 금년에는 특히 고온 건조했던 기후 탓에 봄철에 산불이 곳곳에 많이 발생해서 큰 피해를 입었는데, 뒤이은 폭우로 인해 토사 유출, 산사태, 하천 범람 등으로 2차 피해 또한 막심했다.

　기상이변은 이제 '이상'이 아니라 삶의 '일상'이 되어버렸다. 가뭄, 폭염, 폭우, 집중호우, 폭설, 혹한이 장소를 가리지 않고 무시로 빈발하고 있다. 극한 기후의 일상화는 그것의 가장 큰 변인인 물을, 더 구체적으로 그 세 양태인 물, 수증기, 눈(혹은 얼음)을 폭력적인 양태로 자주 현시하고 있다. 뿐만 아니라 그 세 양태는 자주 공존 혹은 대립하고 있다. 가뭄과 폭염이 장마로 이어지고 폭설이 이상난동을 불러오기 일쑤이다. 그리스 사람들이 4원소라

홍수 풍경

고 불렀던 것 중 물, 불, 공기를 작중 인물로 의인화하고 있는 김숨의 소설 『물』은 물로 나오는 화자의 어머니가 "얼음 상태에 이르려는 의지와 물 상태에 이르려는 의지, 수증기 상태에 이르려는 의지가 필사적으로 대립, 반목 중"¹이라는 진술과 함께 시작된다. '필사적'이라는 어사를 통해 물의 상태가 지극히 가변적이고 불안정한 것임을 시사하는 이 문장은 물론 작중 인물의 정황 묘사이지만, 그와 동시에 작금의 기상 현실의 암유이기도 하다. 작가의 소설적 상상력도 이처럼 시대의 기상이변에 깊이 침윤되어 있는 현실을 우리는 살고 있다.

김숨에게 영향을 끼쳤음이 분명한 가스통 바슐라르는 자신의 물질적 상상력 이론의 정립에 결정적인 역할을 한 원소인 물의 물질적 이미지를 세분하면서 '난폭한 물'을 그 하나로 거론하고 그 표상을 바다의 포효하는 파도에서 찾는다. 그러나 기후변화의 시대에 우리는 멀리 갈 필요가 없다. 우리 주변을 흐르는 하천이나 강이 노도와 같은 난폭한 물로 넘실대는 것을 자주 볼 수 있기 때문이다. 특히 여름 장마철의 폭우나 집중호우 혹은 늦여름부터 찾아오는 태풍으로 인해 홍수가 잦아지면서 우리는 물의 가공할 위력을 일상에서 수시로 접하고 있다. 수메르의 길가메시 신화나 『성경』의 「창세기」

---

1 김숨, 『물』, 자음과모음, 2010, 10쪽; 소설에는 물, 불, 공기 이외에도 소금, 금으로 지칭되는 인물도 등장한다.

에서 보듯이 과거에 홍수는 흔히 천심의 발현으로 간주되고 따라서 홍수 후 새로운 세계를 여는 후천개벽의 계기로 여겨지기도 했다. 그러나 21세기 기후변화 시대에 홍수는 신화적 아우라를 벗어던지고 종말론적 현실의 한 단면으로, 도래할 파국적 미래의 현재적 표상으로 다가온다. 본래적 상태로 되돌아갈 수도 나아갈 수도 없는 불투명한 전망에 사람들은 무력감 혹은 불안감에 젖어 거기에서 세계 종말의 예시를 보는 것이다. 이런 상황을 반영하여 근래에 소설은 물론 영화, 드라마, 웹툰 등에 극단적 양태의 장마나 홍수를 소재로 파국적 플롯을 연출하는 작품들이 심심찮게 눈에 띄고 있다.

1 홍수 사회: 김애란의 「물속 골리앗」

김애란의 「물속 골리앗」은 그런 작품의 하나다. 여기에서 우리는 기후변화 시대를 특징짓는 전형적인 물 사태, 곧 돌연적이고 예측불가능하고 파국적인 홍수 풍경을 본다. 이 불가해한 천재지변은 김애란 소설의 대다수 인물들이 처해 있는 암담한 사회적 모순 상황과 겹치면서 출구가 보이지 않는 절망의 심연에서 허우적거리는 이른바 '이태백 세대'의 처절한 심리적 기상도를 그려 보이고 있다.

단지 전체가 재개발구역으로 지정되어 사람들이 떠나갔지만 갈 곳 없는 주인공 가족은 철거 명령이 내려진 아파트에 홀로 기거하고 있다. 그러던 중 장마가 시작된다. 몇 달간 지속된 폭염과 가뭄 끝이었다. 한번 내리기 시작한 비는 폭우가 되어 걷잡을 수 없이 쏟아져 내린다. 아파트 단지는 물에 잠기고 길이 끊겨 철거를 독촉하던 사람들의 발길도 끊긴다. 오가는 사람이 없이 철저히 고립된 상황에서 장마는 한 달 넘게 지속된다. 50년 만의 폭우에 나약한 사춘기 소년인 주인공이 할 수 있는 일이라고는 아무것도 없다. 그저 쏟아지는 비를 망연히 바라볼 뿐이다.

> 세계는 비 닿는 소리로 꽉 차갔다. 빗방울은 저마다 성질에 맞는 낙하의 완급과 리듬을 갖고 있었다. 하지만 그것도 오래 듣다 보니 하나의 소름처럼 느껴졌다. 자연은 지척에서 흐르고, 꺾이고, 번지고 넘치며 짐승처럼 울어댔다. 단순하고 압도적인 소리였다. 자연은 망설임이 없었다. 자연은 회의(懷疑)가 없고, 자연은 반성이 없었다. 마치 어떤 책임도 물을 수 없는

거대한 금치산자 같았다.[2]

  거침없이 쏟아지는 장맛비를 '망설임'도 '회의'도, '반성'도 없는 '금치산자'와 같은 자연으로 일반화하는, 이 소년답지 않은 소외된 언어는 세상으로부터 완전히 고립된 막다른 상황에서 애늙은이가 되어버린 주인공 소년의 심리적 파국을 전경화한다. 사실 주인공 일가가 아파트를 떠나지 못한 것은 재개발을 둘러싼 사기 사건에 휘말렸기 때문이다. 20년 전에 산 아파트의 주택 담보 대출을 다 갚아갈 무렵 단지의 재개발이 결정되어 철거령이 내려졌지만, 보상금이 터무니없이 적어 주인공네는 이주할 집을 찾을 수 없었다. 그러던 차 새 주인임을 자처하는 자가 나타나 집을 비울 것을 요구하는 황당한 상황에 직면한다. 아버지는 사태를 해결하고자 이리 뛰고 저리 뛰며 하소연하다가 답답함을 못 이겨 체불임금 지급을 요구하며 시위를 벌이고 있던 공사장 사람들 틈에 끼어 40미터 높이의 타워크레인에 올라갔다가 실족사하고 만다. 아버지의 죽음과 더불어 속수무책인 상태에서 장마가 시작되었고, 쉴 새 없이 쏟아지는 비에 주인공과 미망인 어머니는 심리적으로만이 아니라 실질적으로 고립무원의 상태로 물에 잠긴 텅 빈 아파트 단지에 갇혀버린 것이다. 이런 막다른 골목에 이르기까지 그들은 얼마나 사방을 헤맸고, 부조리한 현실에 대해 회의하고, 무엇이 잘못되었는지 되돌아보고, 누구 책임인지를 물었겠는가. 그러니 자기 집임에도 불구하고 소유권을 주장하지 못하는 금치산자 꼴이 된 자신들의 처지가 어떻게 해볼 수 없이 거침없이 쏟아지는 장맛비와 겹쳐 보이는 것도 당연한 일이다.

---

2 김애란, 「물속 골리앗」, 『비행운』, 문학과지성사, 2012, 94~95쪽.(이후 이 책의 인용은 이 판본에 따르되, 본문에 쪽수만 밝힘)

장마가 시작된 지 며칠 후 전기가 끊긴다. 밤과 더불어 "원시적인 어둠"(87쪽)에 갇히는 날이 지속되면서 고립감은 더욱 심화된다. 단전과 더불어 단수가 염려된 주인공의 어머니는 욕조는 물론 집 안의 온갖 그릇에 물을 채운다. 그래도 마음이 안 놓여 집에 있는 모든 봉지, 곧 김장용 비닐 봉투, 음식을 보관하는 팩, 심지어 서랍 속의 크고 작은 봉지에까지 모두 물을 채운다. 이 물 봉지들은 둥글게 밀봉되어 죽은 아버지 방에 차곡차곡 쌓인다. 이는 주인공과 어머니의 생존을 지켜줄 생명의 물이다. 이 생명의 물은 모든 것을 휩쓸어가는 집 밖의 난폭한 물과 대립된다. 그럼에도 불구하고 봉지에 갇힌 그 생명수는 홍수와 어둠과 세상의 비정한 무관심에 갇힌 이들의 고립된 처지를 떠올리게 만든다. 아닌 게 아니라 이들의 생존에 필요한 이 물들은 이내 고인 물, 곧 썩어가는 물로 변형된다.

　장마가 지속되면서 집 안은 습기로 눅눅해지고, 벌레가 생기고, 곰팡이가 피고, 고약한 냄새가 나기 시작한다. 두려움과 무력감에 사로잡힌 듯 어머니는 점점 말수가 줄어들고, 특히 집 안을 휘감고 있는 악취에 예민해진다. 그녀는 이따금 자신의 몸에서 이상한 냄새가 나지 않느냐고 아들에게 묻는다. 장마가 절정에 이른 어느 날 어머니는 손에 칼을 들고 아들 앞에 나타난다. 아들을 한참 노려보던 어머니는 곧 아버지 방으로 달려가 쌓아둔 물 봉지들을 칼로 찌르기 시작한다.

　　어머니는 양손을 번쩍 치켜 올렸다. 그러고는 아랫배 근처를 향해 힘껏 내리꽂았다. 어떻게 해볼 틈도 없이, 순식간에 일어난 일이었다. 나는 악— 비명을 질렀다. 하지만 어머니가 해친 것은 자기 몸이 아니었다. 물이 담긴 비닐 봉지였다. 찢어진 비닐 사이로 꽐꽐꽐꽐— 물이 쏟아져 나왔다. 어머니는 누군가를 무참히 살해하듯 그것을 찌르고 또 찔렀다. 그런 뒤 나머지 봉지들도 정신없이 가격하기 시작했다. 수십 개의 봉지들이 일제히 물을 토해냈다. 물은 거실로, 부엌으로 스멀스멀 기어갔다. …(중략)… 어머니는 몸속에 든 물을 전부 빼내려는 듯 몸부림쳤다. 방 안의 봉지들은 탄력을 잃고 점점 쪼그라들었다. 그리고 마침내 어머니가 울음을 그쳤을 때 — 정체 모를 고요가 찾아왔다. 그러자 잊고 있던 빗소리가 다시 들려왔다.(103~104쪽)

삶을 질식시킬 것만 같은 악취의 원인이 방에 쌓아둔 물봉지라는 듯이 어머니는 그 고인 물들을 마치 스스로를 자해하듯이 과격한 몸짓으로 가격하여 터뜨리고 오열한다. 그 자해의 몸짓은 수인(囚人)이나 다름없이 갇혀 있는 그녀 자신도 고인 물이 되어 썩어가고 있다는 자의식과 그 생중사의 상태로부터 벗어나야 한다는 강박증의 발로라 할 수 있다. "몸속에 든 물을 전부 빼내려는 듯 몸부림쳤다"는 진술이 그 심경을 증언한다. 그리하여 이 섬뜩한 장면의 끝에 다시 들려오는 빗소리는 부조리한 삶의 전선을 지탱해오던 정신의 둑이 붕괴되어 물바다가 되어버린 생의 황야에 울리는 조종 소리이기도 하다. 홍수는 이제 밖은 물론 집 안 그리고 마음의 내면까지 유린하기에 이른다. 그녀는 결국 죽음만이 그 폐색된 세계의 유일한 탈출로라는 듯이 아들을 고립된 세상에 홀로 남겨놓고 죽어간다.

사고로 아버지를 잃고 홍수로 고립된 상황에서 어머니마저 여읜 소년은 죽음의 공포와 더불어 홀로 버려졌다는 두려움에 시달린다. 장마로 길이 끊겼지만 "세상의 적어도 한두 명은"(92쪽) 철거 아파트에 그들이 살고 있다는 것을 기억하고 구조의 손길을 보내올 것이라고 믿었던 소년이다. "사람들이 우리를 잊은 게 아닐까"(108쪽)라는 불안감의 엄습에 그 기대는 절망감으로 바뀐다. 아파트의 1층을 집어삼키고 2층으로 오르는 계단까지 차오른 물을 확인하고 소년은 탈출을 결심한다. 집 안의 문짝들을 뜯어 얼기설기 뗏목을 만들어 거기에 어머니의 시신을 얹고 소년은 집 밖으로 나온다. 반나절, 길어야 하루이틀 정도면 안전한 곳에 닿을 수 있을 것이라던 그의 기대와 달리 물바다의 어디에도 도시의 흔적은 보이지 않았다.

> 세상은 온통 물에 잠겨 있었다. 북극의 빙하가 녹아 순식간에 사라진 것처럼 그랬다. 배는 점점 물이 불어나는 쪽으로 가는 듯했다. 드문드문 머리를 내민 고층 빌딩과 교회 첨탑이 눈에 띄었지만 그것도 어느 순간 보이지 않았다. 가도 가도 망망대해였다.(112쪽)

긴 장마와 홍수가 북극 빙하의 해빙과 연관된 것일 수도 있다는 소년의 생각은 기후변화에 대한 일반적 인식을 반영한다. 홍수는 천재(天災)라기보다는 자연을 파괴해온 탐욕스런 인간 문명의 자업자득의 결과, 곧 인재(人災)라는 세간의 인식 변화를 「물속 골리앗」은 보여준다. 사회적 부조리의 인재와 자연을 파괴해온 자본주의 물질문명이 초래한 기상이변이라는 인재가 합작한 홍수의 소용돌이에 휘말린 소년은 사납게 몰아치는 물결 속에서 온종일 표류하며 사투를 벌인다. 넘실대는 흙탕물 위로 뿌리 뽑힌 나무들과 온갖 잡동사니 그리고 "현대의 아름답고 치명적인 쓰레기들"(107쪽)이 함께 떠내려간다. 그중에서도 소년의 눈길을 사로잡는 것은 수중에 버티고 서 있는 거대한 크레인의 형상들이다.

> 물에 잠겨 크기를 가늠하기 어려웠지만 가로로 뻗은 기다란 철골의 길이로 보아 대부분 골리앗크레인이 틀림없었다. 그것은 물속 곳곳에 들쑥날쑥한 높이로 박혀 있었다. 마치 지구상에 살아남은 유일한 생물처럼 가지를 뻗고 물안개 사이로 음산하게 서 있었다. 그것들은 대부분 한쪽 팔이 길었다. 그래서 마치 한쪽 편만 드는 십자가처럼 보였다. 먼 데서도 그보다 더 아득한 수평선 너머로도 타워크레인의 앙상한 실루엣이 드러났다. 세계는 거대한 수중 무덤 같았다. 세상에 이렇게 많은 타워크레인이 있었

제3장 홍수 풍경

나 싶을 정도로 잦은 출현이었다. 그리고 그때 나는 비로소 전 국토가 공사 중이었음을 깨달았다. (112쪽)

소년의 아버지를 죽음으로 유인했던 타워크레인들이 음산하게 솟구쳐 있는 이 삭막한 물의 풍경에서 우리는 다시금 홍수의 궁극적인 원인이 무엇인지를 생각하게 된다. 천지를 물바다로 만든 홍수는 물 위로 솟아 있는 수많은 크레인의 형상으로 인해 물 아래 잠긴 문명의 실체, 일상화되어 잠시 잊힌 그 본모습을 새삼 환기시킨다. 그 세계는 한마디로 "전 국토가 공사 중인" 토목 공화국의 세계, 인간의 물질적 편익을 빙자해 생명의 터전인 대지를 유린하기에 골몰해온 자기파괴적 세계라는 것을 그 도구로 봉사해온 타워크레인은 증언하는 것이다. 모든 것이 홍수에 휩쓸려 사라진 살풍경 속에서 타워크레인만이 유일하게 살아남은 "생물"처럼 보이는 이 그로테스크한 정경은 그러므로 홍수를 유발한 자멸적인 문명의 섬뜩한 자화상이라 아니 할 수 없다. 이 그로테스크한 인상은 장마가 시작될 무렵 거센 바람과 물살에 버티고 섰던 고목, 강건한 생명의 나무였던 그 고목마저 뿌리 뽑혀 물에 떠내려 오는 대조적 모습이 포착되면서 더욱 강화된다.

물과 사투를 벌이던 소년은 저녁 무렵 체력이 달려 기진한 상태에 이른다. 소년은 허기에 못 이겨 떠내려가는 먹을거리를 건지려다 균형을 잃어 그만 어머니의 시신을 물에 빠뜨리고 만다. 얼마 후 급류에 떠밀려가던 고목나무의 뿌리에 어머니의 시신이 걸려 있는 것을 그는 발견한다. 어머니의 시신을 구하기 위해 배를 버리고 고목나무를 향해 헤엄쳐갔으나 어머니는 더 빠른 속도로 물결에 실려 멀리 사라져간다. 날이 저물어 어둠이 몰려오자 소년은 물에 떠밀려가다가 타워크레인의 밑동을 잡고 매달린다. 이 대목에서 타워크레인의 또 다른 상징성이 드러난다. 십자가의 형상이 시사하는 구원자로서의 기능이다. 그러나 그것은 진정한 의미의 구원의 십자가일 수 없다. 한쪽으로 기울어진 그 십자가 형상은 그것이 설사 구원자 역할을 하더라도 그 구원은 미래의 전망이 부재한 임시방편적인 것에 불과한 것임을 말하고 있다. 시인 김정용은 기계적으로 한 층 한 층 건물을 쌓아올리는 타워 크레인을 "한 마리 슬픈 짐승"에 견주며, 그 쳇바퀴 같은 반복적 작업이 허상에 갇힌 현대적 삶의 일상임을 이렇게 읊은 적이 있다.

> 지나고 보면 두려운 건 추락이 아니었다
> 설계도를 따라
> 한 층 한 층 허공을 들어올려도
> 위로받을 바닥이 없다는 것
> 더 이상 기댈 높이가 없다는 것
>
> — 김정용, 「타워 크레인」 부분[3]

소년은 이 거대한 기계-짐승, 철골 십자가에 매달려 살려달라고 외친다. 그러나 그의 비명은 공허한 메아리가 되어 되돌아올 뿐이다. 그는 다시금 절망적인 고립감에 빠진다. "나는 우주의 고아처럼 어둠 속에 홀로 버려져 있었다. 마치 물에 잠긴 마을이 아닌 태평양 한가운데 떠 있는 기분이었다."(117쪽) 이 절대적 외로움에 짓눌려 소년은 크레인 기둥에 고개를 처박고 흐느낀다. "왜 나를 남겨두신 거냐고. 왜 나만 살려두신 거냐고. 이건 방주가 아니라 형틀이라고."(118쪽) 크레인이 구원의 방주가 아니라 그를 옭아매는 형틀에 불과한 것임을 그의 절규는 새삼 상기시킨다.

이튿날 소년은 다시 스티로폼 판대기에 몸을 싣고 황토 물결을 따라 내려

---

[3] 김정용, 『메롱메롱 은주』, 문학과지성사, 2010, 104쪽.

간다. 그러나 천지가 물에 잠겨 안착할 만한 땅은 어디에도 보이지 않는다. 그는 굶주림과 졸음 속에서 마을을 찾아 필사적인 항해를 계속한다. 졸음에서 깨어나 보니 비가 그치고 음울한 회색 하늘이 보인다. 다시 저녁이 찾아오자 소년은 밤을 지낼 크레인을 찾기 시작한다. 그러다가 멀리 아버지와 비슷한 형상의 사람이 앉아 있는 듯한 크레인이 눈에 들어온다. 소년은 그곳을 향해 헤엄쳐 크레인의 밑동을 잡고 꼭대기에 어렵사리 오른다. 그러나 그 형상은 환각이었다. 텅 빈 고요에 잠긴 크레인의 꼭대기에는 칼바람만 불고 있을 뿐이었다. 소년은 다시금 혼자 남겨졌다는 생각에 두려움에 떤다. 그는 이제 막다른 골목, "세계의 끝"(123쪽)에 다다랐다는 공포감에 사로잡혀 죽음을 생각한다. 그러다가 우연찮게 라면 한 개와 사이다병을 발견한다. 그것으로 허기를 달랜 소년은 다시금 정신을 수습해 누군가 자신을 찾아올 것이라고 중얼거린다. 하늘에는 오랜만에 보는 노란 반달이 떠 있다. 그는 이 고공 크레인에서 다시 한번 생존의 기회를 얻는다. 그러나 그 생존이 희망 없는 잔존에 불과한 것임을 소설의 결말은 시사한다. 한편으로 소년은 평생을 용접공으로 일했던 그의 아버지가 고공 타워크레인에서 실족사한 것임을 상기하고 다른 한편으로 아버지에게서 수영을 배우는 중에 우연찮게 그럭저럭 물에 떠 있었던 체험을 반추하기 때문이다. 살아남더라도 그는 필시 죽음의 그림자를 떨치지 못한 채 자칫 가라앉을 수도 있는 어설픈 수영 실력으로 삶의 격랑을 헤쳐 나가는 고달픈 나날의 삶을 이어갈 것이다.[4]

「물속 골리앗」은 사회적 모순에 짓눌려 궁핍해진 삶이 긴 장마와 뒤이은

---

[4] 작가는 이 소설에 대한 작가노트에서 주인공을 고공 크레인에 혼자 남겨 두는 것으로 결말지은 것은 그것이 "소년이 행복해지는 것보다 훨씬 현실적인 결말이라고 믿었"기 때문이라고 밝히고 있다.(김애란, 『잊기 좋은 이름』, 열림원, 2019, 297쪽)

홍수에 휩쓸려 죽음이 입 벌리고 있는 극한상황에 이르는 암담한 과정을 묘사하고 있다. 여기서 홍수는 긴 장마의 여파로 불어난 물 때문이다. 그러나 근래의 홍수는 시간당 100mm가 넘는 극한 호우의 결과로 손쓸 틈이 없이 급격히 밀어닥치는 추세이다. 다량의 급격한 폭우로 대비할 시간 여유가 없이 생활공간이 침수되어 재산 피해는 물론 인명 손실의 규모가 커지고 있다. 피해 입은 사람들의 삶을 절망적인 것으로 망가뜨리는 극한호우는 기후위기가 현실적임을 말해주는 뚜렷한 징표이다. 아울러 극한호우의 급변성 그리고 그 예측과 방비의 어려움은 그것을 현대적 일상의 불안정성 더 나아가 위험사회로 특징화되는 현대적 삶의 실존적 조건에서 생사의 경계가 일반적으로 생각하는 것처럼 분명하지 않고 어느 때라도 얼크러질 수 있음의 은유로 작동하기도 한다. 예컨대 천운영의 단편 「명랑」에서의 홍수가 바로 그런 경우이다.

　유원지 계곡 인근에서 백숙집을 운영하며 모녀 3대가 어렵게 살아가고 있다. 남편을 먼저 저세상으로 보낸 엄마는 작은 골방에서 텔레비전 보는 것으로 소일하는 홀시어머니를 봉양하고 발관리사가 되기 위해 학원에 다니는 딸을 거두며 손발이 부르트도록 억척스럽게 밥집을 운영한다. 비가 내리는 어느 날 딸은 취업자리 탐문차 학원에 갔다가 집에 평소보다 일찍 들어오지만 마음 편히 있을 공간이 없어 엄마에게 말대꾸를 하며 성깔을 부린다. 밥집의 안쪽 살림방도 화투판을 벌이는 손님들이 점령하고 있기 때문이다. 딸은 찜질방에 가겠다고 집을 나간 뒤 밤이 되어도 돌아오지 않는다. 시어머니의 채근에 엄마는 일을 마무리하고 딸을 찾아 나선다. 찜질방에서 딸을 찾아낸 엄마는 딸과 함께 모처럼 찜질을 하며 오붓한 시간을 보내고 이튿날 아침에 집으로 돌아온다.

　간밤에 쏟아진 폭우로 귀로의 계곡은 이미 물바다가 되어 있다. 백숙집은 흙더미에 매몰되어 있고 시어머니는 얼마 후 싸늘한 시체로 구조된다. 노인답지 않게 매끈하고 예쁜 발을 가졌던 할머니는 맨발인 채 들것에 누워 있고 손녀는 그 발을 바라보며 오열한다. 열반 후 제자 가섭을 위해 관 밖으로 내민 부처의 발을 상기시키는 할머니의 발은 상처투성이인 고달픈 현실에서 그것에 휘말리지 않는 어떤 초월 가능성을 표상한다고 볼 수 있지만 그 가능성은 다만 죽음으로서만 현시되는 것이다. 그 발은 "땅 한번 디뎌보지 않은 살처럼 동그랗고 야들야들하"지만 그럼에도 할머니 자신은 생전에 죽음의 냄새를 풍기며 죽음의 공포 속에서 살아간다.[5] 이 소설의 세계는, 해설을 쓴 김동식의 지적대로, "삶이란 이미 언제나 죽음에 의해 억눌려 있"고 "죽음의 그림자를 밀어내지 않고서는 도무지 삶이 보이지 않는" 그런 세계이다.[6] 「명랑」에서 급박하게 밀어닥친 홍수는 이처럼 파국의 그림자가 이미 언제나 드리워진 삶의 불안한 일상성을 적나라하게 노정시키는 상징성을 띠고 있다.

---

5 천운영, 『명랑』, 문학과지성사, 2004, 14쪽.
6 김동식, 「숨쉬기의 무의식에 관하여」, 위의 책, 260쪽.

2 각성의 현장: 박화성의 「홍수 전후」와 최서해의 「큰물진 뒤」

박화성의 「홍수 전후」는 또 다른 홍수 풍경을 보여준다. 1935년 『신가정』에 발표된 이 소설은 그 전해에 일어난 영산강 홍수를 소재로 하여 일제 식민지 치하의 궁핍한 농촌의 참상을 생생하게 묘사하고 있다. 박화성은 카프의 정식 멤버는 아니었지만 그 이념에 동조해 농촌의 소작농이나 노동자들의 궁핍한 생활상을 계급적 시각에서 그려내 흔히 동반자 작가라 불려왔다. 1935년 카프 해산 이후 박화성은 일제의 검열 강화에도 불구하고 더욱 구체적이고 핍진한 시각에서 빈궁 문제를 다루는 일련의 단편을 썼는데, 「홍수 전후」도 그중의 하나다. 특히 이 작품들은 제도적 모순이 강요한 궁핍한 삶이 홍수나 한발과 같은 자연재해로 인해 더욱 극빈한 상황으로 내몰리며 사회적 모순에 눈을 뜨는 인물들에 초점을 맞추고 있다.

영산포 인근의 영산강변에서 소작농으로 살아가는 송서방 명칠은 극심한 가뭄 끝에 찾아온 35년 만의 대홍수에 어린 딸과 애써 키운 가축과 집을 잃어버린다. 가뭄 끝에 내려 풍작을 예고하는 단비로 여겼던 빗줄기는 이내 폭우로 변해 주야장창 닷새를 내리 퍼붓는다. 논밭이 물에 잠기고 급기야 강둑이 무너져 범람하는 강물에 마을의 집들이 물에 잠기고 더러는 송두리째 떠내려가고 만다. 명칠을 적빈으로 몰아넣으며 열한 살박이 딸을 잃는 고통을 안겨준 홍수는 김애란 소설 속의 그것처럼 인간의 삶을 난도질하는 폭력적인 것이지만 그렇다고 인간이 헤아릴 수 없는, 맹목적이고 억제할 수 없는 공포를 자아내는 것으로 비치지는 않는다. 너무나 막심한 피해를 입혀 자연의 순리를 일탈한 것으로 보이면서도 박화성이 그리는 홍수는 여전히 자연의 큰 질서에 귀속된 것으로 나타난다. 홍수가 거시적인 자연의 맥락 속에서 조망되고 있는 데서 그 점을 유추할 수 있다.

> 비는 잠시도 그치지 않고 퍼붓기만 하였다. 금성산맥으로부터 멀리 나주 영산포의 넓은 평야를 둘러싸고 있는 산들을 경계로 컴컴한 하늘은 물에 싸여 허덕이고 있는 대지를 무겁게 누르고 비를 쏟고만 있었다. …(중략)…장성, 능주, 남평, 화순, 옥과, 곡성, 순창, 담양, 창평, 나주, 송정리, 광주 등의 열두 골물이 한 대로 합하야 나려가는 길이 되어 있는 영산강의 물은 시시각각으로 불어만 갔다. 각처에서 드리 밀리는 물이 영산강으로 몰려 들어가서 영산강물은 불완전한 연안을 쿵쿵 헐어가며 철철 넘쳐흘렀다. 논을 삼키고 들을 삼키고 집을 삼키며 나려가다가 영산포 물길의 길 어구인 개산(犬山)의 구비에 닥치어 많고 많은 물이 좁은 어구로 빠져 나갈 수 없으매 용감한 기세로 앞을 향하야 전진하던 영산강물의 연합 진군은 갑자기 뒤로 뒤로 퇴군할 수밖에 없었다.[7]

지형에 따라 물살이 거세지기도 하고 때로 역류한다는 과학적 정보도 제공하는 화자의 서술 시각은 오랜 경험으로 명칠이 터득한 민간 전통의 천문 지식과 일맥상통하는 것이라 할 수 있다. 명칠은 "해마다 당해오는 물난리를 조히 겪어오는 만큼 하늘의 모양과 구름덩이의 가고 오는 방향을 따라 대개 날씨는 어떻게 변하며 비 오는 낌새를 보아 비가 얼마만큼이나 올 모양인지를 짐작할 수 있는 지식"(108쪽)을 갖추고 있음을 자부하는 인물이다. 그러나 역설적이게도 이 자부심이 피해를 더 키우는 결과를 초래하게 된다. 강물이 불어나는 형세를 보고 범람을 염려하여 함께 소작 부치고 있는 이

---

7 박화성, 『박화성 단편집』, 박연옥 편, 지식을만드는지식, 2012, 120~121쪽.

웃들이 명칠에게 높은 지대로 피신할 것을 권했지만 그는 물난리쯤이야 이겨낼 수 있다는 생각에 집에 그대로 남아 있었던 것이다. 그가 피신하지 않고 버틴 데에는 최악의 경우에 자신이 소유한 두 척의 작은 거룻배에 의탁할 수 있으리라는 계산도 작용했다. 명칠은 집과 배를 밧줄로 집 둘레의 포플러나무에 동여매놓고, 물이 차오르면 식구들을 배에 태워서 버틸 심산이었다. 그러나 예상 밖으로 물살이 거세서 손 쓸 틈도 없이 배 한 척이 물결에 떠밀려 내려가버리고, 나머지 한 척에 어린 자식들을 가까스로 태우고 부부는 배를 묶어놓은 나무 위로 올라갔다. 그러나 비가 계속 퍼부으면서 붉은 물결이 노도처럼 출렁이자 배가 사정없이 위아래로 흔들거리며 떠밀려갈 위태로운 지경에 이른다. 이에 부모와 함께 나무로 피신해 있던 큰아들 윤성이 밧줄을 몸에 두른 채 물에 뛰어들어 늘어진 배의 밧줄을 필사적으로 잡아당긴다. 배에 남은 아이들은 배가 다시 포플러나무 쪽으로 끌려오자 밧줄을 타고 나무 위로 올라앉았는데, 마지막으로 남아 있던 아이가 나무에 채 옮겨 앉기 전에 배가 전복되면서 물결에 휩쓸려 떠내려가고 만다. 그들을 구하기 위해 윤성의 친구들이 배를 저어 다가오고자 했으나 거센 격랑 때문에 떠내려가는 어린 목숨을 속수무책으로 바라볼 수밖에 없었다.

 명칠의 숙명론적인 세계관 또한 그가 피신하라는 주변의 권유에 귀를 닫은 또 하나의 원인이다. 함께 피하자는 이웃들의 외침에 그는 이렇게 대답한다. "어서 자네들이나 피하소. 사람의 생사화복이 천리대로 되는 것이니까 내가 여기서 피해 나간다고 죽을 놈이 안 죽는단가? 목숨만 길면 불 속에서도 살아나는 것일세. 염려 말고 어서들 가소."(125쪽) 그의 생사관은 말하자면 대지에 뿌리내린 전통적인 숙명론에 닿아 있다. 그것은 한마디로 삶의 모든 일, 특히 인간의 길흉화복은 자연의 섭리에 속한다는 생각으로 요약된다. 홍수나 장마 또한 아무리 극심한 것이라 하더라도 여전히 인간 운명을 주형하는 자연 질서의 일부를 이룬다고 여긴다. 그렇기 때문에 이 소설에서 홍수는 많은 것을 빼앗아갔지만 김애란 소설의 그것처럼 낯선 객체적 타자로 나타나고 있지는 않다. 생존하기 위해서는 물론 그것에 힘껏 맞서야 하지만 그렇더라도 그것은 나날의 실존적 삶을 구성하는 조건이자 그 터전의 일부를 이루는 것이다.

1930년대는 일제의 토지 수탈 정책으로 소수의 독과점 지주 아래 수많은 소작농이 양산되고, 이들 중 상당수가 종국에는 땅을 버리고 일자리를 찾아 떠도는 빈민 노동자로 전락한 시기였다. 삶의 궁핍화와 계급 갈등이 심화되고 있던 농촌 사회였지만 여전히 이런 생각의 바탕을 이루고 있는 전일적 자연관이 지배하고 있었음을 이 소설은 증언한다.

이런 점에서 두 가지 사항이 인상적이다. 하나는 홍수의 위력을 말하면서 첨단 기계문명도 그 앞에서는 무력하다는 진술이다. "평시에 재주와 용기를 자랑하던 급행열차들도 이 위대한 대자연의 무서운 기세와 위엄 아래에서는 물 우에 기어가는 작은 버레에 지나지 못하였다."(120쪽) 과학문명이 아무리 발달했다 할지라도 자연 질서를 넘어설 수 없다는 이 진술은 거대한 타워크레인이 모든 것을 휩쓸어버리는 홍수의 재난 속에 살아남은 유일한 생물체로 나타나 보이는 「물속 골리앗」의 시각과 사뭇 대조적이다.

다른 하나는 물에 잠긴 나무 위에 매달려 있는 명칠의 가족들에게 구렁이와 뱀들이 달려드는 상황이다. 이들은 허기와 피곤기에 지쳐 있는 와중에 마찬가지로 피난 신세인 뱀들이 엉겨 붙어서 이들을 떼어놓느라고 사력을 다하지 않으면 안 되었다. 인간과 가축은 물론 뱀들도 홍수의 피해자인 것이다. 이 점 또한 지상의 생명 존재는 누구나 할 것 없이 자연 질서에 구속되어 있음을 말하는 전일적 자연관의 편재성을 확인해준다. 홍수와 같은 재해가 노정시키는 생명 존재의 공존 양태와 그 바탕에 있는 전일적 자연관이 쉽사리 사라지지 않는 토착 정서를 이루고 있기에 1970년대에 저 유명한 샤머니즘적 모티프 — 전쟁에 나가 죽은 자식이 장마철에 구렁이로 환생하여 집을 찾아온다는 생각 — 를 원용한 윤흥길의 『장마』와 같은 작품의 생성이 여전히 가능할 수 있었을 것으로 짐작된다.

명칠은 끔찍한 홍수를 겪으며 딸을 잃고 막심한 피해를 입었지만 그 참담한 경험을 통해 삶과 사회를 새롭게 보는 눈을 얻게 된다. 그는 숙명론적 삶의 태도에서 벗어나 지주 제도의 폐해와 불평등한 사회구조 그리고 공동체적 유대의 중요성을 인식하기에 이른다. 그는 저지대에 사는 소작농들만 주로 홍수 피해를 입고 좋은 입지의 땅을 차지하고 있는 지주들은 비켜나 있다는 것을 인지했을 뿐만 아니라 물속에 갇힌 자기네 식구들을 구해주려고 노력하고 집이 떠내려가서 당장 갈 곳 없는 처지의 자신들에게 조건 없는 도움의 손길을 준 것도 가난한 이웃뿐이라는 것을 새삼 깨닫는다. 이전에 큰아들 윤성과 그 동무들이 어울려 다니며 소작을 준 지주를 비판하고 소작료를 줄여달라고 요구했다는 소식을 듣고 그는 잘 사는 사람을 공연히 시기하는 작태라며 못마땅해했었다. 그러나 이제 그는 그들의 비판 의식과 실천적 행동이 마땅한 삶의 길을 열어나가는 동력임을 인정하고 거기에 적극 동조하기로 결심한다. 소설의 결말은 숙명론적 삶의 태도에 대한 주인공 명칠의 각성을 홍수의 후일담으로 이렇게 요약하고 있다.

> 모든 것을 천리와 팔자로만 알어버리던 명칠이는 홍수로 인하야 딸과 집과 가축과 곡식들을 잃어버린 대신 그보다도 더 크고 귀중하고 위대한 무엇을 찾게 되었다. 그의 뒤를 따라가는 윤성의 입가에는 기쁨의 미소가 돌고 눈에는 아버지를 동무로 얻었다는 승리의 자랑의 빛이 가득하였다. 오정을 알리는 싸이렌 소리가 청명한 하늘에 기운차게 울렸다.(142쪽)

명칠은 홍수를 겪으며 모든 것을 숙명으로 받아들이는 순응주의자에서 사회적 모순을 깨닫고 그 변혁을 모색하는 개혁주의자로 거듭나게 된다. 정오를 알리는 사이렌 소리는 상실의 아픔을 딛고 보다 나은 미래를 개척해 나가고자 하는 모든 명칠들의 각성과 결연한 의지를 기리는 팡파르이다. 작가는 훗날 이 시기 자신의 작품 주인공들을 "홍수나 한발에서 크나큰 시련을 받음으로 하여, 절망의 절정에서 사람의 힘으로도 천리에 대항할 수 있고 인간이 최선을 다함으로써 인간 자체의 생명과 이익을 보전할 수 있다는 것을 깨닫"는 인물로 술회한 바 있는데, 「홍수 전후」의 주인공 명칠은 바로 시련을 통해 각성에 이르는 전형적 인물이다.[8]

박화성의 「홍수 전후」는 계급적 시각에서 기층민의 빈궁과 사회적 모순을 폭로하고 그 변혁을 꾀하는 인물을 주인공으로 내세웠다는 점에서 최서해, 조명희, 이기영을 주축으로 한 1920년대 신경향파 문학의 전통을 계승하는 작품이다. 특히 1925년에 발표된 최서해의 「큰물진 뒤」는 「홍수 전후」와 흥미로운 상호텍스트성을 보여준다. 여기서도 홍수는 갓 태어난 아이와 삶의 터전을 잃은 주인공의 삶을 새롭게 변신시키는 계기로 작용한다. 폭우로 불어난 물로 마을 뒤 방축이 터지면서 마을은 물바다가 된다. 이 작품에서도 폭우는 자연적인 것이지만 범람하는 홍수는 인재인 것으로 드러난다. 산 아래로 돌려놓은 물길이 철도 건설 공사로 인해 마을 뒤 방축으로 곧장 쏠리게 되면서 폭우로 취약한 둑이 터졌기 때문이다. 행정 당국을 원망하며 마을 사람들과 함께 방축 보강에 나섰으나 역부족으로 방축이 터지는 것을 본 주

---

8 박화성, 「내 작품의 주인공들」, 『순간과 영원 사이』, 중앙출판공사, 1974, 265~266쪽.(장미경·김순전, 「박화성 일본어 소설에 나타난 '물'의 이미지—단편 「홍수전후」와 「한귀」를 중심으로」, 『일본문화연구』 31, 2009. 7, 333쪽에서 재인용)

인공 윤호는 물길을 헤쳐 황급히 집으로 돌아온다. 난산의 산후통으로 신음하는 아내와 갓 태어난 핏덩이 아들을 집에 두고 서둘러 나왔기 때문이다.

> 윤호는 방축을 넘는 물속에 박은 듯이 서 있었다. 꺼먼 그의 눈앞에는 물속에 들어가는 논이 보였다. 떠내려가는 집들이 보였다. 아우성치는 사람이 보였다. ― 이 환상을 볼 때 그는 으응 부르짖으면서 방축에서 내려뛰었다. 방축 아래 내려서니 살같이 흐르는 물이 겨드랑이를 잠근다. 그는 돌인지 물인지 길인지 발인지 빠지고 거꾸러지면서 집 마을을 향하여 뛰었다. 이 모퉁이에서 물을 헤저어 나가는 아우성 소리가 빗소리와 같이 요란하건만 그에게는 들리지 않았다. 그의 눈앞에는 물 한 모금 못 먹고 짚자리 위에 쓰러진 두 생령의 환상이 보일 뿐이다.[9]

자연의 위력 앞에 인간은 무력할 뿐이다. 힘겹게 물길을 열어 집에 돌아와 보니 모자가 누워 있는 방에 어느새 물이 홍건하다. 아이와 아내를 들쳐업고 허리까지 차오르는 물바다를 가까스로 건너 안전한 곳에 이르렀으나 그사이 아이는 숨을 거두고 만다. 아내의 산후통이 악화되고 입에 풀칠을 해야 하는 막다른 상황에 윤호는 망연자실할 틈도 없이 읍내로 나와 흙짐 나르는 막일에 나선다. 윤호의 이런 행로는 1920~30년대 식민 체제의 수탈 심화와 더불어 하층 농민들이 부쳐 먹어온 땅마저 잃고 도시 노동자로 전락하는 일반적 과정을 그대로 답습한 것이다. 지게가 망가져 지각한 어느 날 윤호는 감독관에게 얻어맞고 그 떠돌이 일자리에서마저 해고당하고 만다. 윤호는 "남에게 애틋한 일, 포악한 일을 한 적" 없이 세상에 순응하며 살아왔지만, 종국에 보잘것없는 풀막에 "병, 굶주림, 모욕밖에 남은 것이"(129쪽)

---

9 최서해, 「큰물진 뒤」, 『최서해전집』 상, 곽근 편, 문학과지성사, 1987, 125쪽.

없는 자신의 삶을 저주하고 불의의 세상을 원망한다. 그는 아내와 자신의 목숨만은 지켜야겠다는 결심과 더불어 무도한 세상에 저항하기로 작정하고 행동에 나선다. 소설은 윤호가 인근의 부자 이주사의 집에 칼을 들고 들어가 돈을 강탈하는 것으로 끝난다.

「홍수 전후」와 「큰물진 뒤」는 다 같이 주인공이 극한적인 궁핍으로 내모는 절망적인 현실의 모순에 눈뜨고 새로운 삶의 길을 모색하는 소설이다. 두 작품 모두 홍수가 그 각성과 변혁의 모멘트를 제공한다. 그 대신 주인공들은 홍수에 피붙이인 어린 생명과 삶의 터전을 상실하는 막대한 대가를 치른다. 그들의 선택은 폭압적인 현실의 구조적 변혁을 이루기에는 미흡한 것이다. 아니 윤호의 경우에는 차라리 무모하다고 말할 수밖에 없다. 그러나 그들의 분노와 저항이 개인적 차원의 궁핍과 억울함을 넘어서서 민족을 억압하는 폭압적인 식민지 체제 자체를 조준하고 있다는 점에서 변혁의 물꼬를 여는 것이라 말할 수 있다. 이런 점에서 두 작품은 구조적으로 홍수 신화의 원형을 따르고 있다고 말할 수 있다. 길가메시 신화나 『성경』의 홍수 서사에서 신의 질서로부터 멀어진 인간의 타락상 때문에 신은 인간사회를 홍수로 절멸시키고 새로운 사회를 세우고자 한다. 두 작품을 결구하고 있는 타락한 사회 질서-각성-새로운 삶의 모색이라는 서사 패턴은 홍수 신화의 일반적 구조의 변주라 말할 수 있다.[10] 여기서 김애란의 「물속 골리앗」은 이 원형적

---

10 살바도르와 노턴에 따르면 홍수 신화는 일반적으로 다음 다섯 가지 핵 단위로 구조화 된다: (1) 신의 계율 혹은 자연 질서와 근본적으로 상치되는 인간의 타락된 삶; (2) 신의 경고, 그것에 귀를 기울이는 선택받은 자와 생존을 위한 준비; (3) 홍수, 인간 세계의 파괴; (4) 신의 섭리에 입각해 재조직된 사회의 출현; (5) 대지의 정화.(Michael Salvador and Todd Norton, "The Flood Myth in the Age of Global Climate Change", *Environmental Communication*. 5.1(March 2011), p.50)

구조에서 벗어나 있다는 점을 다시금 상기할 필요가 있다. 21세기 기후변화 시대에 출판된 이 작품에서는 구원의 비전이나 홍수 이후에 들어설 새로운 사회에 대한 전망이 부재하기 때문이다.

늪과 호수

물에 대한 나의 열정은 걷잡을 수 없다. …(중략)… 아름다우면서도 회피적이고 붙잡기 어려운 강들에 대해서, 그리고 신비한 생명체들로 넘치는 늪에 대해서는 더더욱 그렇다. 늪은 세계 속의 한 세계, 그 자체의 생명을 지닌 또 다른 세계이다. 거기에는 그것만의 영원한 주민이 있고, 잠시 지나치는 방문자도 있고, 목소리들과 온갖 소리들로 넘치고, 더욱이 그것만의 기이한 신비가 서려 있다.

— 기 드 모파상, 『텔리에 부인의 집』에서

1   우포늪: 물의 신전

　창녕의 우포늪은 한반도 물의 경관에서 빼놓을 수 없는 곳이다. 우포늪은 한반도가 생성된 무렵부터 존재했던 태고의 습지이다. 인근 세진리에서 발견된 공룡 발자국 화석이나 빗방울 무늬 화석은 그것이 유구한 원시 늪이라는 것을 방증해준다. 이 일대의 지질이 주로 1억 4천만 년 전에 형성된 백악기의 암석 종류로 구성되어 있다는 점도 그 시원성의 중요한 추론 근거이다. 우포늪은 또한 한반도에서 면적이 제일 넓은 내륙 습지이다. 1970년대 인공제방을 쌓아 상당 부분이 농경지로 전용되기 전까지는 유역 면적이 250만여 평에 이를 정도였다. 그 방대함으로 옛적에는 "하늘에는 백두산 천지, 땅에는 창녕의 우포늪"이라는 말이 나돌기도 했다. 우포늪으로 통칭되고 있지만 야트막한 우항산을 사이에 두고 동남쪽의 우포(소벌), 북서쪽의 목포(나무벌), 북동쪽의 사지포(모래벌), 남쪽의 쪽지벌, 그리고 최근에 복원된 습지 산밖벌 등 다섯 개의 늪으로 구성된 이 자연 습지의 현재 수면 면적은 대략 2.5㎢, 75만 평 정도이다. 1998년 인제의 대암산 용늪에 이어 우리나라에서 두 번째로 람사르 협약에 등록되면서 우포늪은 국제적인 관심사가 되었고, 특히 2008년 제10회 람사르 협약 당사국 총회가 창녕에서 열리면서 전 세계적으로 더욱 주목받는 습지가 되었다.

　6월의 우포늪은 초록 천지였다. 대대제방에서 바라보는 우포는 중앙 언저리에 손바닥만 한 수면을 제외하고는 온통 물풀로 뒤덮여 있었다. 그야말

물풀로 뒤덮여 있는 우포늪

로 초록 융단이 눈길 닿는 곳이면 어디에나 펼쳐져 있어서 발걸음이 무거운 방문자라면 드러누워 한잠 자고픈 충동이 저절로 일어남직 했다. 산간의 여름 녹음은 무성하긴 하지만 어딘가 어수선하다. 그러나 여기 물 위에 펼쳐진 초원은 너무나 밀집된 창발성이어서 생태론자들이 말하는 전일적 조화의 세계로서의 자연, 빈틈없는 존재의 대연쇄를 이루고 있는 저 코스모스적 자연을 떠올리지 않을 수 없다. 그래서 여름 우포늪에서 사람들은 일말의 소외감을 느낄지도 모른다. 이 시원적 모성의 늪, 피곤한 일상을 살면서 늘 돌아가고 싶었던 속 깊은 욕망의 처소, 그 입구에 섰으나 어머니의 품은 이미 다른 생명체들로 그득하여 들어설 여지를 주지 않는 모양새다. 자연의 가장 내밀한 품속 가까이 이르렀지만 그 시원의 자리에서 그 견고한 타자성

에 주눅 들고 마는 방문객의 이런 처지가 환경을 망가뜨린 이 시대의 시대적 징후가 아니겠는가. 오늘날 인간과 자연은 그만큼 서로 낯가림을 할 수밖에 없는 형편인 것이다.

제방 좌우의 풍경은 그런 거리감을 현실로 확인해준다. 제방 길 우편으로 펼쳐진 들판에는 붉은색 포대들이 여기저기 산재해 있고 그 옆 무논에서는 붉은 트랙터가 요란한 소리를 내며 써레질을 하고 있다. 붉은 포대들은 자세히 보니 겨울에 심었던 양파를 출하하기 좋게 양파망에 갈무리해놓은 것이었다. 트랙터는 양파를 심었던 논에 물을 대고 모내기 준비를 하고 있다. 옛날 같았으면 트랙터 대신 쟁기를 끄는 소들이 느리게 논고랑을 만들고 있을 터이다. 우포의 옛 이름 소벌을 생각하면 그 편이 훨씬 잘 어울릴 법하지만 효율과 생산성을 앞세우는 자본주의 문명은 트랙터를 들여와 풋풋한 땅심을 기름 냄새로 헐떡이게 만들고 있다. 사실 우포늪 탐방로의 일부가 된 대대제방 자체가 자연과 인공 문명을 가르는 전선으로 만들어진 것이다. 대대제방은 일제강점기 때 늪의 일부를 매립하여 농지로 개간하면서 그 경계로 쌓은 둑이다. 홍수가 나서 물이 제방 너머로 범람하고 둑의 일부가 무너지기를 반복하면서 보강 공사로 인해 제방 높이는 점점 높아졌다. 2009년 제방 양 편에 목책 울타리를 설치하면서 대대제방은 더욱 견고한, 흡사 높은 성곽 길 같은 모습이 되고 말았다.

시대의 질병 코비드-19 탓인지 탐방객이 그다지 많지 않다. 그중 젊은 축은 다수가 자전거 탐방이다. 남녀가 앞뒤에 타고 제각기 바퀴를 돌리는 2인용 자전거도 더러 보인다. 자전거가 편하긴 하겠지만 목책 울타리에 갇힌 채 저렇게 강 건너 불구경하듯이 먼발치로 늪을 스치듯 바라보다가 돌아간 다면 이 시원적 생명의 터전을 보았다고 말할 수 있을까? 오래전 생태문화연구회 동학들과 이곳을 처음 찾았을 때 길안내를 해주던 배한봉 시인의 말이 새삼 떠오른다. 그는 안내에 앞서서 "천천히 걸으며 느끼지 않고서는 늪은 신비의 문을 열어주지 않는다"고 말하면서 도보 답사를 독려했다. 자연의 신비든 생명의 장엄함이든 가까이서 온몸으로 체험할 때 비로소 절감되는 법이다. 모든 관광이 그렇지만 특히 에코 관광은 소문 따라 왔다가 주마간산으로 사진 몇 장 찍고 돌아간다면 아무것도 남는 것이 없을 것이다. 시인이 우려하는 그대로, "마음을 열지 않는 한 원시는/원시 속에 숨어 풀잎 하나 흔들어주지 않"을 것이기 때문이다(「그들이 황무지를 가진 것은」).[1] 제방이 높아진 이점이 없는 것은 아니다. 주변 산들에 아늑하게 둘러싸여 있는 늪의 모습, 그 분지 형상이 멀리까지 조망되니 이곳이 온갖 생명체를 품어 안는 대지의 자궁이라는 생각을 절로 일으키기 때문이다. 우포늪에서 우리가 특별한 장소 의식을 느낀다면 그것은 광활한 늪 전체가 온통 녹색 생명으로 넘치고 있는 점과 더불어 그것을 넉넉히 품고 있는 아늑한 물의 요람이라는 정감 탓이리라.

우포늪은 수심이 대체로 1m 내외로 얕다. 깊어도 2m를 넘지 않는다. 수심이 깊지 않으니 햇살이 바닥 가까이 침투하고, 수온이 낮지 않고 게다가 물의 흐름이 느리니 동식물이 서식하기에 호조건인 셈이다. 무성한 물풀이 융단처럼 우포늪을 빼곡하게 채우고 있는 것은 바로 이런 환경으로 말미암

---

[1] 배한봉, 『우포늪 왁새』, 시와시학사, 2002, 167쪽.(이후 이 시집으로부터의 인용은 본문에 쪽수만 밝힘)

는 것이다. 늪의 바깥 가장자리를 지키는 것은 갈대, 부들, 줄, 창포와 같은 정수식물(挺水植物)이다. 늪 안쪽의 대부분은 마름이나 가시연꽃과 같은 부엽식물로 뒤덮여 있고, 그 사이사이를 개구리밥, 자라풀, 생이가래와 같은 부유식물들이 떠다닌다. 그리고 보이지 않는 수중에는 검정말, 붕어마름, 통발과 같은 침수식물들이 자라고 있다. 물론 이 식물상은 우포늪 생태계의 일부에 불과하다. 수심이 낮고 수온이 따뜻하기 때문에 늪은 유기성 분해 물질이 풍부하고 플랑크톤이 많아 어패류와 곤충 또한 많다. 이들을 먹이로 하는 조류, 양서류, 작은 포유동물들도 늪으로 몰려들고, 또 이들에 생존을 의탁하는 보다 상위의 포식자들, 예컨대 수달, 삵 같은 동물들도 습지를 즐겨 찾는다. 이처럼 많은 생물이 질펀한 못을 중심으로 먹이사슬을 구성하고 있기 때문에 우포늪은 생물다양성이 구현되고 있는 자연 박물관이나 다름없다. 우포늪에는 현재 800여 종의 식물류, 209종의 조류, 28종의 어류, 180종의 저서성 대형 무척추동물, 17종의 포유류 등이 서식하고 있는 것으로 조사되고 있다. 하나의 지역 생태계에 흔치 않은 생물 다양성이다. 생물다양성 보존이 시대적 요청이라면 우포늪은 그것을 시현하는 으뜸가는 장소인 것이다. 생태적 보고라는 점에서도 습지의 보존은 이미 정당성을 갖는다. 일반적으로 습지의 생태적 생산성은 바다의 그것에 비해 10배 정도, 산림보다 20~30배나 높다는 보고가 있다.[2]

  6월 오후의 한낮, 우포늪은 새들의 움직임도 별로 눈에 띄지 않고 그저 교교하기만 하다. 이 적막감 때문일까, 녹색 융단에 감싸인 지금 우포늪의 모습이 저 아득한 태초의 형상과 별로 다를 게 없을 것이라는 생각이 문득 머리를 스친다. 꽃이 출현하기 전, 석송, 속새, 양치류와 같은 녹색식물만 존

---

[2] 강병국, 『한국의 늪』, 지성사, 2006, 20쪽.

재했던 단색조의 세계가 바로 이런 모습이었을 것 같다. 그렇다면 지금 이 순간 우포늪은 겹을 헤아리는 아득한 세월을 품고 있는 것이리라. 우포늪을 감싸고 있는 아득한 느낌도 이렇게 시간이 정지한 듯한 시원성의 아우라와 무관하지 않을 것이다. 제방에 설치된 망원경이 어쩐지 낯설어 보이지만 멀리 늪 중심부의 형편이 궁금해 렌즈를 돌리니 물새들이 한가롭게 노니는 모습이 눈에 들어온다. 쇠백로, 물닭, 물오리들이 더러는 물풀 위를, 더러는 물 위를 누비거나 생각에 잠겨 있다. 새와 풀과 물이 어우러진 풍경 위에 구름 사이로 햇살이 내리비친다. 주변 산 그림자와 하늘이 얼비치는 수면이 출렁이며 은빛으로 빛난다. 우포늪의 만화경을 한 권의 빼어난 시집 속에 담아낸 배한봉은 햇살을 받아 반짝이는 늪의 풍경을 이렇게 묘사한다.

> 깊고 어두운 자궁을 향해 아침은 쉴 새 없이 빛의 금가루를 뿌린다. 존재의 고향, 축축하고 질퍽하고 어두운 심연의 땅바닥까지 온기를 밀어 넣는다. 산란기를 맞은 물고기들은 열심히 알을 낳을 것이고, 배부른 왜가리는 오랫동안 둥지의 알을 품을 것이다. 그렇구나. 늪이 반짝이는 것은 크고 작은 우주들의 눈부신 운행이 그려내는 파문 때문이구나. 우리가 알지 못하는 곳에서 영원히 말하지 않을 생명들이 벌이는 그 찬란한 화엄의 잔치.
> ─ 배한봉, 「반짝이는 늪에 관한 명상」 부분(115~116쪽)

우포늪지기를 자처해온 시인의 시선은 과연 남다르다. 녹색 융단의 겉만 보기에 급급한 방문자와 달리 그는 늪의 어두운 심연 그 밑바닥을 응시한다. 그는 따스한 햇살과 물과 진흙이 어우러진 늪의 바닥이야말로 자연 생명이 잉태하는 자궁, 곧 존재의 고향임을 말한다. 그리하여 시인은 반짝이는 늪의 출렁이는 리듬에서 우주의 운행을 읽어내고 그 평온한 조화의 삶, 뭇 생명들의 버석거림을 "화엄의 잔치"라 쓰고 있다. 자연을 찾는 것은 이 화엄의 잔치에 동참하는 것을 뜻한다. 그러나 그것은 어디까지나 하객으로 잔치 초대에 응한 것에 불과할 뿐이다. 축제의 진정한 일원이 되고자 한다면 자연 생명에 대한 깊은 이해와 외경심을 갖추고 그런 마음을 일상으로 실천하지 않으면 안 될 것이다.

대대제방 끝 부근에서 왼쪽 경사로를 따라 내려서니 토평천과 우포를 가르는 야트막한 잠수교에 이른다. 이곳에서 토평천은 우포늪으로 흘러든다. 물풀 융단에 가려졌던 늪의 맨 얼굴을 여기서 비로소 접한다. 물은 수로를 타고 우포 쪽으로 제법 빠르게 흘러간다. 여기에도 노랑어리연꽃과 개구리밥이 물결에 출렁이고 가장자리에는 줄과 창포가 밀집해 있다. 토평천에서 이렇게 유입된 물은 늪을 돌고 돌아 쪽지벌 쪽에서 다시 토평천으로 흘러나간다. 이렇게 토평천의 일부 구간의 양 옆에 장구한 세월에 걸쳐 토사가 쌓이면서 빠져나가지 못한 물이 고여 거대한 늪을 형성하게 된 것이다. 물은 거무스름한 색깔이다. 바닥에 퇴적되어 있는 진흙의 분말이 부유하고 있기 때문이다. 농부의 검붉은 얼굴색을 연상시키는 이 물은 늪을 통과하면서 유기물이 분해되고 정화되어 한층 깨끗한 물이 되어 다시 강으로 흘러가게 된다. 이렇게 물을 정화시키는 것이 습지의 중요한 기능 중의 하나이다. 미국 쪽 연구에 따르면 습지의 수질 정화 작용은 돈으로 환산하면 1헥타르당 약 40만 달러로, 하수처리장과 같은 인공적 정화 시설을 건설하는 것보다 경제성이 훨씬 높은 것으로 보고되고 있다.[3] 이 자정 작용 때문에 습지에 다양한 생물이 서식할 수 있고, 다양한 생물이 살고 있기 때문에 정화 작용이 지속될 수 있다. 이런 생태계 선순환이 일어나는 곳이 습지이다.

길은 이내 사지포 제방으로 이어진다. 오른편으로 역시 초록 물풀에 뒤덮

---

3 강병국, 앞의 책, 22쪽.

인 사지포가 길게 펼쳐져 있다. 이 길은 사지포와 우포 사이를 통과하는 늪 길이지만 늪 안쪽 마을 사람들이 외부로 출입하는 통로이기도 하다. 그래서 이따금 자동차도 다닌다. 이 때문에 늪의 오염 문제가 자주 제기되어왔다. 환경단체들은 이 길을 폐쇄하고 마을의 이전을 포함한 보다 적극적인 보존 대책을 촉구하고 있다. 주민들의 삶의 편의와 늪의 보존 문제가 적절한 접점을 찾아 자연과 인간, 그 어느 쪽도 배제되지 않을 때 양자의 관계는 지속 가능한 모형이 될 수 있을 것이리라.

사지포는 그 명칭이 암시하듯이 모래가 많은 늪이니 물풀이 걷힌다면 그 어느 곳보다 물이 맑을 것 같다. 바슐라르는 냇가의 식물은 물의 혼을 발산한다고 쓴 적이 있다.[4] 저 푸른[靑] 물풀이 맑은[淸] 물의 혼을 표상하지 않는다면 다른 무엇이 그럴 수 있겠는가. 제방 주변에 우거진 창포, 사초, 갈대의 밀림은 물가라기보다는 차라리 뭍에 가까운 느낌을 주지만, 이들 또한 생명의 원천인 물의 마음을 지향하고 있는 점에서는 다를 게 없다. 주매제방을 지나면서부터 길은 느릅나무, 버드나무와 같은 큰 키 나무들을 양 옆으로 거느리는 산길로 바뀌어 이윽고 소목 나루터에 이른다. 물풀들 사이에 장대거룻배 서너 척이 한가롭게 떠 있다. 이 동네 사람들 상당수가 밑바닥이 평평한 이 작은 쪽배를 타고 늪에 나가 고기를 잡아 생계를 유지한다. 일출 무렵이나 석양에 긴 장대로 쪽배를 저어가는 어부의 모습은 사진가들을 매혹하는 우포늪의 특징적인 풍경 컷의 하나로 자리 잡은 지 오래이다. 여기 사람들에게는 반복되는 일상의 하나지만 도시에 사는 외지인의 눈에는 그 생업의 노동이 이색적인 자연 풍경의 하나로 비치는 것이다. 풍경의 안과 밖은 이렇게 다를 수 있다.

---

4   가스통 바슐라르, 『물과 꿈』, 20쪽.

소목 마을을 지나 길은 낮은 구릉을 향해 올라간다. 이 숲 탐방로가 관통하는 언덕 일대가 바로 우항산이다. 이곳 우항산에서 내려다볼 때 소가 물을 마시는 형상이라서 소벌, 곧 우포라는 명칭이 생겨났다. 왜가리를 비롯한 늪의 새들이 즐겨 날아드는 우항산의 소나무들은 여름에 탐방객들에게 솔향기 시원한 그늘을 선사한다. 이곳 산정 전망대는 또한 우포늪을 한눈에 조망하기에 더할 수 없이 좋은 곳이다. 물의 낙원 한가운데에 산간 정취 가득한 숲길이라니 이 또한 자연의 조화라 아니할 수 없다.

우항산 소나무 숲길은 산 아래로 내려가면서 오른편에 목포를, 왼편으로 길게 누운 우포를 낀 목포제방으로 이어진다. 목포제방에서 바라보는 목포의 널따랗게 트인 풍경이 손에 잡힐 듯 아름답다. 목포는 우포에 이어 두 번째로 면적이 큰 늪이다. 예전에 홍수가 나면 나뭇가지들이 많이 떠내려와 나무개벌 혹은 나무벌로 불리곤 했다. 원경으로 산자락이 낮게 드리워져 있어 목포의 새벽 일출 또한 사진가들이 즐겨 담는 풍경의 하나이다. 목포는 다른 늪들에 비해 수심이 더 깊은 편이어서 물풀이 상대적으로 적다. 초록 수생식물들 사이로 수면이 듬성듬성 드러나 있는 목포의 모습은 내륙 저층 습지의 한 전형이라 할 만하다. 길섶 양편으로 억새와 갈대가 우거진 흙길을 조금 더 걸으니 앞이 열리면서 사이사이로 물이 시원하게 흘러가는 징검다리가 나타난다. 우포에서 쪽지벌 쪽으로 흘러가는 수로를 가로지르는 정겨운 돌 징검다리이다. 늪의 수위가 올라가는 여름철에는 물에 잠겨 통행이 불가능한 경우도 종종 있다. 습지는 이렇게 비가 많이 오는 장마철에 물을 저장하고, 물이 필요한 갈수기에 물을 공급하여 토양 침식을 막아주고 홍수 피해를 줄이는 데 일조한다. 더 나아가 습지는 기후변화의 원인이 되고 있는 이산화탄소를 흡수하고 조절하는 역할이 탁월하여 기후변화의 충격을 완화하는 데도 기여하고 있다.

물도 맑고 흐르는 물소리 또한 낭랑하다. 물은 이렇게 낮은 곳을 찾아 흘러간다. 이 흐름이 있어 늪의 물이 마냥 고여 있는 것만은 아니라는 것을 알 수 있다. 한때 늪은 물이 흐르다 막힌 곳, 썩은 물이 고여 있는 곳으로 인식되기도 했다. 늪이 문학작품에서 종종 사악한 괴물이 사는 음산한 악의 수렁으로 묘사되어 온 것도 이런 인식의 여파이다. 자연을 이분법적으로 젠더화하던 시절에 습지는 "원시의 여성적인 자연으로 규정되어 남성적인 관리를 받고 길들여야 하는 대상"으로 간주되기도 했다.[5] 이런 잘못된 편견이 습지를 농경지나 공업용지로 전환해 이용하는 것을 당연시하는 개발 논리를 불러오기도 했다.

여울에 단단히 박혀 있는 징검다리 돌들이 마치 대지의 어금니처럼 보인다. 한 디딤돌에 앉아 피곤한 발을 흐르는 물에 잠시 담근다. 발끝으로 전해지는 청량감이 온몸을 감싸며 피로가 풀린다. 물가 가장자리를 넓게 점령하고 있는 연초록 마름 무리의 싱그러움이 시원함을 더해준다. 원경의 수면에는 짙푸른 산과 풀덤불의 그림자가 어른거린다. 여기서도 창포와 줄이 수변 바깥의 경계를 이루며 밀집해 있다. 보다 안쪽의 수면에는 소금쟁이, 물매암이와 같은 수서곤충이 일렁이는 물결을 넘나들며 반점의 파문을 만들고 있다. 이 평화스러운 정경 속에서 누적된 일상의 피곤기가 가시는 치유의 기분에 잠기며 나는 배한봉이 늪을 성스러운 신전이라고 불렀던 또 다른 시 구절을 떠올린다.

    비로소 지느러미 흔들며 입을 뻐끔거리는 물고기와
    부화된 유충들의 오랜 믿음이

---

[5] 베로니카 스트랭, 『물의 인문학』, 하윤숙 역, 반니, 2020, 85쪽.

한 뜸씩 유영의 무늬를 수놓는 물의 성소,
이제 막 새순 틔우기 시작한
물오리나무 그림자가 받쳐든 몇 겹 파문 속으로
바람이 연둣빛 고요한 시간의 잎과 줄기를 퉁기자
은구슬 소리가 난다
너무 투명해서 눈이 아픈 이 광휘의 풍경을
나는 한참이나 바라보았거니, 1억 4천만 년 전부터
물면은 햇빛 곧게 세워 이 신전을 만들었으리
이곳에서 평온의 샘은 솟고
휴식을 마친 철새들은 다시 여정에 오른다
우리는 모두 빛의 축복을 받은 동행자
자유와 방종의 긴 여정 뒤에 물이 얻은
안온 속에서 푸석푸석한 어둠조차
한없이 부드럽고 섬세한 은비늘로 파닥거리더니
꽃은 피고 나비는 환하게 나는 것이다

— 배한봉, 「물의 신전」 부분(137~139쪽)

햇빛과 물은 생명의 원천이다. 햇살이 밝게 비치는 물의 늪은 그리하여 생의 에너지가 넘치는 곳이다. 그러나 시인이 그리는 그 생기는 격렬하지 않다. 그것은 "연두빛 고요"의 시간에 나뭇잎과 줄기를 관통해 흐르고, 물고기와 부화된 유충들이 조용히 물살을 가르며 헤엄칠 수 있게 해주는 안온한 힘으로 나타난다. 자유롭게 때로는 방종에 가까운 기세로 흘렀던 강물도 여기 늪에 이르러서는 "평온의 샘"이 되어 찾아온 철새들이 "안온 속에서" 휴식을 취하고 다음 여정을 위한 새로운 활력을 얻는 성소가 된다. 순례지의 성스러운 신전에서 사람들이 해묵은 신심을 새롭게 회복하듯이 생명체들은, 특히 순례자인 철새들은, 여기 '물의 신전'에서 새롭게 활기를 얻어 또 다른 여정을 시작한다. 시인은 게다가 이런 생명 과정이 어제 오늘의 일이 아니라 1억 4천만 년 전부터 지속되어온 영속적인 것임을 환기시키고 있다. 그리하여 우포늪은 뭇 생명의 안식처이면서 동시에 우리 모두가 희구하는 유토피아적 공간으로 드러난다. 시인이 이 "광휘의 풍경"에서 고요한 갱생의 삶의 영위를 읽어내는 것은 바깥 현실이 태풍이 부는 것처럼 소란스럽고 탐욕한 물질문명에 길들여져 사람들의 마음속에 "모래바람 부는 황무지"가 들어 있기 때문일 것이다. 그러므로 늪을 물의 신전으로 보는 시각과 그 경외의 마음에는 돈만 투자하면 사막에도 "물웅덩이가 생기고 초원이 될 것"(「그들이 황무지를 가진 것은」, 169쪽)이라고 믿는 반생명적 배금주의에 대한 비판 의식이 깃들어 있다. 생태적 정신의 함양은 이런 반성적 태도를 기반으로 시작된다. 그러기에 우리 삶의 일반을 되돌아보는 계기로서 자연과의 교감이 중요한 것이다. 학생들이 많이 참여하는 생태 탐험도 자연을 깊이 알아가면서 동시에 문명에 절은 우리의 의식을 반성적으로 되돌아보는 계기로 삼는 데 초점을 맞춰야 할 것이다.

징검다리를 건너면 우포늪의 또 다른 장관이 펼쳐진다. 오른편 쪽지벌로 흘러가는 수로를 따라 자라고 있는 거대한 왕버들 무리의 위용이 그것이다. 왕버들은 같은 버드나무과에 속하면서도 줄기가 길게 늘어지는 주변의 친숙한 버드나무와 사뭇 다른 모습이다. 일반 버드나무의 잎은 길쭉한 타원형이지만 왕버들은 둥근 타원형이고, 몸체 또한 버드나무는 곧게 위로 뻗지만 왕버들은 위로 솟는 몸체 이외에도 여러 갈래의 가지들이 지면과 나란히 사방으로 퍼져나가기도 한다. 버드나무는 물의 나무이다. 왕버들 또한 물을 좋아해 대개 물가에서 자라는데, 우람한 가지들이 수면 위로 길게 늘어져 있으면서 수면에 반사하는 그림자가 함께 어우러져 만들어내는 웅숭깊은 녹음의 심연은 그대로 별천지를 이룬다. 캔틸레버식 건축물을 연상시키는 횡으로 누운 육중한 가지들도 그렇지만 오랜 풍상을 견뎌낸 듯한 고풍스런 왕버들의 외관은 함께해왔을 우포늪의 유구함을 다시금 상기시킨다. 왕버들은 그렇게 늪의 시원성 그리고 생명의 영속성을 체현하고 있는 듯 했다. 가히 우포늪을 지키는 수호목이라 부를 만했다.

왕버들 군락지를 뒤로 하고 다시 탐방길로 복귀하니 길은 사초 군락지를 관통해 나아간다. 바람에 흔들리는 사초의 푸르름이 우미하다. 비가 오면 물에 종종 잠기다 보니 이런 초원이 자연스레 형성된 것이리라. 예전에 왔을 때 이곳에 자운영이 무리지어 피었던 기억이 난다. 자주색 자운영 꽃들의 몽환적 분위기에 늦봄 햇살의 나른함이 더해져 다리가 저절로 풀렸던 기억이 새롭다. 녹색 초원에 자색의 자운영이 함께하고 있다면 풍광이 한층 다채로울 터인데 자운영을 볼 수 없어 아쉽기만 하다. 다습한 땅에 강한 사초, 억새, 갈대 등이 자리 잡으면서 자운영은 서서히 밀려나고 만 것 같다.

길섶에는 억새가 무리를 지은 곳도 있고 더러 갈대의 모습도 보인다. 키 큰 억새들이 서로 엉켜 서걱거리는 모습에서 이제껏 느끼지 못했던 바람기가 전해지는 기분이다. 초원의 바람에는 필시 우리 몸속에 새겨 있을 야생의 잔잔한 희열을 일깨우는 그 무엇이 있다. 초원의 바람결은 또한 지척에서 일렁이는 늪의 물결과 겹쳐지면서 더욱 삽상한 기운을 자극한다. 자연체험은 이렇게 우리 몸속에 내장되어 있는 야성을 일깨우는 기회를 주기 때문에도 값진 것이리라.

늪 주변의 풀과 나무들이 바람에 흔들리는 양태를 나와는 사뭇 다르게 느끼는 배한봉의 또 다른 명편,「자연 도서관」을 나는 떠올린다.

    부들과 창포가 뙤약볕 아래서
    목하 독서중이다, 바람 불 때마다
    책장 넘기는 소리 들리고

> 더러는 시집을 읽는지 목소리가 창랑(滄浪) 같다
> 물방개나 소금쟁이가 철없이 장난 걸어올 때에도
> 어깨 몇 번 출렁거려 다 받아주는
> 싱싱한 오후, 멀리 갯버들도 목하 독서중이다
> 바람이 풀어놓은 수만 권 책으로
> 설렁설렁 더위 식히는 도서관, 그 한켠에선
> 백로나 물닭 가족이 춤과 노래 마당 펼치기도 한다
> 그렇게 하루가 깊어가고
> 나는 수시로 그 초록 이야기 듣는다
> ― 배한봉, 「자연 도서관」 부분(59쪽)

시인은 늪가의 부들, 창포, 갯버들을 스치는 바람소리를 도서관에서 책장 넘기는 소리로 듣는다. 뒤섞여 들리는 보다 큰 살랑거림은 낭랑한 시 낭송에 빗대진다. 시인은 자연 풍경이 자극하는 내면의 울림보다는 풍경 자체의 내력에 더 관심이 간다. 그는 뭇 생명들이 여기에 이른 오랜 과정, 그 진화의 여정을 알고 싶은 것이다. 그런 호기심에서 그는 눈으로 보기보다는 고요함 속에서 듣는 쪽을 택한다. "스스로 창랑(滄浪)의 책이 되는 늪"은 귀를 기울여 들어야 한다. 중요한 것은 고요함이다. 시인은 자연과의 교감은 고요한 마음의 침잠 속에서나 가능한 것임을 거듭 일깨운다. 이 시가 마음의 정화를 강조하면서 다음과 같이 끝나는 것도 이 때문이다.

> 자연 도서관에 들기 위해서는
> 날마다 샛별에 마음 씻어야 한다

시인이 자연을 책 읽는 도서관에 비유하고 있는 것은 물론 자연의 다채로움을 의식하고 있기 때문이다. 수만 권의 책이 수장되어 있는 도서관처럼 자연은 헤아릴 수 없이 많은 생명들이 어우러진 곳이다. 우포늪은 한마디로 자연의 아카이브인 것이다.

사초 군락지가 거의 끝나갈 무렵 안쪽으로 작은 연못이 눈에 띄었다. 다가가 보니 주변을 작은 왕버들이 감싸고 있고 물에 비치는 짙은 나무 음영으로 독특한 분위기가 감도는 연못이었다. 늪 속의 늪이라고 할 수 있는 이 작은 연못을 지배하는 어떤 은밀함이 묘하게 마음을 잡아끌었다. 수면에 드리운 그림자의 심연으로 모든 것이 빨려 들어가는 기분이었다. 연못의 주변은 그렇게 고요했다. 그렇게 잠시 귀를 기울이고 있었더니 연못의 안팎 여기저기에서 미세한 소리들이 들려왔다. 생명의 숨소리였다. 자연의 온갖 숨소리들의 합주가 이끄는 마음의 고요 속에 나도 모르게 빠져들어 갔다. 해가 기우는 저녁 시간으로 접어들기에 이런 은밀함과 침잠의 향유가 가능한 것이리라. 실비가 내리는 어느 여름날 새벽 3시, 어둠에 감싸인 우포늪을 찾은 시인 이하석은 그 탐방기에서 밤의 고요함에 대해 이렇게 쓰고 있다: "고요하다. 진짜 고요가 어떤 것인지를 비로소 알 만하다. 그것은 알 수 없는 깊이와 수면 위의 텅 빈 세계가 조성하는 긴장감으로 팽팽한 고요이다. 그것은 살아 있는 고요이다. 살아 있는 것들로 가득 찬 숨결들이 생생히 느껴지는 고요란 말이다. 둑을 걸어 물과 물 사이에 풀덤불과 갯버들이 우거진 소택림 가까이 다가가면 사방에서 생명의 숨소리가 자욱하게 느껴진다. 물 아래, 물풀들 사이, 풀섶과 나무 속에는 갖가지 생물들이 자고 있거나 미세하게 움직이고 있다."[6] 밤의 늪을 생생히 전하는 아름다운 산문이다. 특히 자연에서 우리가 느끼는 고요가 소리 없는 적묵의 고요가 아니라 생명체의 숨결로 생생한 "살아 있는 고요"라고 표현한 점이 인상적이다. 그런 고요는

---

6 이하석, 『늪을 헤매는 거대한 수레』, 세계사, 2005, 17쪽.

자연 속에 침잠해 깊은 교감을 나눠본 정신이나 맛볼 수 있는 고요이리라.

숲속 연못의 고요함에 잠시 젖었다가 돌아 나오니 길은 이윽고 부엉이가 둥지를 튼다는 절벽 부엉덤에 이른다. 오른편으로 가파른 단애가 높다랗게 솟구쳐 있다. 절벽 높이가 110미터가 넘는다 하니 우항산보다 더 높다. 바로 옆에 세워져 있는 직사면체의 거대한 콘크리트 기둥만 아니라면 허공을 긁는 듯한 부엉이 울음소리가 밴 이 부근 또한 우포늪의 시원성을 상기시키는 자연지표로 부족함이 없을 것이라는 생각이 든다. 길은 어느덧 따오기복원센터를 우측으로 보면서 제1전망대를 향한다. 우포늪을 말하면서 따오기 복원 노력을 언급하지 않을 수 없다. 우포늪은 새들의 낙원이기도 하다. 먹거리가 풍부한 이곳 늪은 철따라 오가는 수십 종 철새들이 즐겨 찾는 곳이자 수리부엉이, 흰꼬리수리, 노랑부리저어새와 같은 멸종위기종의 서식처이기도 하다. 따오기복원센터는 멸종된 따오기를 복원하여 그동안 수십 마리씩 여러 차례 늪 주변에 방사해왔다. 복원사업을 시작한 초창기 이곳을 찾았을 때는 열 마리 정도를 관리하고 있었는데 이제는 400마리 정도로 불어났다고 한다. 따오기의 복원은 우포늪이 대변하는 생태 정신을 선양하는 상징적 사업이다. 한 종의 새를 되살리려는 그 노력이 당면한 생태 훼손의 심각성에 비하면 미미하게 보일지 모르지만, 환경 문제는 사회 곳곳에서 이런 작은 노력들이 모여 큰물을 이룰 때 비로소 해결의 출구가 보일 수 있을 것이다. 요컨대 중요한 것은 생명을 존중하는 정신이 사회 전체의 습속으로 자리 잡아 개개인의 일상적 삶의 차원에서 구현되도록 하는 것이다.

일몰이 가까워지면서 우포늪 생명길은 어느덧 출발지로 돌아와 있다. 이번이 세 번째 탐방이지만 우포늪은 이전과 또 다른 모습이다. 인간의 개입을 최소화하면 자연은 변환을 거듭하며 스스로를 생성해가기 마련이다. 허나 인간의 탐욕과 이기심은 이미 중병에 걸려 있는 지구 생태계에 상처내기를 멈추지 않고 있다. 이런 암울한 상황 속에서도 우포늪, 물의 신전에서 나는 물 생태계의 놀라운 복원력을 확인한다. 한편에 훼손과 마모와 사멸이 자행되고 있지만 다른 한편에는 소생과 복원과 생성의 운동이 끊임없이 지속되고 있다. 게다가 늪을 지키고 보존하고자 하는 사람들의 의지와 노력도 배가되고 있다. 물론 이런 의지와 실천적 노력만으로 문제가 해결되는 것은 아니다. 무엇보다 자연 생명을 지키려는 운동이 부지불식간에 오히려 그 상처를 덧내는 결과로 이어지는 것이 아닌지 끊임없이 자문해보아야 한다. 우포에서 늪만 보는 것은 근시안적인 것이리라. 늪을 훼손하고 방치했던 탐욕과 물신주의 이념과 그것을 반성적으로 되돌아보는 마음도 함께 보아야 할 것이다. 우포가 우리에게 어떤 희망의 메시지를 전하고 있다면, 이 반성의 마음 또한 그 희망의 일부여야 한다. 나는 그 희망의 소리를 왕성하게 번져가는 물풀의 출렁임에서, 징검다리의 낭랑한 물소리에서, 사초군락지의 억새를 스치는 바람소리에서 들었다.

2 맑고 깊은 물의 향연: 다시 월든 호숫가에 서서

　보스턴의 로건 공항에 내려 케임브리지의 숙소에 짐을 풀자마자 나는 곧장 콩코드로 가는 기차에 몸을 실었다. 서울을 떠나면서부터 어떤 갈증이 나를 내몰았던 것 같다. 바쁘고 거친 세파에 시달리며 마음의 밑바닥에 쌓인 티끌을 걷어내고 싶은 욕망이 월든 호수의 맑은 물에 발이라도 적신다면 어쩐지 충족될 것만 같은 느낌에 사로잡혀 있었다. 필경 일상에서 벗어나고픈 일탈의 욕망에 편승한 환상일 터이다. 어쨌든 월든 호수를 보고 나서야 다른 일들이 손에 잡힐 것 같았기 때문에 이것저것 생각하지 않고 곧장 하버드 캠퍼스의 북쪽에 있는 포터스퀘어 기차역으로 달려갔던 것이다. 얼마 기다리지 않아 보스턴발 피츠버그행 열차를 탈 수 있었다. 승객은 그다지 많지 않았다. 빈 의자를 찾아서 자리에 앉아 등받이에 몸을 기대니 피로가 몰려온다. 레일을 구르는 열차의 규칙적인 진동음을 들으며 잠시 눈을 붙인다. 브렌다이스대학이 있는 월샘에 도착한다는 안내 방송에 눈이 떠졌다. 사람들이 내리고 기차는 다시 움직인다. 차창 밖으로 관목의 숲과 드문드문 들어선 집들이 이어지는 눈에 익은 풍경이 펼쳐진다. 건너편 앞자리에 앉은 30대처럼 보이는 중년의 여자는 귀에 리시버를 꽂고 연신 몸을 들썩이며 어깨춤을 추고 있다. 그녀의 여유로움에 오후의 햇살이 한층 나른하게 차창 안으로 흘러들어 온다. 열차는 그렇게 늘어진 시간을 30여 분 달려 이윽고 콩코드역 텅 빈 플랫폼에 나를 내려놓고 떠났다. 주변을 둘러보니 별로 달라진 게 없는 낯익은 모습이다. 역사를 빠져 나와서 나는 곧장 월든 호수로 이어지는 한적한 월든가를 따라 걷기 시작했다. 호수에 이르는 이 가로 전체가 숲길이나 다름없다. 길을 따라 드문드문 집들이 있지만 눈에 잘 띄지 않을 정도로 나무들이 울창하다. 유난히 키가 큰 가로수들이 푸른 하늘을 떠받들고 있는 호수 입구에 당도하니 3시가 조금 넘어 있었다.

사람들은 왜 월든 호수를 찾아오는 것일까? 이들에게 월든은 무슨 의미를 갖는 것일까? 무엇이 월든을 순례 성지로 만드는 것인가? 공항에서 내리자마자 허겁지겁 여기까지 달려온 내 자신에게 나는 묻고 있었다. 천 리 길을 멀다 하지 않고 사람들이 찾아오는 월든 호수는 실제의 호수이면서도 또한 실제의 그것이 아니다. 그것은 무엇보다 헨리 데이비드 소로(Henry David Thoreau)가 쓴 『월든』의 배경이고 그 사색의 무대다. 호수를 무대로 펼쳐진 소로의 섬세한 자연 관찰과 비판적 사색 그리고 삶에 대한 심오한 교훈이 사람들의 흉금을 울리기에 월든은 순례지 월든일 수 있는 것이다. 다시 말해 『월든』은 월든 호수와의 만남에서 태동한 것이지만, 우리는 그 호수를 『월든』이라는 프리즘을 통해서 구체적으로 인지하는 것이다. 현실의 월든 호수는 『월든』을 저마다의 내면으로 실감 있게 답파하기 위한 관문인 셈이다. 역으로 한 평범한 호수를 장소성의 짙은 아우라로 감싸기에 『월든』은 경이로운 책이다. 그 문학사적 위상을 되짚어보면 경이로움이 배가된다. 소로가 생전에 출판한 두 권의 저서 중의 하나인 『월든』은 장르로 본다면 순문학의 범주에 들지 않는 산문 에세이일 뿐이다. 소로는 총 423문단, 200여 페이지에 이르는 이 한 편의 산문집으로 너새니엘 호손, 허만 멜빌, 월트 휘트먼, 에밀리 디킨슨과 어깨를 겨루며 19세기 미국 문학을 대표하는 고전 작가의 반열에 올라 있다. 그의 사후에 출판된 『메인의 숲』(1864), 『케이프 코드』(1864), 간디, 마틴 루터 킹을 비롯한 저항 운동가들에게 성전으로 읽혀

온 「시민의 불복종」, 그리고 200만 단어에 이르는 그의 방대한 일기 또한 그가 구축한 유현한 정신세계를 살피는 데 고려되어야 한다. 그러나 사후 백여 년의 세월이 흐르면서 비로소 확고해진 그의 명성은 무엇보다 『월든』으로 말미암은 것이다.

월든 호수는 여전히 맑고 투명했다. 고여 있는 호수의 물이 어떻게 이처럼 맑을 수 있는 것인지 탄성이 절로 나온다. 호숫가에 서서 물속을 들여다보면 2~3미터 깊이의 바닥까지 투명하게 비칠 정도로 맑다. 고개를 들면 수면은 여름 오후의 햇살에 조응하여 은빛으로 잔잔히 출렁인다. 순례자들은 이 맑고 투명하게 빛나는 물결을 응시하며 새삼 순례지의 성스러움을 느꼈을 법하다. 멀리 원경 쪽으로 시선을 옮기면 호수의 물빛은 짙푸른 청록색을 띤다. 숲으로 둘러싸인 맑고 고요한 호수는 『월든』이 표현하고 있는 그대로 푸른 하늘을 쳐다보는 "대지의 눈(眼)"을 연상시킨다. 그 맑은 눈 속에 들어있다고 생각하니 먼 길을 달려온 설레는 마음이 가라앉고 심신에 낀 진애가 빠져나가는 기분이다.

소로가 거듭 환기시키는 호수의 가장 두드러진 특질도 이 지순한 맑음, 곧 순수성이다.

> 이 호수들은 너무 순수하기 때문에 시장 가치를 말할 수 없다. 이들에겐 더러운 것이라고는 찾을 수 없다. 이 호수들은 우리 삶보다 얼마나 더 아름다우며 우리 성품보다 얼마나 더 투명한가![7]

---

7   Henry David Thoreau, *Walden*, Ed. J. Lyndon Shanley, Princeton: Princeton University Press, 1971, p.231. (이후 이 책의 인용은 이 판본에 따르되 본문에 쪽수만 밝힘)

월든 호수

    월든 호수가 물리적 공간에 그치지 않고 상징성을 띠는 것도 필경 이 순수성으로 말미암는다. 그 맑고 순수함이 삶의 윤리적·정신적 청순함으로 전유되기 때문이다. 그리하여 호수는 산업문명이 자극하는 물욕과 그로 인한 노역의 삶을 정화하고 쇄신시키길 촉구하는 동력으로 작용하게 된다. 소로 자신 이곳에 작은 오두막을 지어 생활하고 있는 동안 거의 매일 아침 호수에서 목욕을 했고, 그것을 그가 행한 최상의 일의 하나로 꼽았다. 그에게 목욕은 갱생의 의식 같은 것이었다. 그는 중국 은나라 탕왕의 욕조에 새겨져 있다는 "진실로 하루가 새롭거든 나날이 새롭게 하고, 또 날로 새롭게 하라(苟日新, 日日新, 又日新)"라는 『대학』의 구절을 인용하기까지 하면서 새롭게 거듭날 필요성을 역설하고 있다. 소로에게 삶의 쇄신은 우리 내면에 깃들어 있는 신성을 일깨우는 것이고, 그것은 또한 잠재해 있는 야성을 되찾는 것이다. 소로에겐 그런 순간이 바로 아침이다. 그에게 아침은 해가 돋는 물리적 시간이 아니라 단순 소박한 삶이 참다운 삶임을 자각하는 순간이다. 따라서 우리의 심신을 정화시켜주는 호수에 고유한 시간이 있다면 그것은 여명의 순간, 바로 아침인 것이다. 이 깨끗하고 맑은 물에 몸을 씻는 세례 의식을 통해 속진과 일상에 찌든 피로를 떨쳐낼 수 있다면, 그것만으로도 호수는 콩코드의 "최고급 보석"으로서 그 주민들에게 큰 봉사를 하는 것이리라. 소로는 호수 옆을 지나가는 철로의 기차를 보면서 산업문명의 표상인 이 철마를 움직이는 기관사, 화부, 제동수, 그리고 승객들이 "평온과 순수의 표본"과 같은 호수를 하루 한 차례 보는 것만으로도 부산스럽고 혼탁한 도시의 티끌과 검댕을 씻어내는 데 도움이 될 것이라고 힘주어 말하고 있다.

예전에 자연 속의 물은 거의 언제나 순수성의 표상이었다. 샘물이든 골짜기를 흐르는 물이든, 호수의 물이든 강물이든, 물은 거의 모든 민속 신화에서 맑고 깨끗한 것으로 간주되어왔다. 혼탁한 물, 불순한 물, 저주받은 물에 대한 경계가 없는 것은 아니지만 물은 대체로 심신을 맑게 정화시키는 기능을 수행해왔다. "나를 씻기소서 내가 눈보다 희리이다"라는 성경「시편」의 말은 전범적인 것이다. 물질이 삶을 구성하는 '형식의 무의식(l'inconscient de la forme)'을 이루고 있음을 가장 뚜렷이 일깨우는 원소가 물이라고 생각하는 철학자 가스통 바슐라르는 물의 정화 작용, 그 심리학을 외적 경험이 아니라 물질적 상상력에 속한 것이라고 지적한 바 있다.[8] 순수한 한 방울의 물은 대양을 정화시키기에 충분하다. 주지하듯 종교적 침례 의식은 물에 관한 이

---

8 가스통 바슐라르,「물과 꿈」, 267쪽.

런 물질적 상상력의 발현이다. 그렇긴 하나 물의 정화 작용은 실제 체험이기도 했다. 문명으로 오염되기 이전의 자연 속의 물은 어떤 연유로 혼탁해지더라도 시간이 흐르면서 곧 맑아지는 것이 상례였기 때문이다. 월든 호수의 맑은 물과 소로 자신의 침례 의식은 정화의 이 두 방향을 상기시킨다.

순수한 물은 심신을 정화할 뿐만 아니라 눈을 맑게 하여 새로운 인식의 지평을 열어준다. 월든 호수는 인습에 찌든 이들의 눈을 치유하여 사물을 새롭게 바라보도록 만드는 "신의 안약(God's Drop)"(p.194)이나 다름없다. 바슐라르의 인상적인 표현을 빌리면, "신선한 물은 시선에 다시 불꽃을 준다." 물이 인식을 새롭게 하는 에너지가 될 수 있음을 바슐라르는 계속해서 이렇게 말하고 있다.

> 신선한 물은 타인을 위해서보다도 우리 자신을 위해서 얼굴을 젊어지게 하는 것이다. … 시원해지는 것은 바로 그 시선 쪽인 것이다. 만약 참으로 물질적 상상력을 통해서 물의 실체에 참가한다면, 우리는 신선한 시선을 투영하게 되는 것이다. 눈에 보이는 세계에서 주어지는 신선함의 인상은, 눈을 뜬 인간이 사물 위에 투영한 신선함의 표출인 것이다. … 이른 아침 얼굴에 끼얹는 물은, 바라보는 에너지(l'énergie de voir)를 눈뜨게 한다. 물은 시각을 활동적인 것으로 만들고, 시선을 행동, 즉 명료하고 간결하며 용이한 행동으로 만든다. 그때 사람들은 바라보고 있는 것에 젊고 싱싱한 신선함을 부여하고자 하는 것이다.[9]

마음의 정화가 눈의 정화로 이어진다는 바슐라르의 명제는 『월든』 후반부에 이르러 소로의 가장 중요한 관심사로 부상한다. 자연 관찰이 심화되어가

---

9 위의 책, 274쪽.

면서 소로는 자신이 새로운 시각에서 자연의 진면목을 제대로 보고 있는지 끊임없이 자문하기 때문이다.

월든 호수의 순수성은 또한 그 시원성을 말해주는 전거이기도 하다. 투명하고 맑은 물은 월든 호수가 문명으로 오염되기 이전의 아득한 과거에서부터 한결같은 양태로 존재해온 것임을 시사한다.『도덕경』에는 곡신불사(谷神不死)라는 말이 있다. 골짜기에 흐르는 물과 허공은 결코 다함이 없이 영원하다는 것이다. 이런 다함이 없는 영속성으로 산간의 물은 천지의 근원일 수 있고 그래서 종종 모성적 여성에 빗대지기도 한다. 숲속 호수인 월든 또한 이런 태고의 원시성을 지니고 있다. 콩코드 교회의 종소리가 들리는, 읍내 중심가에서 걸어서 30분이면 닿을 수 있는 근거리에 위치한 월든 호수이지만, 소로는 자신의 호숫가 오두막이 서부의 대초원처럼 혹은 아시아나 아프리카의 오지처럼 격절된 곳인 양 느낀다. 그 같은 시원적 느낌 또한 호수가 "항상 새롭고 더렵혀지지 않은 곳"(p.88)으로 비치는 것과 무관하지 않을 것이다. 그래서 소로는 숲 속에 사는 동안 종종 자신이 "지상 최초의 인간이거나 마지막 인간"(p.130)이라는 느낌에 젖는다. 다섯 살 때 보스턴에 살다가 콩코드로 이사 와서 처음 보았던 월든 호수에 대한 인상이 소로에겐 가장 오래된 원체험으로 각인되어 있다. 호숫가에서 생활하는 동안은 물론 만년에 이르기까지 호수를 자주 찾았지만 그때마다 호수는 소로에게 마치 카스탈리아의 샘처럼 낯설고 새로운 모습으로 비쳤다. 호수의 이런 쇄신감은 물론 그것이 표상하는 자연, 그리고 그 속에 깃들어 있는 생명의 신비와 그 불가지성을 절감하게 되었기 때문이기도 하다. 호수는 이렇게 친숙하면서도 이국적이고, 신비하면서도 시원적인 모습으로 소로의 정신을 사로잡는다.

호수의 명칭과 그 생성 전설 또한 그 시원적 유구함을 강화한다.『월든』에는 호수 명칭의 유래에 대한 흥미로운 일화가 적혀 있다. 호수 자리에 원래는 높은 산이 있었다. 원주민 인디언들이 이곳에 모여 회의를 하면서 신을 모독하는 말을 자주 했고, 이에 분노한 신이 산을 무너뜨렸다는 것이다. 이 산사태로부터 월든이라 불린 노인만이 도망칠 수 있었는데, 호수는 이렇게 살아남은 그녀의 이름을 따서 붙여졌다는 것이다. 소로는 또 초기 콩코드 이주자들 중에 영국의 새프론 월든(Saffron Walden) 출신자들이 많아 그 고향 이름을 따붙였을 가능성을 말한다. 이어 호숫가에 많은 작은 돌들로 '둘러싸인' 호수(Walled-in Pond)라는 데서 그 명칭이 비롯된 것일 수도 있다고 덧붙이고 있다. 한편이 신화적 상상력에 의탁한 호수의 신비화라면 다른 한편은 역사적 경험과 과학적 관찰에 바탕을 둔 산문적 설명이다. 『월든』은 월든 호수에 대한 탁월한 한 편의 박물지라고 할 수 있는데, 그 탁월성은 호수를 이루고 있는 자연 존재에 대한 세밀한 관찰은 물론 그것을 둘러싼 삶의 환경 전체를 포괄하고자 하는 이 총체적 시선과 무관하지 않다.

소로의 자연 응시도 이런 복합적 태도로 특징지을 수 있다. 그의 자연 관찰에서 먼저 주목되는 것은 관찰 대상의 작은 디테일도 놓치지 않는 치밀함이다. 가령 월든 호수의 수온, 색깔 변화, 깊이, 결빙을 보는 그의 시선은 섬세한 과학자의 그것이다. 호수의 얼음에 대한 다음의 관찰은 좋은 예이다.

> 얼음이 언 다음 날 아침에 자세히 들여다보면, 언뜻 얼음 안쪽에 있는 것 같던 대부분의 공기 방울들이 실은 얼음 아래쪽 표면을 거스르며 끊임없이 바닥에서 올라오고 있다는 것을 알 수 있다. 얼음이 아직 비교적 단단하고 거무스름한 모습일 동안에는 그것을 투과해서 물이 보인다. 이들 공기방울은 직경이 1인치의 1/80부터 1/8까지의 여러 크기이고, 매우 맑고 아름다우며, 들여다보는 사람의 얼굴을 비춰준다. 얼음 1 평방인치에 이런 공기방울이 삼사십 개는 될 것이다.(pp.246~247)

소로의 자연 관찰은 일회적으로 또 일면적으로 끝나는 경우는 드물다. 그는 대상을 시간과 장소를 달리해서 관찰할 뿐만 아니라 주위의 다른 대상과 대비시켜 유사점과 상이한 점을 드러낸다. 호수에 대한 박물학적 기록도 호숫가에 상주한 2년 동안에만 국한되는 것이 아니라 여러 해 동안 시기를 달리하여 세심히 관찰한 결과이다. 소로는 그런 장기간의 관찰 결과를 종합하여 월든 호수의 모양, 물 색깔, 깊이, 수온, 수초, 물고기, 호수를 둘러싼 나무들의 종류, 호숫가의 동물에 이르기까지 호수에 관련된 거의 모든 정보를 제공하고 있다. 뿐만 아니라 앞서 말한 호수의 생성 전설은 물론 호수의 상업적 이용, 그리고 호숫가에 이전에 살았던 원주민, 흑인 노예, 이주민들에 관해서도 언급하여 호수의 문화사로까지 그 관심을 확대한다. 전기 작가들은 소로가 영국의 조그만 시골 마을인 셀본(Selborne)의 완벽한 생태적 박물지를 쓰고자 했다는 길버트 화이트(Gilbert White)처럼 만년에 "콩코드의 박물지"를 쓸 계획을 가지고 있었다고 전한다. 『월든』의 「호수」의 장은 이 완성되지 못한 콩코드 박물지의 축소판이라고 불러도 손색이 없다. 이 작은 기록만으로도 소로는 생태학이라는 용어의 창안자인 헤켈(Ernest Haeckel)이 말한 바, 자연의 복잡다단한 상호 연관 관계를 연구하는 본래적 의미의 생태학에 근접해 있다고 말하더라도 결코 과언이 아니다.

월든 호수의 또 다른 특질은 그 깊이이다. 월든 호수는 빙하가 만들어낸 구혈호수(kettle pond)이다. 수심이 깊어 주민들 사이에 바닥을 알 수 없는 호수로 알려져왔다. 소로는 사람들이 그런 소문에 쉬이 경도되는 것이 무한에 대한 동경 탓이라는 점을 인정하면서도 측정도 해보지 않고 그렇게 믿어버리는 세태를 비판한다. 그리하여 호수가 얼어붙은 겨울에 자신이 직접 여기저기를 실측해보고 가장 깊은 곳의 수심이 102피트라는 것을 밝혀낸다. 호수의 넓이에 비해서는 상당한 깊이다. 실제로 월든 호수는 매사추세츠의 자연호수 중에서 가장 깊은 수심을 지닌 것으로 판명되었다. 소로는 또한 호수의 가장 긴 가로선과 가장 긴 세로선이 수심이 가장 깊은 곳에서 정확하게 서로 교차한다는 사실을 발견한다. 그는 인근의 화이트 호수의 수심을 재보고 동일한 사실을 확인한다. 이 놀라운 사실을 그는 정신적 삶의 교시로 삼는다. 그리하여 인간의 삶도 그 반경이 넓고 활달할수록 그만큼 생각이 깊은 법이라는 교훈을 끌어낸다. 이처럼 과학적이면서 동시에 생태학적 비전에 인도되어 있는 그의 자연 관찰은 또한 시적·철학적·윤리적 사색을 동반하곤 한다. 소로는 월든 호수가 그런 유비적 성찰을 자극하는 상징으로서의 역할에 부족함이 없는 것을 기꺼워한다. 월든 호수가 상징으로 전유될 수 있는 것은 물론 앞에서 시사한 대로 그 물이 지극히 순수하고, 맑고, 깊고, 투명하기 때문이다.

월든 호수는 물이 들고 나는 물줄기가 따로 없다. 이 또한 호수를 신화적 장소로 만드는 특질이기도 하다. 그리하여 소로는 월든 호수는 그 내부에서 맑은 물이 솟아나는 거대한 샘, 곧 "샘 중의 샘"(p.41)이요, "우리 삶의 영원한 원천"(p.133)이라 특기한다. 숲 한가운데 자리한 사철 끊이지 않는 샘이자 "투명하고 짙푸른 우물"인 월든 호수는 지상의 여느 샘과는 다른 청정함으로 충만해 있다. 물맛이 좋아 식수로도 손색이 없다. 그 남다름은 특히 「베이커 농장」에 나오는 아일랜드 출신 농부 존 필드의 우물과 대비되면서 더욱 강조된다. 퇴락한 집에서 하루하루를 근근이 연명해가는 농부의 우물은 바닥이 얕을 뿐만 아니라 유사(流砂)가 많아서 바가지로 퍼낸 물은 "죽처럼" 혼탁하여 마시기가 망설여질 정도이다. 속세의 우물은 이렇게 늘 맑은 물을 용출하는 자연의 우물과 판이하게 다르다. 문명과 자연의 대립은 이렇게 흐린 물과 맑은 물의 대비로도 표출되고 있다.

월든 호수는 또한 따로 출구가 없이 대기를 수로로 삼아 하늘로 물을 배출하니, 곧 "하늘 물(sky water)"(p.188)이라 형용된다. 이처럼 천상으로 열려 있기 때문에 호수는 위로부터 "새로운 생명과 움직임"(p.188)을 받아들여 끊임없이 출렁대면서 공중의 정기를 반사한다. 월든 호수가 하늘과 땅을 이어주는 매개자라는 생각은 『월든』의 도처에서 표명되고 있다. 가령 보는 위치에 따라 호수의 색깔이 달라지는 것도 이 중간자적 특질에서 비롯된다. 언덕 위에서 보면 호수는 하늘의 색을 반영하여 푸른색이지만, 모래가 보이는 호숫가의 색은 누런 색조이고, 조금 더 깊은 곳은 엷은 녹색, 그리고 점차 색이 진해져서 호수의 중심부 근처의 물은 짙은 초록색이다. 소로는 호숫가에 머물기 시작한 초창기에 그것이 산허리에 자리 잡은 산상호수라는 느낌을 자주 가졌다. 그런 느낌의 저변에도 호수가 정신을 고양시키는 천상적 자질을 지니고 있다는 생각이 자리하고 있기 때문일 것이다.

11월의 어느 오후, 희미하게 명멸하는 빛의 군무를 찾아 호수에 배를 띄워 노를 저어 간 소로는 그것이 물 위로 뛰어오르는 농어의 무리가 일으키는 파문이라는 것을 발견한다. 이때에도 그는 천상으로의 부양감을 느낀다.

> 이렇게 투명하고 바닥이 없어 보이는 호수 물에 구름까지 비치고 보니 나는 마치 기구를 타고 하늘을 날고 있는 기분이었다. 더불어 지느러미를 돛처럼 펼치고 헤엄치는 이 물고기들은 나보다 조금 낮은 고도에서 나의 좌우로 날고 있는 새 떼와 같다는 생각이 들기도 했다.(pp.189~190)

호수에 비치는 푸른 하늘 그리고 점점이 박혀 있는 구름의 형상으로 초겨울의 호수는 주변 대지의 헐벗음을 잠시 잊게 만들면서 하늘로 비상하고 있는 듯한 환상을 불러일으킨다. 지상의 삶이 궁핍해질수록 이 환상의 유혹은 커지는 것이리라. 그리하여 우리는 호수의 상징성을 다시금 확인하게 된다. 『월든』의 핵심적인 관심사의 하나가 물욕과 속진에 젖은 지상적 삶을 소박하고 무애로운 천상적 삶으로 바꾸도록 뉴잉글랜드 주민들을, 또 독자들을, 각성시키는 데 있는 것이라면, 호수가 바로 그 권면을 수용하여 변신하는 삶을 실체적으로 보여주는 상징으로 드러나기 때문이다.

  천상으로의 비상의 꿈이 반드시 물질적 욕망을 제어하는 탈속을 지향하는 것만은 아니다. 『월든』의 후반부에 이르러 그것은 종종 야생의 본성을 회복하는 양태로 표출되기도 한다. 날씨가 훈훈한 어느 여름밤 호수에 보트를 띄우고 한가롭게 플루트를 불고 낚시질을 하면서 소로는 친숙한 일상의 자연 속에도 야생성이 잠재해 있음을 새삼 느낀다. 그 깨달음은 배를 띄워 호수 한가운데서 뱃전을 침과 동시에 찾아온다. 뱃전을 울리는 노 소리는 "둥 그렇게 원을 그리면서 점점 팽창하는 소리가 되어 호수를 둘러싸고 있는 숲을 가득 채우고는, 마치 동물원의 조련사가 야수들을 자극하여 울음소리를 내게 하듯 숲을 뒤흔들어서 마침내 모든 숲의 골짜기와 산기슭으로부터 으르렁대는 소리를 끌어낸다."(p.174) 숲이 야수처럼 "으르렁댄다"는 표현이 암시하듯이, 메아리 소리에 깨어나는 자연은 추상적이고 관념적인 자연이 아니라 야성으로 약동하는 거친 자연이다. 그런가 하면 그가 보트 위에서 피리를 불자, 그 소리에 매혹된 듯, 수천 마리의 농어들이 배 주위를 선회하며 헤엄친다. "대지의 눈"인 호수 너머로 퍼져가는 소리를 통하여 소로는 자연의 한가운데에 있으면서도 자신이 자연을 지배하는 존재가 아니라 그것의 한 구성 요소로서 다른 생명체들과 긴밀한 동반 관계에 있음을 확인하는 것이다. 이런 느낌 속에서 낚싯줄을 드리운 소로는 고기가 낚싯밥을 무는 가벼운 충격을 손끝으로 전달받으면서 자신이 자연과 연결되어 있다는 확신에 이른다.

  소로는 호숫가에서 살기 시작한 지 약 1년이 지난 1846년 여름 북부 메인주의 카타딘산을 등정하면서 야성적이고 장엄한 자연의 위용을 몸으로 직접 체험한 적이 있다. 그는 이 고산 등정의 여정에서 인간이 대자연의 지배자가 아니라 그 품안의 일원이라는 것을 확인함과 동시에 익숙한 일상적 자연이 원시적 자연과 크게 다르지 않다는 것도 깨달았다. 그 이후 소로는 사람의 손때가 묻지 않은 야생 자연 그 자체에 대한 매혹보다는 익숙해 보이는 콩코드의 들판과 호수에 깃들어 있는 야생성을 새롭게 인식하고 그것이 제공하는 활력과 생명의 에너지가 온전한 삶을 영위하는데 긴요하다고 생각하게 된다. 우리 삶에 "야성의 강장제"(p.317)가 필요하지만 그것이 반드시 격절된 먼 심산유곡을 찾아가야 얻어지는 것이 아니다. 그것은 차라리 우리 눈을 새롭게 하여 우리 주변에 깃든 야생성, 곧 문명의 의미망으로 포착되지 않은 모든 주변적인 것들을 움직이는 활기와 에너지를 찾아내 그것을 일상의 동력으로 삼는 능력을 뜻한다. 이런 깨달음은 절대다수가 도시화된 삶을 살고 있는 오늘날에 특히 소중한 삶의 지침이 될 수 있다. 문명의 과잉으로 극지방까지도 미증유의 변화를 겪고 있는 오늘날 전인미답의 원시적 자연에 대한 기대는 비현실적이다. 오히려 가까운 우리 주변의 근린 자연(nearby nature), 예컨대 집 근처의 작은 공원, 마을 숲, 버려진 도로가의 자투리 땅에 깃들어 있는 자연을 잘 보존하고 그것을 가까이 함으로써 자연의 숨은 원리를 익히고 그것을 삶의 바탕으로 삼는 노력을 기울이는 것이 중요하다.

호숫가 생활이 계속되면서 소로는 자연을 생명을 지닌 물활론적 존재로 더욱 짙게 느끼게 된다. 자연은 단순히 객체적인 대상이 아니라 교감을 나누는 대화의 상대로 다가온다. 비바람이 치고 있어서 격절감이 짙게 느껴지는 어느 날, 소로는 오히려 숲속에서 "가장 감미롭고 다정한 교제, 가장 순수하고 힘을 북돋아주는 교제"(p.131)를 나눈다는 느낌에 젖는다. 그는 자연 속에 마치 정령이 살아 있어서 그들이 우리를 자애롭게 대해준다고 느낀다.

조용히 비가 내리는 가운데 생각에 잠겨 있는 동안 나는 갑자기 대자연 속을 두드리며 떨어지는 빗방울 소리에, 또 내 집 주위의 모든 소리와 모든 경치 속에 너무나도 감미롭고 자애로운 우정이 존재하고 있음을 느꼈다. 그것은 나를 지탱해주는 공기 그 자체처럼 무한하고도 설명할 수 없는 우호의 감정이었다. 그것은 이웃이 있음으로써 얻을 수 있다고 생각되던 모든 이점이 별것 아닌 것처럼 느끼게 해주었는데, 그렇기 때문에 그 후로는 그런 것을 생각해 본 적이 없었던 것 같다. 솔잎 하나하나가 친화감으로 다가와 나를 친구처럼 대해주었다. 나는 사람들이 흔히 황량하고 쓸쓸하다고 여기는 장소에서도 친근한 어떤 것이 존재함을 분명히 느꼈다. 나는 나에게 혈연적으로 가깝거나 가장 인간적인 것이 반드시 특정한 인간이나 이웃 사람만이 아니라는 것을, 그리고 이제부터는 어떤 장소도 나에게는 낯선 곳이 되지 않으리라는 것을 분명히 느꼈다.(p.132)

그는 이제 자연과의 친화감뿐만 아니라 그 속에 귀속된 편안함을 느낀다. 자연은 마치 자애로운 어머니처럼 그를 포근히 감싸준다. 이 대목에서 소로가 만나는 자연은 생명의 근원이요 삶의 근본 바탕으로서의 모성의 자연(Mother Nature), 혹은 생태여성주의에서 말하는 대지의 여신 가이아(Gaia)나 다름없다. "황량하고 쓸쓸하다고 여기는 장소"에서도 어떤 친근한 존재가 있다고 느낀다는 이 진술은 소로에게 자연이 일상적 삶에서 잠시 물러나 육신의 안식을 취하는 도피처가 아님을 분명히 하고 있다.

자연과 친화감을 느끼면서 소로는 자신의 내면에도 야성이 깃들여 있음을 자각한다. 어느 날 낚시질을 마치고 돌아오는 길에 땅다람쥐 한 마리가 숲속을 가로질러 가는 것을 보고, 그는 그것을 붙잡아 날 것으로 먹고 싶은 강렬한 충동에 사로잡힌다. 동시에 그 충동을 일시적 변덕이 아니라 마음속에 상존하는 본능과 같은 것이라고 느낀다. "나는 내 자신 속에 보다 높은, 소위 정신적인 삶을 추구하는 본능과 원시적이고 상스럽고 야만적인 것을 추구하는 또 하나의 본능을 발견하고 있다. 나는 이 두 가지를 다 존중한다."(p.210) 소로는 사후에 발표된 「걷기(Walking)」라는 글에서 "우리의 삶은 야생으로 이루어졌고, 삶의 활기로 넘치는 것일수록 더욱 야생적인 것이다"라고 말한 바 있다.[10] 그러므로 소로에게 자연 속의 걷기는 적어도 두 가지 의미를 지닌다. 그것은 한편으로는 문명에 훼손되지 않은 시원적인 자연, 야생의 자연, 곧 성스러운 자연을 찾는 일종의 순례이다. 그러므로 자연 속을 걷는 자(saunterer)는 소로의 재치있는 설명대로 성스러운 대지(Saint Terre)의 순례자이다. 또한 그것은 인간의 내면에 깃든 근원적 생명력을 함양시킨다. 같은 글에서 그가 "세계의 보존은 야생성에 달려 있다(In wildness is the preservation of the world)"고 말하는 까닭도 거기에 있다.[11] 자연과의 만남의 중요성을 소로는 개인적인 차원을 넘어서서 문명사적 입장에서 강조하기도 한다. 예컨대 일기의 한 대목에서 그는 야성이 사라져버린 영국이 쇠잔하고 불모적인 데 반하여, 거친 자연이 풍요한 미국은 거대한 문화적 도덕적 잠재성을 지닌 활기찬 사회로 발전할 것이라고 진단한다.

얼어붙은 호수의 겨울 풍경 또한 그 박물지에서 빼놓을 수 없다. 기온이 떨어지고 눈이 빈번한 겨울에 접어들면서 월든 호수는 거대한 빙원으로 변한다. 소로가 몇 년에 걸쳐 꼼꼼히 기록해놓은 바에 의하면 호수는 대개 12월 말을 전후하여 얼고 이듬해 3월 말을 전후하여 해빙한다. 이 결빙의 계절에 소로는 물을 얻기 위해 눈을 헤치고 도끼로 얼음을 깨뜨리는 것으로 하루를 시작한다. 인근의 주민들은 얼음에 구멍을 뚫어 강꼬치고기나 농어를

---

10 Henry David Thoreau, "Walking." *The Selected Works of Thoreau*, Boston: Houghton Mifflin, 1975, p.673.
11 위의 책, p.672.

잡기 위해 몰려든다. 얼음낚시는 고기잡이가 주목적이지만 단절된 사람들 사이를 이어주는 유대의 고리이기도 하다. 그리하여 월든 호수는 특정 장소에 고착된 것이 아니라 뭇사람이 공유하는 열린 공간으로 변한다.

또 다른 볼거리는 판매 목적으로 얼음을 채빙하여 거대한 성채처럼 쌓아놓은 모습이다. 소로는 어느 해, 백여 명의 인부가 동원되어 하루에 1천 톤이나 되는 얼음을 캐내는 것을 본 적이 있다고 쓰고 있다. 이렇게 일정한 크기로 잘라낸 얼음들은 호숫가 공터에 차곡차곡 쌓여 거대한 얼음의 성을 이루는데, 얼음이 다 팔리지 않아 이듬해 여름까지 남아 있는 경우도 종종 있다. 이런 연유로 이 얼음성이 쌓여 있는 호수의 서남쪽을 에도는 작은 기슭은 얼음성 만(Ice Fort Cove)이라 불리기도 한다. 소로는 이 얼음들이 국내뿐만 아니라 멀리 봄베이 혹은 캘커타까지 팔려나가니 월든 호수의 맑은 물이 인도 갠지스강의 성스러운 물과 뒤섞여 사람들의 갈증을 풀어준다는 사실을 특기하고 있다. 호수의 얼음을 채빙하여 파는 것은 책의 앞머리에서 그가 신랄하게 비판해 마지않는 상업주의의 한 예이지만, 다른 한편으로는 월든 호수가 콩코드 지역을 넘어 전 세계와 연결되어 있음을, 그리하여 호숫가의 그의 실험적 삶이 개인적 차원을 넘어서 보편적 의의를 지닐 수 있음을 에둘러 말하는 것으로도 볼 수 있다. 여기에도 소로 특유의 중층적 언술이 드러나 있다.

나는 동쪽 입구 모래사장 주변을 서성이며 이런저런 생각에 젖어 있다가 호수를 한 바퀴 둘러볼 생각으로 북쪽 기슭으로 난 작은 오솔길로 발걸음을 옮겼다. 길은 이내 꽤 울창한 숲속 경사면을 가로지른다. 참나무, 단풍나무, 히코리나무 등이 숲의 대종을 이루고 있다. 소로 자신도 오두막 주변에 400여 그루의 소나무를 심었다고 기록하고 있으나 그 나무들은 19세기 말에 산

불로 이미 사라졌다. 지금의 울창한 숲은 그 이후에 조성된 것이다. 현재 호수를 포함하여 주변 약 411에이커의 숲이 매사추세츠 주정부에 의해 보존 구역으로 지정되어 있고, 소로학회를 비롯한 민간단체들 또한 공원의 훼손을 막기 위한 노력에 동참하고 있다. 호수를 자연공원으로 보존하고자 하는 노력이 본격화된 것은 1970년대이다. 이때부터 관리 당국은 방문객 상한선을 정하고, 접근로를 정비하고, 호숫가의 침식을 막기 위한 노력을 기울였다. 그 이전에 월든 호수는 사람들이 많이 찾는 유흥지였다. 20세기 중반까지도 보스턴을 비롯한 인근 지역에서 주말이면 사람들이 몰려와 호숫가에서 각종 놀이를 즐겨 훼손이 심했다. 1990년에 공원 인근에 콘도미니엄을 지으려는 사업 계획이 알려지자 미국 내셔널 트러스트 본부는 월든 호수를 보존이 위협받고 있는 지역으로 설정하고 모금 운동에 나섰다. 그리하여 호수로부터 최소한 반마일 내의 숲에는 상업 시설이 들어서는 것을 막자는 '월든숲 기획단(Walden Woods Project)' 그리고 '영원히 야생적인 월든(Walden Forever Wild)'과 같은 환경단체가 발족되고 이들의 노력으로 인근의 숲들이 차례로 매입되어 오늘에 이르고 있다.

호수의 서북쪽 끝에 이르러 오른쪽 언덕으로 올라서니 소로의 오두막 터가 보인다. 소로의 오두막은 네 평 남짓한 아주 작은 공간이다. 소로는 1845년 7월부터 1847년 9월까지 이곳에서 2년 2개월 2일을 살았다. 1947년 미국 소로학회가 주동이 되어 이곳에 석주를 세워 집터였음을 표시하고, 아울러 집터 안쪽에 벽난로 밑돌 자리를 찾아 명판을 세웠다. 집터의 뒤쪽에는 네 개의 작은 석주로 땔감을 넣어둔 헛간을 표시해놓았다. 소로의 집터에서 눈길을 끄는 또 다른 것은 오른편 아래쪽 호수로 난 길목에 쌓여 있는 돌무덤(cairn)이다. 이곳을 찾은 사람들이 소로에 대한 경의의 표시로 놓고 간 돌들이 어느덧 돌무덤을 이루었는데, 소로 사망 10주년인 1872년 『월든』의

「겨울 방문객」에 철학자로 등장하는 브론슨 올콧(Bronson Alcott)이 어느 방문객과 함께 이곳을 찾아왔다가 집터를 잊지 않기 위해 몇 개의 돌로 표시를 해둔 것이 그 발단이라고 한다.

돌무더기 옆 나무판에는 소로가 숲속 생활을 시작한 동기를 밝힌, 자주 인용되는 다음 구절이 새겨 있다.

> 내가 숲속으로 들어간 것은 인생을 의도적으로 살아보기 위해서였다. 다시 말해 인생의 본질적인 사실들만을 직면해봄으로써 인생이 가르치는 바를 배울 수 있는지 여부를 알아보고, 또 죽음을 맞이했을 때 내가 헛된 삶을 살았는지 아닌지를 분명히 할 수 있었으면 해서였다.(p.90)

여기에 암시되어 있듯이 소로가 숲속 생활을 시작한 것은 물질적 안락에 급급하고, 무지와 관습의 노예가 된 수동적 생활에서 벗어나서 삶을 궁극으로 몰고 가 깊이 있게 살아보기 위한 것이다. 다시 말해 그것은 산업주의가 자극하는 물욕에서 벗어나 보다 적극적으로 주체적 삶을 살고자 하는 결단의 소산이다. 이런 점에서 살아가는 데 필요한 최소한의 기본만을 갖춘 소로의 오두막은 허욕을 버린 "자발적 가난"의 표상이요, 참다운 삶을 찾기 위한 자기 갱생의 의지이자, 자연 속에서 그런 구극의 길을 찾아 거듭나는 자아의 상징이라 할 만하다.

오두막 터를 지나 호수의 남서쪽 코너를 돌아 나오니 숲 안쪽으로 홀연 공지가 열리고 그 너머로 철길이 펼쳐져 있다. 보스턴-피츠버그 간 노선의 철로이다. 철로를 옆으로 비끼며 호수의 남쪽 기슭으로 들어서니 마침 후미진 곳 물가에 작은 바위가 돌출해 있다. 쉴 겸해서 바위에 앉았다.

해도 어느덧 서쪽으로 기울고 인적도 드물어서 자연 속에 깊숙이 들어와 있는 느낌을 주었다. 나는 매일같이 호수에서 목욕을 했던 소로를 따라 일종의 정화 의식으로 호수에 몸을 담그고 싶었다. 수영복을 꺼내 갈아입고 물속으로 들어갔다. 가장자리 쪽의 바닥에는 낙엽들이 많이 쌓여 있는지 물속을 걸을 때마다 까만 입자들이 올라왔다. 안쪽으로 더 들어가니 이내 호수 밑바닥이 보일 정도로 물이 맑아진다. 나는 천천히 호수의 중심을 향해 헤엄쳐갔다. 물이 맑고 따뜻하니 상쾌하기 그지없다. 여행의 피로는 물론 그동안 심신을 짓눌렀던 일상의 찌꺼기가 말끔히 가시는 기분이다. 놀랍게도 팔뚝보다 커 보이는 금빛 잉어들이 주변을 어슬렁거린다. 멀리 산기슭 쪽으로 오리 서너 마리가 유유자적 헤엄을 치고 있는 모습도 보인다. 호수 안쪽에 이르러 배영의 자세로 물 위에 누워 석양의 비스듬한 빛에 청홍색으로 물들어가는 하늘을 바라보면서 어두워질 때까지 그 정밀의 분위기를 즐겼다.

어느덧 호수에 어둠이 내려앉았다. 물에서 나와 옷을 갈아입고 다시 바위에 앉아 어두워가는 호수를 물끄러미 바라보았다. 어둠이 짙어지면서 사위는 한층 더 깊은 적막감에 감싸였다. 내 마음 또한 무화되어 어떤 심연으로 침잠해 들어가는 것 같았다. 순자(荀子)가 말한 허일이정(虛壹而靜)의 경지가 이런 것일지 모른다. 오늘의 삶은 늘 분망하길 요구한다. 그러나 그런 일상 속에서도 마음을 비우고 고요함에 젖는 계기가 필요하다. 삶의 쇄신은 이런 마음의 고요 속에 침잠해보는 기회를 통해서나 기약할 수 있을 것이다. 그 깊은 정적 속에 한참을 묵묵히 앉아 있다가 귀로의 열차 시간이 임박해져서야 자리에서 일어났다.

바로 그 순간 길고 예리한 새소리가 어디선가 들려오며 정적을 깨뜨렸다. 사방이 격랑으로 출렁이다가 다시 잠잠해졌다. 그러다가 이내 호수 저편의 물살을 치면서 같은 소리가 터져 나왔다. 무슨 새인지 정체를 알 수는 없었으나 나는 곧 『월든』의 「야생의 이웃」의 끝을 장식하고 있는 코믹하기 짝이 없는 되강오리의 숨바꼭질 장면을 떠올렸다. 어둠의 침묵을 흔들어놓는 새

소리가 소로를 당혹스럽게 했던 되강오리의 "악마적인 웃음"을 연상시켰기 때문이다. 되강오리는 자신의 행방을 쫓는 사람의 시선을 따돌리고 전혀 예상치 못한 곳에 떠올라 인간의 어리석음을 비웃듯이 웃음을 터뜨리곤 했다. 『월든』의 앞부분에서 털갈이를 준비하는 봄철의 되강오리는 새롭게 거듭나는 갱생의 상징이었다. 그러나 여기에 이르러 되강오리는 만유의 중심을 자처하는 인간의 오만을 조롱하는 자연의 표상으로 바뀐다. 『월든』에는 이 변화의 족적이 오롯이 담겨 있다. 소로는 거의 10년에 걸쳐 『월든』을 적어도 일곱 번을 고쳐 썼다. 집필에서 출간에 이르는 이 기간 동안 소로는 자연을 인간 정신의 상응체로 보는 초월주의적 시각에서 서서히 벗어난다. 그와 함께 자연을 인간을 포함한 생명체들이 유기적으로 연관된 생태체계(ecosystem)로 인식하기에 이른다. 『월든』은 이처럼 소로가 생태주의자로 변모해가는 과정의 기록이자 그 소산이다. 이 변모를 추동하는 중심에 언제나 월든 호수가 있었음이 물론이다. 월든 호수는 그런 소로에게 사색의 무대였고, 자연과 생명의 다채로움과 신비를 비추는 거울이었으며, 야성의 자연으로 나가는 관문이었다.

제5장

강

그대 정들었으리.
지는 해 바라보며
반짝이는 잔물결이 한없이 밀려와
그대 앞에 또 강 건너 물가에
깊이 깊이 잦아지니
그대, 그대 모르게
물 깊은 곳에 정들었으리
　　　　　　　　— 김용택, 「섬진강 3」 부분

1 「흐르는 강물처럼」: 이해와 사랑의 사이

　지난 세월의 한 점으로 남아 있던 기억이 홀연 다른 기억들과 얽히며 색다른 정경으로 찾아오는 경우가 있다. 그것은 더러 밝은 풍경을 연출하지만 많은 경우 어두운 채색의 것이다. 삶은 이런저런 일상의 일들로 채워지지만 이 번쇄한 일상의 틈 사이로 스며드는 이런 기억의 써레질도 또한 큰 몫을 차지한다. 릴케는 삶은 모든 사물의 무게보다 더 무거운 것이라고 말한 적이 있다. 나이가 들면서 릴케의 이 시구를 자주 생각하게 된다. 삶의 무게는 결국 기억 — 밝은 것이든 어둠에 경도된 것이든 — 의 부피와 떼놓을 수 없는 것 같다. 흘려보낸 세월이 많아질수록 기억의 무게도 점점 무거워진다. 기억에 사로잡힌 나날이 많아지는 것은 그래서 슬픈 일이다.

　노먼 매클린(Norman Maclean)의『흐르는 강물처럼(*A River Runs Through It*)』은 그런 기억의 소환을 모티프로 한 소설이다. 나는 로버트 레드포드가 감독한 영화를 먼저 보고 소설은 나중에 읽었다. 영화의 영상미에 매혹되어 원작을 찾아본 것이라 할 수 있는데, 소설은 사뭇 다르게 읽혔다. 나에게 소설은 무엇보다 회한에 사로잡혀 기억을 반추하는 노년의 삶에 관한 이야기로 다가왔다. 문학작품을 대본으로 한 영화를 보고서 실망하는 경우가 많은 것이 사실이다. 그러나 이는 감독이나 배우의 역량 문제라기보다는 매체의 상이성 탓일 수 있고, 더 근본적으로는 다양한 해석을 허용하는, 아니 차라리 자극하는, 문학의 속성 때문일 것이다. 영화는 소설에 대한 감독의 해석이 영상화된 것이다. 영화 역시 소설에 대한 하나의 해석일 따름이다. 영화에 대한 실망감은 그것이 자신의 해석에 바탕을 둔 기대 지평과 어긋나는 데서 비롯된다고 할 수 있다. 문학작품을 저마다 자신의 시각에서 읽기 마련이라는 점을 상기한다면 영화를 보고서 실망하는 것이 어쩌면 당연한 것이다. 내 자신의 삶의 기억, 그 회한의 벼리를 돌아보는 계기 삼아 소설에 대한 나의 공감을 정리해본다.

소설은 그 자체로 감동적이지만 저자 매클린의 이력 또한 흥미롭다. 매클린은 시카고대학에서 40여 년간 영문학을 가르치다가 1973년, 70세의 나이로 은퇴했다. 그는 퇴직 후 이 소설의 집필에 착수하여 3년 만인 1976년에 이를 완성하여 발표했다. 『흐르는 강물처럼』은 73세의 퇴직 교수가 처음으로 쓴 소설인 것이다. 퇴직 교수의 처녀작은 이내 베스트셀러가 되었고 그해 퓰리처상 후보로도 추천되었으나, 심사위원회는 이 해에는 소설 부문 수상작을 지명하지 않았다. 작가는 머리글에서 소설을 완성한 후 여러 출판사에 원고를 보냈지만 번번이 출판을 거절당했다고 밝히고 있다. 그중의 한 출판사는 소설 속에 "나무가 있다"고 퇴짜 이유를 밝혔다고 한다. 요컨대 사람살이 이야기인 소설이라기보다 자연 에세이 같다는 것이리라(레드포드 감독의 영화는 산과 강과 낚시가 전경화되어 이 자연 에세이적 측면이 부각되어 있다). 소설은 결국 그가 재직했던 시카고대학의 출판부에서 출판되었는데, 학술서 전문인 시카고대학 출판부가 창작 문학작품인 소설을 출판한 것은 이것이 처음이었다.

소설의 화자는 저자와 동명인 노먼 매클린이다. 그는 노년에 친지들의 만류에도 불구하고 틈만 나면 강가로 홀로 낚시를 나간다. 장소는 서부 몬태나주를 관류해 서쪽으로 흐르는 빅블랙풋강이다. 험난한 지형을 통과하기 때문에 풍광은 빼어나지만 물살이 세차기로 유명한 강이다. 그는 이 강에서 밤이 이슥하도록 플라이 낚시로 송어를 낚으면서 지난 시절의 추억에 잠기곤 한다. 유년 시절을 물가에서 보낸 시인 스윈번(Algernon Charles Swinburne)은 "물이 고향처럼 부른다"고 쓴 적이 있다. 매클린에게도 낚시질하러 가는 몬태나의 강은 삶의 본향으로서의 장소성이 짙게 밴 것이다. 그는 추억이 밴 강가에서 낚시를 통해 먼저 간 사람들을 추념하고 지나온 삶을 되돌아보며 삶의 의미를 헤아려보곤 한다. 그래서 매클린에게 빅블랙풋강은 시간의 강이자 기억의 강이고 또한 사량(思量)의 강이다.

스코틀랜드 출신의 장로교 목사인 아버지로부터 플라이 낚시를 배운 일, 아버지로부터 함께 낚시를 배워 익혔으면서도 자신보다 훨씬 뛰어난 낚시꾼이 된 아래 동생 폴, 그와 함께 했던 낚시들, 아내와 처음 만나 사귀던 일, 그리고 동생의 돌연한 죽음 등이 그의 회상을 관류하는 주요 지류들이다. 그중에서도 그의 기억을 끈질기게 붙잡고 놓아주지 않는 것은 동생 폴이다. 그는 만년에 이르도록 젊은 시절 어이없이 허망하게 죽은 동생을 지켜주지 못한 죄책감과 회한으로부터 벗어나지 못한다. 그가 동생과의 추억이 서린 강으로 홀로 낚시를 고집스레 나가는 것도 이 때문이라고 할 수 있고, 그가 이 소설을 쓰게 된 궁극적인 동기 또한 동생을 죽음으로 몰고 간 사태를 깊이 헤아려보고자 하는 발로와 무관하지 않다.

형제간의 우애와 보살핌이 동서를 막론하고 윤리적 덕목의 하나로 강조되어온 것은 새삼 말할 필요가 없으리라. 성경은 손위 형이 아래 동생을 보살펴야 함을 "내 동생의 수호자(my brother's keeper)"라는 표현을 통해 일깨우고 있다. 그러나 당위와 현실이 다른 경우는 허다하다(성경의 이 표현이 동생 아벨을 죽인 카인의 입에서 나온 점을 상기해보라). 특히 남자 형제들은 자라면서 서로 경쟁자이기 십상이고 재산이나 직위의 상속 문제로 다투는 것이 드물지 않은 것이 세태의 한 단면을 이루고 있음을 부인할 수 없다. 꼭 시기하고

영화 〈흐르는 강물처럼〉의 한 장면

다투는 관계가 아니더라도 형제들은 무덤덤하고 무심한 사이에 머무르기 쉽다. 피붙이라는 의당한 친연성이나 함께 자란 오랜 친숙성이 오히려 속 깊은 상호 이해와 신뢰에 바탕을 둔 참다운 의미의 친애의 사이로 나아가는 것을 가로막을 수 있기 때문이다. 그리하여 형제가 곤경에 처해 있더라도, 특히 그것이 심리적인 경우, 돕고 싶어도 도울 방법을 찾지 못하는 경우도 흔한 일이다. 일찍 저세상으로 떠난 동생 폴을 회억하면서 이 소설의 화자 노먼 매클린 또한 형제 관계에 끼어드는 이런 무관심과 몰이해의 문제가 통절하게 다가와 더욱 깊은 회환에 젖는 것이다.

동생 폴은 어려서부터 고집이 세고 자기주장이 강했다. 한 번은 먹기 싫은 오트밀 죽을 아버지가 하나님이 주신 것이라고 강요하자 폴은 이를 완강하게 거부하고, 아버지의 꾸중에 침묵으로 맞서 끝까지 자기 고집을 꺾지 않았다. 동생은 또한 몸집은 작았지만 누구에게도 지지 않는 동네 싸움꾼이었고 무엇에든 내기를 걸 만큼 승부욕이 강했다. 두 형제는 어릴 적 딱 한번 크게 싸운 적이 있었으나 어머니가 끼어들어 말리는 바람에 싱겁게 끝났고, 성장하여 서로 다른 길을 걷게 된 후로는 둘 중 누가 더 강한지 암암리에 탐색하던 경쟁의식도 마음 저편으로 가라앉으며 친밀하면서도 서로에게 적당한 심리적 거리를 두는 사이로 지내왔다.

어느덧 30대에 이른 두 형제는 이런 사이로 가끔 만나 어울렸고 여기저기 강을 옮겨가며 함께 낚시를 하기도 했다. 형 노먼이 대학 진학을 위해 동부로 간 사이 동생은 고향에 남아서 낚시질을 계속하는 한편 자신의 취미를 살려 지방신문의 낚시 전문 기자가 되어 있었다. 아버지로부터 함께 배운 플라이 낚시는 둘의 삶을 이어주는 가교이자 형제로서의 유대와 동질성을 확인하는 보루였다. 폴과 함께 낚시를 하면서 형은 동생이 아버지가 가르쳐 주었던 플라이 낚시법을 완벽하게 소화하여 자기 나름의 독특한 기예로 발전시킨 뛰어난 낚시꾼으로 성장했음을 확인하게 된다.

아버지에게 낚시는 단순한 도락이 아니었다. 그것은 그가 믿는 종교나 마찬가지로 삶의 지주였고 예술이었다. 이 장로교 목사의 집에서는, 소설의 첫 문장 그대로, "종교와 플라이 낚시를 가르는 분명한 경계가 없었다." 그는 자식들에게 "플라이 낚시는 열 시에서 두 시 방향 사이에 네 박자 리듬을 살려서 날리는 예술"[1]이라고 가르쳤다. 그는 신앙이 예전이라는 형식을 따르며 깊어지듯이 일상의 삶도 일정한 기율과 격식을 지켜나갈 때 고양될 수 있다고 믿는 사람이었고, 낚시도 그런 시각에서 숙련을 통해서만 체득할 수 있는 예술적 기예의 하나로 본 것이다. 가령 그가 강조한 플라이 낚시의 네 박자 리듬은 구체적으로 이런 것이다.

    첫 박자에는 낚싯줄과 리더와 플라이를 물을 향해 발진시킨다. 두 번째 박자에는 이 세 가지를 직선에 가깝도록 공중에 띄워 올린다. 세 번째 박

---

1   Norman F. Maclean, *A River Runs Throught It*, Chicago: The University of Chicago Press, 1976, p.2.(이후 인용은 이 판본에 따르되 본문에 쪽수만 밝힘)

자에서는 아버지의 말씀 그대로 낚싯줄이 앞으로 나아가면서 리더와 플라이의 상부가 약간의 시차를 두고 뒤따르도록 해야 한다. 네 번째 박자에서 줄을 열 시 방향에 맞춰서 온 힘을 다해 힘차게 날린다. 그 다음 그 반동으로 플라이와 리더가 낚싯줄 앞으로 뛰쳐나가면서 부드럽고 완벽하게 수면에 사뿐히 내려앉아야 한다. (p.4)

플라이 낚시는 생미끼로 하는 것이 아니라 새털이나 짐승털로 만든 모조미끼, 곧 플라이로 고기를 잡는 것이다. 그래서 그만큼 더 세심한 기술이 필요하다. 따라서 그 절차와 방식을 몸으로 익히라는 아버지의 강조는 실질적인 조언이라고 볼 수 있다. 그러면서도 그가 합당한 낚시 기술을 배우지 않고서 물고기를 잡으려 하는 것은 물고기를 조롱하는 것으로 결코 허용될 수 없는 일이라고 말하는 것이나, 낚시를 하나의 예술로 간주하고, "모든 선한 것은 … 신의 은총에서 나오고, 신의 은총은 예술을 통해 얻어지되 예술은 쉽게 이루어지는 게 아니"라고 역설하는 것을 보면, 그에게 낚시는 단순한 취미를 넘어서 일상을 살아가는 마땅한 자세, 곧 삶의 도(道)에 대한 하나의 유비라는 생각이 든다.

이 점에서 소설가 노먼 매클린은 헤밍웨이의 후예이다. 시카고 교외의 오크 파크에서 성장한 헤밍웨이는 어려서부터 가족들과 작은 별장이 있는 미시간 주의 호숫가에서 여름을 보내며 사냥과 낚시를 즐겼다. 어린 시절의 이 체험이 그의 소설 속에 자주 변주되는데 가령 「심장이 두 개인 큰 강(Big Two-Hearted River)」의 송어 낚시 에피소드는 좋은 예이다. 전쟁의 상흔을 지닌 주인공이 어린 시절의 기억을 더듬어 숲속의 강을 찾아 낚시를 하며 마음을 추스르는 이야기인 이 소설에서도 낚시는 단순히 여가를 즐기는 도락이 아니라 일정한 절차와 기율을 지닌 하나의 의식(ritual)처럼 행해진다. 가령 낚시에 걸린 송어를 손으로 잡을 때 반드시 강물에 먼저 손을 담근 후 젖은 손으로 만져야지 그냥 덥석 잡아서는 안 된다. 그럴 경우 송어의 그 부위에 곰팡이가 감염되어 설사 잡은 송어를 강물에 놓아주더라도 결국 죽고 만다. 이는 경험적 지식이지만 그것은 낚시하는 바른 규범의 하나로 준수된다. 이런 규범 준수는 낚시에만 국한되지 않는다. 주인공은 텐트를 치거나 커피를 끓일 때에도 한 동작 한 동작을 꼼꼼하고 주의 깊게 자신이 합당하다고 생각하는 절차를 따라 행한다. 그것은 달리 말하면 나날의 일상을 자신의 삶의 질서 속에 통어하고자 하는 의지의 발현이라 할 수 있다. 더 구체적으로 그것은 얼크러진 현실에 질서를 부여하여 삶을 의미 있고 가치 있는 어떤 것으로 만들어가고자 하는 보다 큰 지향의 일부를 이룬다. 헤밍웨이를 비롯한 모더니스트들의 새로운 문학 형식의 모색에는 이런 윤리적 함의도 깃들어 있다.

폴이 아버지가 교시했던 낚시 방식을 완벽하게 체득한 낚시꾼이라면 그는 어떤 의미에서는 예도(藝道)를 체득한 인물이라 할 수 있다. 폴은 한편으로는 낚시의 도를 완성하기 위한 노력에 열심이지만 다른 한편으로 낚시하는 방식을 포함하여 자신이 선택한 삶의 방식이 옳다는 확신으로 세상과 끊임없이 충돌하고 불화하는 인물로 드러난다. 누구도 범접하기 어려운 자신의 뛰어난 낚시 솜씨에 대한 그의 자부심이 아집과 독선적인 태도를 키우고 급기야 세상과 소통하는 문마저 닫아버리게 만든 게 아닌가 하고 그의 사후 형 노먼은 안타까워한다. 그는 누구에게도 가르침을 받으려 하지 않았고 아무리 힘들어도 주위에 도움을 청하지 않았다. 그러면서 그는 점차 술과 도박에 빠져들어 갔다. 노먼이 폴의 이런 문제를 인지하게 된 것도 경찰서 형사를 통해서이다. 두 형제가 모처럼 함께 낚시를 하고 돌아온 어느 날 새벽 노먼은 경찰서로부터 폴이 유치장에 갇혀 있으니 데려가라는 연락을 받는다. 폴은 전날 밤 식당에서 폭행과 난동을 부린 혐의로 체포되어 있었다. 식당에 동행한 인디언 혼혈인 여자 친구를 누군가가 야유하는 듯하자 폴이 그에게 곧바로 폭행을 가했다고 자초지종을 전하면서 형사는 그의 습관적 과음과 그곳 도박패들과의 연루를 더 우려했다. 형사의 염려를 듣고 노먼은 자신이 동생에 대해 아는 게 별로 없고 또 알려고도 하지 않았음을 반성하게 된다. 이런 자성에도 불구하고 사정은 달라지지 않는다. 폴이 봉착한 문제를 인지하고 도움의 손길을 내밀고자 해도 노먼은 동생과 어떻게 대화를 풀어나가고, 어떻게 그 빗장 건 마음을 열 수 있을 것인지 알 수 없었기 때문이다.

인간은 설명의 대상이 아니라 이해해야 할 존재라고들 흔히 말한다. 그러나 한 인간을 이해한다고 하더라도 그것은 얼마나 피상적인 것인가. 우리는 주변 사람에 대해서 얼마나 안다고 말할 수 있을까? 삶의 유현한 깊이와 그 관계의 착잡함을 생각하면 인간에 대한 이해는 그야말로 수박 겉핥기에 불과한 것이라고 말할 수밖에 없다. 우리는 서로에 대해, 한솥밥을 먹는 가족의 경우에조차도, 가면을 쓴 채 살아가는 경우가 허다하다. 우리는 서로의 가면을 진짜 얼굴이라고 오해하면서 함께 지내다가, 가면 너머의 본 얼굴을 한 번도 보지 못한 채, 혹은 가면을 벗을 기회를 한 번도 가져보지 못한 채, 생을 마감하고 마는 것이 상례가 아닐까.

폴은 형사의 우려대로 얼마 있지 않아 싸움에 휘말려 누군가에게 살해되어 생을 마감하고 만다. 폴은 죽음을 예감하고 있었는지, 아버지도 함께한 마지막 낚시 길에서 아버지가 훌륭한 낚시꾼이라고 칭찬하자 3년만 더 시간을 준다면 물고기처럼 생각할 수 있게 될 것이라고 대답하고서, 귀갓길에 그 말을 형 노먼에게 두 번이나 더 반복했었다. 무엇인가에 쫓기는 마음이 표출된 이 반복적인 말에 대해 노먼은 평소의 그답지 않다고만 생각했을 뿐

거기에 어른거리는 죽음의 그림자를 알아차리지 못했던 것이고, 이 또한 평생의 회한으로 남게 된다. 그러나 폴이 벼랑에 서 있음을 설령 감지했더라도 그가 무슨 도움을 줄 수 있었을까.

그 전날 밤 폴이 외출한 사이 노먼은 아버지와 폴에 대해 대화를 나눴었다. 아버지는 폴이 물려받은 가문의 이름 철자를 'Maclean'에서 중간에 대문자 L을 넣어 'MacLean'으로 바꿔 쓰고 있다는 말을 들었다고 운을 뗀 후 아들의 이 과격한 독립선언을 못마땅해했다. 그러면서도 아버지는 그 비타협적인 생활 방식을 걱정하고 그런 아들을 도와주고 싶어도 도울 방법이 없는 것을 안타까워했다.

> 누군가에게 도움을 주기엔 너는 너무 젊고 나는 너무 늦었다. … 도움이란, 도움이 절실하게 필요하고 또 기꺼이 받아들이려는 사람에게 나의 일부를 주는 거 아니겠니. … 그리고, 아버지는 오랜 설교조로 돌아가, 그렇기 때문에 사람을 돕기란 쉽지 않은 일이다. 우리는 우리의 무엇을 주어야 좋을지 모르고, 어떤 부분은 주고 싶지 않을 때도 있지. 게다가 정말 절실히 필요한 그 부분을 상대방이 원하지 않을 수도 있고. 또 정말 도움이 될 그 부분을 우리가 갖고 있지 못할 때도 많고.(p.81)

형 노먼과 마찬가지로 아버지 또한 폴의 문제를 이해하고 돕고자 하나 무엇보다 폴 자신이 도움의 손길을 외면하니 무력할 뿐이다. 자주 만나 무심해진 사이라 할지라도 그것이 주관을 넘어 상대와 회통하고 더 나아가 합치된 변화를 이끌어내는 것은 지극히 어려운 일이다. 피를 나눈 가족 사이에서 상호주관적(intersubjective) 이해에 이르는 것은 어쩌면 더 어려울 수 있다. 무엇보다 가정의 울타리를 벗어나야 비로소 독립적 개인으로서 설 수 있다는 생각이 걸림돌로 작용할 수 있기 때문이다. 삶의 이해도 어렵지만 삶의 소통은 더 어려운 일인 것이다. 그 어려움은 삶이 무엇인지 알 수 없고, 삶을 살아가는 내 자신의 정체성이 무엇인지를 알 수 없기 때문에 야기되는 것인지도 모른다. 우리 삶에 깃들어 있는 이런 근본적 한계가 역설적으로 삶의 깊이를 찾고 삶의 의미를 되돌아보게 만드는 동력이 아닌가 한다.

폴의 사후 아버지는 자신이 별 도움이 되어주지 못했을 뿐만 아니라 자식을 이해조차 못한 것이 아닌지 자문하고 또 자문한다. 그는 참척(慘慽)의 고통과 자책 속에서 자식의 죽음을 이해하기 위해 큰아들 노먼과 많은 대화를 나눈다. 폴에 관한 아버지의 끊임없는 질문에 노먼은 완전히 이해하지 못해도 온전히 사랑할 수 있다고 설파했던 아버지 자신의 설교를 상기시키기도 한다. 그렇다. 이해와 사랑이 논리적 인과 관계일 수만은 없다. 사랑한다고 하더라도 천심만혼의 인간을 어찌 속속들이 이해할 수 있겠는가. 아들의 입을 통해 되뇌어진 자신의 설교 메시지를 재음미하면서 아버지는 비로소 아들 폴의 죽음과 화해하는 길에 들어서게 된다. 그와 동시에 그는 폴의 죽음이 술과 도박에 찌든 무의미한 개죽음이 아니라 자신의 삶의 방식을 올곧게 지키기 위해 싸우다가 죽은 것으로 정리한다. 그는 이해와 사랑의 틈바구니에서 고통스럽게 방황하다가 어렵사리 양자를 연결하는 고리를 발견한 것이다. 아버지는 폴이 강인하면서도 섬세한 기예를 지닌 낚시꾼, 곧 '아름다운' 예술가였다는 것을 상기함으로써 그 고리를 찾아냈다. 이제 폴은 아버지에게 예술가로서 자신의 스타일을 고수하다 순교한 것으로 기억 속에 거두어진다.

100여 페이지 남짓한 길지 않은 소설이지만, 「흐르는 강물처럼」은 또 다른 여운을 남긴다. 강물에 대한 성찰도 그중의 하나이다. 강은 인간과 세상의 소통과 이해를 천착하는 이 이야기의 무대이자 삶의 이음새이다. 소설

전편에 걸쳐 배경 음악처럼 흐르는 강물 소리는 여음(餘音)으로 들리면서도 때로 폭포 소리처럼 심금을 울린다. 그것은 소설 속 인물들은 물론 독자들을 사념의 장강으로 이끈다.

강은 물론 두 형제의 낚시터이다. 아름다운 강변 풍광을 즐기면서도 그들은 낚시꾼으로서 강의 형세를 살피고 물길의 흐름과 깊이를 면밀하게 관찰한다. 이런 "물 읽기(reading the water)"(p.63)에는 물고기의 습성과 생태에 대한 지식도 관여한다. 뛰어난 낚시꾼은 시간과 장소에 따라 물고기가 몰릴 만한 곳을 찾아내면서 또한 눈에 보이는 것은 물론 보이지 않는 강물의 양태도 헤아린다. 낚시를 위해 강물을 살피면서 단련된 눈에는 강의 예전 모습도 그려지고 잘 드러나지 않는 물속 깊은 곳의 양태도 헤아려진다.

> 멀지 않은 하류 쪽에는 한때 강물이 흘렀던 흔적만 남은 마른 수로가 드러나 있었다. (…) 지금은 말라붙은 이 수로에 오래전 넘치도록 흘렀던 강물을 기억하기에, 나는 강물의 흔적만 남은 딱딱한 강바닥에 생기를 부여할 수 있었다. (…) 강의 전체적 양태는 내가 앉아 있는 언덕에서부터 시야가 미치는 반대편의 마지막 언덕까지, 마치 화가가 그려놓은 뱀처럼 계곡을 구불구불 휘도는 모습이었다. 하지만 내적으로 강은 날카로운 각들로 이루어져 있다. 겉으로는 잠시 직선으로 흐르는 듯이 보이지만 갑자기 방향을 꺾어 부드럽게 흘러가고, 또 다른 장애물을 만나면 다시 날카롭게 방향을 틀고 이내 부드럽게 흘러간다. 정확하게 직선일 수 없는 직선들과 정확하게 직각이 될 수 없는 각들은 화가가 그릴 수 있는 가장 아름다운 커브를 만들어내면서 이곳에서 계곡을 건너 강물이 더 이상 보이지 않는 곳까지 휩쓸고 내려간다.(pp.61~62)

강물의 현재와 옛날의 양태 그리고 그 공간적 깊이를 두루 헤아리는 섬세한 눈으로 그려진 정경이라 말하지 않을 수 없다. 특히 마른 강의 어떤 부분이 예전에 물로 출렁거렸던 모습을 기억해내 그곳을 포함하여 굴곡진 강의 전체상을 그리는 안목은 사물을 보이는 것은 물론 보이지 않는 것, 현재는 물론 과거까지 총체적으로 살피는 원숙한 것이다. 이렇게 훈련된 눈이기에 그것은 또한 인간의 삶을 총체적으로 파악하는 이야기꾼의 시각에 맞닿아 있다. 물 읽기는 곧 삶 읽기와 통하는 것이다. 노먼은 자신의 삶의 이야기를 쓰면서 거기에 전문 낚시꾼의 시각이 작동되고 있음을 새삼 확인하기에 이른다. 이 유비는 서사의 기술적 차원에서만 그런 것이 아니다. 노먼은 삶의 이야기 자체가 바로 굴곡진 강의 형상과 같은 모습일 수밖에 없다는 것을 깨닫기 때문이다.

> 열기가 만들어낸 강물 위의 신기루가 눈앞에서 춤을 추며 서로에게 섞여들어 가던 그때, 나는 내 삶의 양태가 그것들과 뒤섞이고 있다는 느낌을 받았다. 내 동생을 기다리면서 이 이야기를 시작한 곳이 이 강이었다. 물론 그때는 인생의 이야기들이 때로 책보다는 강에 더 가깝다는 사실을 전혀 몰랐었다. 하지만 나는 이미 하나의 이야기가 시작되었음을, 아마도 오래전 강물의 소리 가까운 곳에서 시작되었다는 것을 분명히 알고 있었다. 그리고 다가올 어디쯤에선가 절대로 잠식되지 않을 어떤 것, 날카로운 방향 전환과 깊은 회전, 침전과 고요함이 될 무언가를 만날 것임을 감지했다.(p.63)

사물에 대한 섬세한 감수성으로 일상을 체험하고 그 속 깊은 경험에서 삶의 예지를 끌어내곤 하는 이 소설의 문체적 특징이 잘 드러나 있는 구절이다. 심미적 감수성과 철학적 예지가 자연스럽게 녹아 있는 서술 문체는 이 소설이 불러일으키는 감동의 큰 요인임을 부인할 수 없다.

굴곡진 강의 흐름과 삶의 여정 그리고 그 이야기가 상동적이라는 깨달음은 또한 강과 자신이 한 몸을 이룬다는 또 다른 생각으로 자연스레 이어진다. 이 일체감은 여러 가지 경로를 거쳐 얻어진다. 우선 흐르는 강물을 망연히 바라보며 세속의 잡다한 일들을 방기하는 마음 비우기라고 말할 수 있는 과정이 있다. 노먼에게 플라이 낚시의 큰 매력은 "한동안 잡다한 세상사를 다 잊고 낚시에 대한 생각만 남게 된다"(p.18)는 점에 있다. 마음 비우기는 알다시피 의지적으로 되는 것은 아니다. 노먼은 낚시에 열중하면서 그 경지로 서서히 진입한다. 일상에서 이따금 맛보는 세상이 단순 명징해지는 순간은 사실 면벽묵상의 비장한 결의를 통해서라기보다는 한 가지 일에 골몰할 때 살며시 찾아오는 경우가 대부분이다. 마음비우기는 곧 일심의 집중과 표리관계이다. 노먼은 낚시에 생각을 모으고 "그곳에 앉아 나는 흘러가는 강과 그것을 바라보는 내 자신만 남을 때까지 생각을 지우고 또 지웠다."(p.61) 세상사를 지웠다고 능동적으로 표현하고 있으나 실상 그것은 지워져가는 피동적 과정으로 보는 것이 타당할 것이다. 이런 좌망(坐忘)으로 남는 것은 강과 그것을 바라보는 나 자신인데, 여기에 이르러 관찰자인 나 자신도 결국 강에 합체되어간다. 결국 나 자신을 포함하여 모든 것이 무화되고 최종적으로 남는 것은 강이다.

 그렇다고 소설가가 인간 주체가 배제된 절대적 객체, 언어 이전의 또는 그것을 초월해 있는 어떤 무의 공간으로서의 강을 말하고 있는 것은 아니다. 그 점은 강과 일체감을 느끼는 또 다른 경로를 통해서도 확인된다. 앞서의 인용문에 시사되어 있지만 뛰어난 낚시꾼은 낚시할 장소를 정하기에 앞서 눈에 보이는 물길의 굽이와 형세는 물론 지워져 있는 강의 예전 형상을 전체적으로 그려본다. 낚시의 성패는 기술도 물론 중요하지만 이 전체적 조망을 바탕으로 어느 지점에 낚시터를 정하는가에 달려 있다. 그러기에 강의 형상은 낚시의 때와 장소에 따라, 낚시꾼의 안목에 따라 달라진다. 다시 말해 낚시꾼은 저마다 서로 다른 강을 상정하고 낚시를 시작하는 것이다. 강은 이미 낚시꾼의 마음속의 강인 것이다. 노먼이 "나는 강이 어떻게 만들어졌는지를 앎으로써 나 또한 강이 되어갔다"(p.62)고 말하는 진의도 이것이다. 강과 하나가 된 일체감을 느끼는 것은 이렇게 쌍방향이다. 세속의 마음을 비우고 오로지 낚시에 전심하는 길과 매 순간 강을 자신만의 독특한 강으로 재구성하는 길이 그것이다. 그러므로 노먼이 말하는 강과 하나 됨은 자아와 세계, 주관과 객관이 혼연일체를 이룬 상태 혹은 동양 미학에서 흔히 말하는 정경교융(情景交融)의 경지에 방불하는 것이다.

환경위기의 시대에 물아일체 의식은 인간중심주의를 벗어날 길을 여는 사회적 윤리의 하나로 종종 강조되어왔다. 이 소설을 읽으면서 우리는 그 함의를 또한 음미해보지 않을 수 없다. 현대의 생태론자들은 인간은 지상의 특별한 존재가 아니라 자연 공동체의 일원이고, 모든 생명체는 자연 질서의 일부를 이루면서 인간에게 유용한가의 여부와 상관없이 제각기 본유적 가치를 지니며, 인간은 삼라만상과 유기적이고 연기적인 관계 속에서 삶을 이어간다는 견지에서 흔히 물아일체 개념을 말해왔다. 이런 주장을 펴온 이른바 근본주의 생태학이 상정하는 '물(物)'의 세계는 대개 인간 이외의 다른 생명 존재들로 이루어져 있지만, 이 소설의 경우 그것은 산간 협곡을 흐르는 강을 포함한다. 소설의 세부 묘사도 그렇지만 특히 영화는 노먼이 일체감을 느끼는 강이 대자연 혹은 모성적 대지의 표상임을 시각적 이미지로 선명하게 보여준다. 외외한 산으로 둘러싸인 계곡을 흘러가는 강물 속에 들어서서 송어를 잡는 낚시꾼은 대자연의 품에 안긴 존재자, 생명의 본향인 모성적 자궁에 감싸인 생명 존재의 이미지로 다가온다. 전통 산수화의 삼원법의 하나인 심원법(深遠法)으로 묘사됨직한 깊고 멀리 트인 계곡의 공간감 또한 이런 감싸인 일체감을 강화한다.

그리하여 자연 대상과의 물아일체감은 편안함과 안정감을 제공한다. 이런 느낌은 또한 풍경을 이루는 요소들이 서로 스미고 젖어들어 합체되는 유기적 연관성의 부수 효과이기도 하다. 아래 인용문은 그 점을 환기시켜준다.

> 벨몬트 크리크의 입구 위쪽의 빅블랙풋 강가의 강둑에는 키 큰 폰데로사 소나무들이 자라고 있었다. 기울어가는 늦은 오후의 햇살에 강 너머의 거대한 나뭇가지의 그림자가 강에 드리우면서 나무는 긴 팔을 벌려 강을 껴안았다. 그리고 그림자는 계속 강둑 위로 더 넓게 뻗어 우리를 껴안았다.(pp.101~102)

인문지리에서 말하는 장소성도 근본적으로 장소와의 일체감이나 그 구성 요소들 상호간의 유기적 연관성이 불러일으키는 포용과 귀속감을 기반으로 한다. 시각이 조금 다르긴 하지만 장자 또한 「제물론」에서 "천지가 나와 함께 생겨났고 만물은 나와 하나이다(天地與我竝生,而萬物與我爲)"라고 말하면서 주체와 객체가 경계 없이 합일의 경지에 이르기 위해서는 존재하는 모든 것을 포용하는 열린 마음을 주문한 바 있다. 이를 뒤집어 보면 물아일체감을 불러일으키는 트인 공간은 열린 마음을 고취하고, 이 열린 마음은 결국 삶을 반성적으로 되돌아보게 만든다고 말할 수 있다. 노먼은 동생의 살아생전에 함께 낚시질을 하면서 이미 강과 하나가 되는 일체감을 느끼며 좀 더 포용적이고 너그러워지는 마음의 지향을 느꼈을 터인데, 이런 마음가짐이 또한 사후에 그로 하여금 동생과의 관계를 회한 속에 되짚어보는 동인으로도 작용하는 것이다. 달리 말해 그가 느끼는 강과의 일체감은 인간관계에서의 상호주관적 합치의 어려움에 대한 반향이자 그 희구로 볼 수도 있는 것이다.

세차게 흐르는 강물 소리, 물의 중요한 물질적 자질의 하나인 그 청각성 또한 물아일체감을 자극하는 요인이다. 물소리는 번다한 일상으로부터 마음을 이접시키는 촉매 역할을 한다. 청각은 시각과 달리 대상의 가시성 유무와 상관없이 작동하기 때문에 청각이 주도적인 곳에서는 쉬이 대상과 거리를 두고 내면에 침잠할 수 있다.[2] 최치원은 일찍이 가야산에 은거하며 "세속의 시비 소리 행여 들릴까/흐르는 물로 산을 둘러싸게 했구나(常恐是非聲到耳 故敎流水盡籠山)"라고 읊은 바 있다. 물소리가 낭랑하게 울리는 산간에서 사람들은 용이하게 탈속적인 마음의 삼매경에 빠져드는 것이다. 가스통 바슐라르의 용어를 빌리면, 물소리의 '반향'(résonnances)을 통해서 우리는 내면의 깊은 '울림'(retentissement)을 듣는 것이다.[3] 절간의 종소리를 듣고 적멸의 고요 속에 침잠하는 것과 마찬가지이다. 불교에서 말하는 이근원통(耳根圓通)의 수행법은 세간의 소리를 듣되 그것을 디딤돌로 소리를 듣는 수행자 자신의 본성에 귀 기울여 견성에 이르는 것을 일컫는다. 동생 폴에 관한 이야기가 물소리 가까운 곳에서 시작되었다는 노먼의 말은 이런 시각에서 되새길 필요가 있다. 그것은 다시금 불가의 반문문성(反聞聞性)의 방법적 수행을 상기시킨다. 요컨대 강물 소리는 노먼이 기억을 소환해서 그것을 반성적

---

2   연암 박지원은 『열하일기』 중의 「일야구도하기」에서 시각과 청각의 차이를 말하며 우리의 감각과 인식은 마음의 상황에 따라 달라지는 것임을 환기시킨 바 있다. "낮에는 눈으로 물을 볼 수 있으므로 눈은 오직 위험한 데만 쏠려 바야흐로 벌벌 떨면서 눈으로 보는 것을 걱정하고 있는 판인데 어찌 귀에 소리가 다시 들리겠는가? 오늘 나는 밤중에 물을 건너는지라 눈으로는 위험을 볼 수 없으니 그 위험은 오로지 듣는 데만 쏠려 귀가 바야흐로 무서워 부들부들 떨면서 그 걱정을 이기지 못하게 되었다."(박지원, 『열하일기』 2권, 김혈조 역, 돌베개, 2017, 505쪽)

3   시적 상상력의 현상학을 정립하고자 하는 과정에서 바슐라르는 '반향'과 '울림'을 구분한 적이 있다: "반향은 세계 안에서의 우리들의 삶의 여러 상이한 측면으로 흩어지는 반면, 울림은 우리들로 하여금 우리들 자신의 존재의 심화에 이르게 한다. 반향 속에서 우리들이 시를 듣는다면, 울림 속에서는 우리들은 우리들 자신 시를 말한다."(가스통 바슐라르, 『공간의 시학』, 곽광수 역, 민음사, 1990, 90쪽)

으로 돌아보고 사태를 보다 명확하게 이해하기 위해 그 경위를 재구성하는 서사의 문을 여는 계기로 작용한다.

애초에 폴에 관한 이야기를 써보라고 권한 것은 아버지이다. 삶의 진실은 사실의 나열만으로 드러나지는 않는다. 삶은 훨씬 복잡한 것이다. 그것은 삶으로부터 거리를 유지하며 그 세목을 새로운 시각에서 재구성할 때 도달될 수 있는 어떤 것이다. 사실 삶의 사실들은, 기억을 통해 반추하고 서사적 구성으로 제자리를 찾아주지 않으면, 시간의 강물에 휩쓸려 사라지고 만다. 이야기로 쓰지 않으면 우리의 삶은 그 의미가 무엇인지 알 수 없는 것은 물론이려니와 삶 그 자체도 시간과 더불어 필경 무화되고 만다. 아버지는 이야기의 이런 기능을 잘 이해하고 있었던 것이다. 평생 문학을 가르치며 살아온 소설가 또한 이야기가 삶의 심층적 이해의 방편이자 지나간 세월에 대한 증언으로 남는다는 것을 투철히 이해하고 있었음이 물론이다. 작가는 퇴직하면서 그런 이야기를 써서 남기는 것을 하나의 소명으로 여겼던 것 같다. 그는 소설의 머리글에서 자식들에게 "부모가 어떤 사람이었는지 알려주는 것, 자신이 어떤 사람이며 또 어떤 사람이 되고 싶은지 희망할"(p.8) 수 있도록 하기 위해 소설을 쓰게 되었다고 밝히고 있다.

노년에 이르도록 노먼은 홀로 강가로 나가 낚시질하는 것을 멈추지 않는다. 그에게 낚시는 기억을 낚는 것이기도 하고 그 기억을 짜깁기하여 이야기를 만들어가는 것이기도 하다. 함께 낚시를 했던 강가에서 노먼은 먼저 저세상으로 간 동생과 아버지 그리고 그가 사랑했던 사람들에 대한 추억을 끊임없이 되불러낸다. 시간이 흘렀지만 여일하게 흐르는 강물 소리는 과거를 소환하는 신호수이기도 하다. 그는 회억 속에서 사랑했지만 깊이 이해하지 못했던 사람들을 거듭 만난다. 그 회억 속의 조우는 자주 회한으로 사무친다. 그러면서도 그는 이슥해진 밤의 박명 속에서 자신의 "영혼과 추억과 빅블랙풋강의 소리들과 네 박자 리듬 그리고 물고기가 솟구쳐 오를 것이라는 예감"(p.104)이 하나로 녹아드는 걸 느낀다. 어쩌면 이따금 찾아오는 이 일체감이 그가 낚시질을 중단하지 못하는 가장 큰 이유인지도 모른다. 강물소리는 아쉬웠던 과거를 불러내지만 그것 또한 모든 것을 한 흐름으로 합류시키는 은빛 강물에 떠내려간다. 그리하여 낚시는 회한에 찬 과거의 되새김질만이 아니라 일종의 화해이고 따라서 치유의 길이기도 한 것이다.

2 두물머리 풍경: 유배에서 풀려난 다산을 생각하며

　강물은 강 양안을 가득 채운 채 흐르는 듯 마는 듯 그렇게 조용히 흘러가고 있었다. 강가에 홀로 떠 있는 돛배 너머 멀리 강상에 희부연 물안개가 걸쳐 있다. 그 너머 산들도 어슴푸레한 그림자의 능선으로 이어져 있다. 아침에 눈을 뜨자마자 불현듯 이곳으로 달려왔다. 주말을 양평의 우거에서 보내면서부터 마음이 어수선하고 답답할 때마다 여기 두물머리 강변을 찾곤 했었다. 코로나 바이러스의 내습으로 몸과 마음이 꽁꽁 얼어붙어 있는 어수선한 세월이다. 답답하고 팍팍한 일상이 반복되고 있다. 두물머리를 지켜온 노거수 느티나무 주변에는 이른 시각인데도 서너 사람이 벌써 자리를 잡고 앉아 흘러가는 강물에 시선을 파묻고 있다. 이들도 시절의 어수선함에 짓눌린 마음의 재촉으로 신새벽에 이곳을 찾았는지 모른다. 강물은 흘러가지만 빠름을 다투지 않고 수면에 서린 연무 또한 동터오는 시간에 아랑곳없이 미동도 없다. 모든 것이 정지된 느낌이다. 이런 적막 속에 강 건너 자욱한 양자산 능선에서 팔당댐 쪽으로 넓게 펼쳐진 풍경은 그대로 한 폭의 산수화다. 서울 근교에서 이만큼 개활한 풍경을 찾기는 쉽지 않다. 막힘없는 호활한 공간은 그 자체로 사람의 마음을 가볍게 한다. 자연의 트인 분위기가 번잡한 일상의 집착으로부터 마음을 잠시나마 벗어나게 해주기 때문이리라.
　어디선가 흰 왜가리 한 마리가 정지된 풍경을 가로질러 빈 돛배의 뱃전에 사뿐히 내려앉는다. 새는 빈 허공을 주시하며 한참을 그렇게 앉아 있다. 이곳으로 발걸음이 자주 향하는 것은 생태학에서 말하는 '공간의 위로감'(con-

solation of space) 때문만은 아니다. 이곳에 남아 있는 다산 정약용의 족적을 돌아보고 그 정신을 되새겨 시대의 울적함에서 잠시나마 벗어나고픈 생각도 한 몫으로 작용했다. 트인 강변에서 잠시 일상의 굴레를 벗어나며 그렇게 열린 마음으로 나는 다산을 생각한다. 이곳 두물머리와 지척인 다산의 생가 유적지는 물론, 인근의 수종사, 벽계천, 천진암, 검단산, 용문산 등 강변의 도처에 다산의 호한한 사유의 숨결이 배어 있다. 연전에 어느 연구기관이 주관한 실학 기행에 참여하여 안산의 성호 이익의 묘소와 기념관, 부안의 반계 유형원의 서당, 강진의 다산 초당, 흑산도의 정약전 유적지를 둘러본 적이 있었다. 좀 더 열린 사회로, 보다 인간다운 삶의 세계로 세상을 바꿔 나가는 주춧돌을 놓은 우리 선현들의 정신세계를 뒤늦게 챙겨본 나의 나태가 못내 부끄러웠다. 그 뒤로 틈틈이 다산의 저서들을 읽어왔다. 그의 글에는 난세를 헤쳐 나가고자 하는 결의와 그것을 뒷받침하는 사유의 자취가 뚜렷하다. 그가 이룩해놓은 학문은 다방면에 걸친 방대한 것이지만 그 광활함에도 불구하고 세목이 구체적이고 소루하지 않다. 넓으면 거칠고 깊으면 협소한 것이 보통이다. 그의 정신세계는 이런 일반론에서 벗어나 있다. 다산이 내게 특별한 지성으로 다가오는 것은 무엇보다 그의 삶과 정신이 현시하는 이 광박정미(廣博精微)의 면모 때문이다.

홀로 돛배로 날아든 왜가리의 모습에서 18년간의 강진 유배 생활로부터 57세의 중노인이 되어 이곳 두물머리의 고향 마재[馬峴]로 돌아온 다산, 그 고적한 해배 시절의 다산을 나는 떠올린다. 유형에서 풀려나 고향으로 돌아왔건만 집안은 영락했고 사람들은 사면되지 않은 그를 기피했다. 해배의 삶이 오히려 더 외롭고 서러웠다. 양근(오늘의 양평)에 살면서 도성에 갈 때 집 옆 소내나루를 이용하면서도 그를 찾지 않은, 대사간을 지낸 지기 여동식에게 다산은 섭섭한 마음을 이렇게 적어 보냈다: "내 집 문 앞을 지나면서 들르지 않는 것이야 이미 상례가 되었으니 원망할 수도 없습니다. 그러나 온 세상의 괴로움 중에는 남들은 기뻐하는데 자신만은 슬픔에 빠져 있는 것보다 더 심한 것은 없고, 온 세상의 한스러움 중에는 나는 그를 생각하고 있는데 그는 나를 까맣게 잊고 있는 것보다 더 심한 것이 없는 법입니다."[4] 염량세태(炎凉世態)의 세상인심이야 유배 이전의 관직 생활에서부터 신물 나도록 겪은 다산이다. 스스로 폐족의 가문임을 자식들에게 누누이 상기시켰던 그가 이제 와서 세상의 외면과 야박한 인심을 왜 새삼스럽게 한스러워하는 것일까? 환갑을 바라보는 나이 탓만은 물론 아닐 것이다.

유배 초창기의 생활은 말할 수 없이 신산스러운 것이었다. 강진 사람들은 부모도 모르고 임금도 도외시하는[無父無君] 흉악한 사교 죄인으로 낙인찍힌 그를 "마치 큰 해독처럼 여겨서 가는 곳마다 모두 문을 부수고 담장을 허물어뜨리면서 달아나버렸다." 다행히 읍내 한 객주집의 노파가 방 한 칸을 내주어 다산은 그곳에 가까스로 몸을 붙였으나, "창문을 닫아걸고 밤낮 혼자 오뚝이 앉아" 있는 나날이었다.[5] 여기저기 옮겨 다니며 8년 동안 이런 어려운 생활을 하다가 1808년, 다산 초당으로 거처를 옮기면서부터 사정은 호전된다. 아전을 비롯한 지방 유지들의 자식들을 모아 글을 가르치고, 그 사례금으로 생활비를 충당하고 전답까지 장만하여 생활이 제법 윤택해지고, 인근의 선비들은 물론 주변 사찰의 학승들과 왕래도 잦아졌다. 무엇보다 다산 초당에 천여 권의 장서를 갖춘 서실이 들어섰다. 그리하여 학문 탐

---

4 정약용, 「우렴 여동식에게 답함(答呂友渚東植)」, 『다산문학선집』, 박석무·정해렴 편역, 현대실학사, 1996, 361쪽.
5 정약용, 「상례사전 머리말(喪禮四箋序)」, 위의 책, 41쪽.

구에 전념하고 그 성과를 저술하기에 여념이 없는 생활이 이어질 수 있었다. 고적했으나 열중했던 시간이었고, 닫혀 있으나 충일한 삶이었다. 환갑을 맞아 쓴 긴 「자찬묘지명(自撰墓誌銘)」에서 자신의 학문적 성과를 요약하면서 유학의 각종 경전에 대한 주해가 232권, 시문집을 비롯한 여타의 저서가 260권에 이름을 밝히고, 이렇게 덧붙인다.

> 육경사서(六經四書)로써 자기 몸을 닦게 하고 일표이서(一表二書)로써 천하 국가를 다스릴 수 있게 하고자 함이었으니, 본(本)과 말(末)이 구비되었다고 하겠다. 그러나 알아주는 사람은 적고, 꾸짖는 사람만 많다면 천명이 허락해 주지 않는 것으로 여겨 한 무더기 불 속에 처넣어 태워버려도 괜찮다.
> —「나의 삶, 나의 길」[6]

세상이 자신의 저서를 인정해주지 않는다면 그 모두를 불태워버려도 좋다고 말하고 있지만 실상은 명철한 눈을 가진 선비라면 반드시 그 진가를 알아볼 것이라는 확신과 자부심이 배어 있는 말이다. 두 아들에게 자신이 쓴 저서의 대강을 설명하는 편지에서도 자기 학문에 대한 자부심이 오롯한데, 가령 『주역사전(周易四箋)』에 대해 "이 책에 마음을 가라앉혀 깊이 생각하여 오묘한 뜻을 모두 통할 수 있는 사람이 있다면 그는 바로 나의 자손이나 벗으로 여길 수 있는 사람이니 천년에 한 명 나오기 어려울 것이다"라고 쓰고 있다.[7]

유배 생활이 끝자락에 이르면서 다산은 이렇게 자신의 능력과 학식, 그리

---

6 정약용, 「자찬묘지명 집중본」, 위의 책, 246쪽.
7 정약용, 「두 아들에게 주는 가훈(示二子家誡)」, 『다산문선』, 민족문화추진회 편, 솔출판사, 1997, 67쪽.

고 어려움 속에서 일구어낸 자신의 학문에 대한 차별성과 자긍심을 내면에 더욱 깊이 새겨가고 있었다. 그것은 무도한 세상에 대한 원망과 회한, 언제 들이닥칠지 모르는 사약에 대한 공포, 그리고 일상의 고달픔이 뒤섞여 전전긍긍하던 유배 초창기의 마음을 서서히 대체해나갔다. 요컨대 유배지에서 그가 쓴 책들은 공자의 『춘추(春秋)』, 굴원의 『이소(離騷)』, 사마천의 『사기』와 마찬가지로 근본적으로 발분지서(發憤之書)였다. 그는 마음에 쌓인 울분을 누르고 자신의 존재의 확인과 정당함의 입증으로 혹은 그 전거로 수 만자의 글을 한자 한자 적어 간 것이리라. 여기저기 남아 있는 다산의 반듯한 세필 행서의 서찰들은 이런 마음가짐을 실물로 증언한다. 어쩌면 다산은 해배되어 고향집으로 돌아오면서 "지난 일을 저술하여 다가올 일을 생각하는 것(述往事 思來者)"이라는 「태사공자서(太史公自序)」의 구절을 마음속으로 되뇌었는지도 모른다. 그러기에 그는 선비들이 자신을 찾고 그의 저서를 선양해주길 기대했으나, "저술한 책들을 한 아름 안고 돌아왔지만 3년이 지나도 함께 읽어줄 사람이 아무도 없"는 현실이 답답하고 한스러웠을 것이다.[8]

그사이 구름 낀 동편 하늘이 한층 붉어졌다. 사람들도 하나둘 늘기 시작하여 갈리고 스치는 움직임이 제법 부산해졌다. 발걸음을 물안개쉼터 방면으로 돌려 천천히 걷기 시작했다. 주차장에서 가깝다 보니 사람들이 이곳 느티나무 광장을 먼저 찾지만, 남한강과 북한강이 합쳐지는 원 두물머리는 조금 더 북쪽, 두물경 기념석이 서 있는 다온광장 쪽에 있다. 강변에는 연꽃, 꽃창포, 갈대의 군락이 이어져 있다. 안쪽으로 잘 정비된 길 양옆에 메타세콰이어가 연이어 심어져 있고 길섶 사이사이에는 노란 금계국이 한창

---

8 정약용, 「정언 한익상에게 보내는 편지」, 『다산문학선집』, 257쪽, 주 79 참조.

이다. 길가 메타세콰이어 가지에 마스크 하나가 걸려 있는 것이 눈에 띈다. 팬데믹 시대를 상징하는 마스크로 누군가 이곳을 다녀간 자취를 남기고자 한 것인가. 이 비근한 일상용품은 어느덧 생존의 필수품이 되어버렸다. 그러면서 그 수요와 공급이 어긋났고, 그것을 하나라도 더 확보하려는 욕심들이 충돌하면서 잠재해 있던 여러 사회적 갈등이 표출되었고, 탁상행정에 머문 정부의 혼란스런 대책에 사회 전체가 갈팡질팡할 수밖에 없었던 세월이었다. 마스크는 이제 바이러스 예방의 도구이자 물질적 편의와 안락을 구가해온 현대의 첨단 문명이 실상은 얼마나 취약한 것인가를 상기시키는 일종의 주물(呪物)이 되었다.

많은 사람들이 마스크마저도 제때에 살 수 없어 불안과 두려움에 떨어야 했던 상황에 애민사상이 투철했던 다산이라면 목민관으로서 어떻게 대처했을까? 다산은 경학과 경세학의 통합을 추구한 대학자이면서 동시에 의술에 밝았다. 그 자신 어렸을 때 천연두로 목숨을 잃을 뻔했던 다산은 6남 3녀의 자식 중 4남 2녀를 병으로 잃는 슬픔을 겪으면서 의서에도 관심을 기울였는데, 곡산부사 시절, 관내 고을에서 수많은 사람들이 천연두나 홍역으로 목숨을 잃는 것을 지켜보고서 60여 권의 의서를 참고하여 이를 치료하는 처방을 담은 『마과회통(麻科會通)』을 저술했다. 장기 유배 시절에도 궁벽한 그곳 사람들을 위해 『촌병혹치(村病或治)』라는 의서를 편찬하기도 했다. 유배에서 풀려난 만년에 의술로도 명성이 높아져 순조의 환후가 깊어졌을 때 그리고 그보다 앞서 대리 청정하던 세자 익종이 위독했을 때 궁으로 불려갔으나 미처 손쓰기 전에 그들이 사망함으로써 어의로 봉사할 기회를 놓치기도 했다. 형편이 어려운 하민(下民)을 도탄으로부터 구할 수 있는 구체적 방침을 사례 별로 제시한 『목민심서』의 내용으로 미루어 볼 때, 다산은 코로나 바이러스에 신음하는 오늘날과 같은 위기 상황에서도 누구보다 앞장서서 의료 현장으로 달려가 사안을 점검하고 효율적인 대책을 내놓았을 것 같다. 다산의 경세학이 돋보이는 것은 부패한 사회의 개혁을 위해 법과 제도의 혁신을 강조하면서도 그것이 현실적으로 쉽지 않음을 간과하지 않고 주어진 법질서의 테두리 내에서나마 차선책이 무엇인가를 늘 고심했다는 점이다. 다산이 "현재의 실행 가능 여부에 구애 받지 않고 경(經)을 세우고 기(紀)를 나열하여"[9] 제도의 혁신을 꾀하고자 한 『경세유표』를 쓰다가 미완으로 남겨둔 채 현장의 시무를 염두에 둔 『목민심서』의 저술이 우선이라고 생각한 것도 이 때문이다.

그리하여 오늘날 다산이 우리에게 주는 으뜸가는 가르침은 앎의 실천, 곧 지행합일의 중요성이다. 사실 앎과 현실, 이론과 실천, 혹은 말과 사물의 관계는 주체적 삶의 길에서 끊임없이 자문해야 할 화두이다. 지식은 본래 삶의 응시에서 자극되지만 사유하고 체계화 되는 과정에서 삶과 유리되기 십상이다. 삶의 현실이 복잡다단해질수록 양자의 거리는 멀어질 수 있다. 그러기에 개인적이건 사회적 차원이건 주장과 이념을 펼치기에 앞서 그것이 현실적 경험이나 삶의 실제와 어떻게 연관되는지 부단히 성찰해야 한다. 보다 나은 삶을 위한 행보는 이 반성적 성찰의 토대에서나 가능한 일이다. 다산은 경세적 실천의 중요성을 말하면서 그와 동시에 앎과 현실의 유리 상태가 문제라는 것을 투철히 인식하고 있다는 점에서 예외적 뛰어남이 있는 것이다. 주자의 성리학 전통을 답습하기에 급급했던 당시의 유학은 그 추상적이고 관념적인 경향에 함몰되어 실제 현실과의 괴리가 자심한 상태였다. 더욱이 그것이 학문 활동에 그치지 않고 핵심적 통치 이념이었기에 그 괴리의 폐해는 더욱 심각했다. 다산은 그 적폐를 시정하는 길을 모색하면서 20세기

---

9 정약용, 「자찬묘지명」, 『다산문학선집』, 245쪽.

후반의 일부 사회운동가들처럼 이론을 사회적 실천에 장애가 되는 회색의 관념으로 배척하지 않았다. 그는 주자의 송학을 넘어서서 선진 유학으로 돌아가 경전을 재해석함으로써 현실과 조응할 수 있는 새로운 유학의 정립을 도모했다. 그가 특히 심혈을 기울인『논어고금주(論語古今註)』는 송대의 신주(新注)는 물론 한대의 고주(古注)를 두루 참고하고 아울러 명대의 양명학, 청대의 고증학 계열의 주석과 일본 학자들의 평설까지 인용하면서 자신의 독창적인 해석을 도출해내고 있다. 가령『논어』의 첫 구절 "배우고 때로 익히면 또한 기쁘지 아니한가(學而時習之, 不亦說乎)"의 해석에서 다산은 '때로 익히면'이라는 구절의 '습(習)'을 익히고 연습하는 것이면서 더 나아가 '행(行)', 즉 행동으로 옮기는 것이라 지적하고, 학이시습은 지(知)와 행(行)이 함께 나아가는 것이라고 해석했다.

율곡 이이(李珥)는 일찍이『격몽요결(擊蒙要結)』에서 이렇게 말했다.

> 만일 입으로만 글을 읽을 뿐 자기 마음으로는 이를 본받지 않고, 또 몸으로 행하지 않는다면 책은 책대로 있고 나는 나대로 따로 있을 뿐이니 무슨 유익함이 있겠는가?
>
> 若口讀而心不體 身不行 則書自書 我自我 何益之有[10]

율곡이 강조한 독행(篤行)은 실로 다산학 전체를 관류하는 근간이다. 다산을 이해하는 길잡이로서 늘 염두에 두어야 할 핵심적 요체도 바로 이 점이라고 생각한다. 그에게 실천적 행위는 말하자면 세계에 대한 해석에 머무르지 않고 그 변혁을 모색하는 하나의 과정인 것이다. 퇴계를 숭앙하는 남인

---

10 이이,『격몽요결』, 이민수 역, 을유문화사, 2003, 64쪽.

계열에 속해 있으면서도 다산은 성균관 유생 시절 『중용』에 관한 국왕 정조의 질의에서 퇴계의 주리론보다 율곡의 주기론이 더 이치에 맞는 것 같다고 답해 정조에게 깊은 인상을 남기기도 했다. 다산은 이때 이미 주리론에 입각한 사변적이고 관조적인 성리학에 대해 회의를 품고 있었던 것이다.

두물경 기념석이 서 있는 다온광장 앞에서 북한강과 남한강은 합수한다. 금강산 만폭동과 태백의 검룡소에서 각각 발원한 두 강은 400여 킬로미터를 달려와 이곳에서 서로 만나 도도한 장강을 이루며 흘러간다. 두 강은 합수하자마자 바로 앞의 작은 섬 족자도로 인해 물길이 잠시 갈렸다가 이내 다시 합쳐지며 다산의 생가터, 더 정확히 말하면 오늘날 다산생태공원을 이루고 있는 강변을 오른편으로 끼고 서쪽으로 방향을 틀어 팔당댐으로 흘러간다. 유역이 넓다 보니 흘러가는 강이라기보다는 넓은 호수 같다. 팔당댐이 건설되기 전에는 연안과 족자도 사이는 물이 빠지면 걸어서 건널 수도 있는 작은 여울을 이루고 있었던 듯하다. 1759년 무렵에 그려진 겸재 정선의 『경교명승첩(京郊名勝帖)』에 실려 있는 〈독백탄(獨栢灘)〉이라는 제목의 그림에서 그 점을 엿볼 수 있다. 겸재의 그림 제목에서 유추한다면 족자도(簇子島)는 '잣나무가 홀로 있는 섬'이겠는데, 혹자는 그것을 이두식으로 표기한 결과 그런 명칭을 갖게 된 것으로 추정한다. 족자도는 등산가들에 의해 한강기맥(漢江技脈)으로 불리는 산줄기의 종착지이기도 한데 『산경표』에는 족석도(簇石島)로 표기되어 있다. 족자도가 큰 산줄기의 마지막을 장식하고 있는 것으로 보더라도 그 사이의 물길이 오늘날처럼 도도하지는 않았을 것이란 생각이 든다. 다산은 5대 조부인 정시윤이 세운 정자 임청정(臨淸亭)에 대해 쓰면서 100년 전에는 북한강이 "고랑(皐狼) 아래에 이르러 동쪽으로 남주(籃洲)의 북쪽을 지나" 남한강에 입수했다고 쓰고 있는데, 고랑은 필시 오늘날 양수면 용담 2리의 용늪 동편 끝 부근으로 짐작된다. 옛적에는 양수리 남쪽의 용늪에서 개미기도랑에 이르는 수로가 오히려 현재의 북쪽 수로보다 더 수량이 많았던 듯하니 더 거슬러 올라가면 양수리가 오늘날처럼 뭍에서 완전히 분리된 섬이 아니었을지도 모른다.

  물가로 다가가 융융한 물길을 망연히 바라본다. 해배 후 고향집에 돌아온 다산 또한 이 강물을 바라보며 여생을 어떻게 꾸릴지 궁리했을 것이다. 물가의 빽빽한 갈대로 인해 멀리 이따금 잔잔하게 뒤척이는 작은 물결의 일렁임으로 강물이 흘러가고 있음을 어렴풋이 지각할 수 있을 뿐이다. 예전에는 강원 산곡을 지나온 북한강[汕水]과 충주, 이천, 여주의 넓은 들판을 지나온 남한강[濕水]이 만나면서 물류의 교류가 번다한 나루터였을 터이나 지금은 그것을 상기시키는 표석 이외에는 그 흔적을 찾을 수 없다. 상류 쪽 산골을 필경 휘몰이로 돌아 나왔을 강물은 여기에 이르러 소리 없이 진양조로 흘러가고 있다. 오늘날의 강은 인간의 삶과 무관하게 이르렀다 떠나고 떠났다가 다시 이르며 제 갈 길을 갈 뿐이다. 생존의 활기찬 무대로서의 역할을 상실하고 사람들의 눈을 즐겁게 하는 풍경으로 대상화되면서 강은 이렇게 인간 삶의 바깥으로 물러나 있다. 그러기에 사람들은 이제 강에 대한 애틋한 추억을 쌓을 기회를 갖지 못한다.

    저 멀리 아련히 소내에 떠 있는 달은
    흐르는 그림자 서쪽 담장을 비추고 있겠지

    遙知苕上月 流影照西牆

                                            ― 정약용, 「밤[夜]」[11]

---

11 정약용, 『다산시선』, 송재소 역, 창비, 2013, 282쪽.(번역은 일부 수정했음)

정선, 〈독백탄〉, 견본채색, 20.8x31.2cm, 간송미술관 소장

멀리 경상도 동쪽 끝 장기의 유배지에서 다산은 잠 못 이루는 밤에 이렇게 고향의 강물과 그것을 비추던 달을 그리워했다. 강이 단순한 자연 풍경이 아니라 삶의 현장이요 사유를 이끌어내고 운명을 직조하는 공간이었기에 그것은 또한 기억의 무대일 수 있다. 어린 나이에 다산이 멀고 가까움에 따라 산의 고저가 달리 보일 수 있다는 것을 깨우친 것도 고향 마재의 집 앞에 아스라이 펼쳐진 강물과 수면 너머 멀리 첩첩이 능선을 이루고 있는 산들 덕분이었을 것이다. 다산이 형 정약전과 함께 조선 천주교회의 창립 주역인 이벽(李檗)으로부터 천주학 강의를 처음 들은 것도 1784년 23세 때 소내나루에서 출항하여 물살이 거센 두미협을 지나 한양으로 돌아오는 배 위에서였다. "천지조화의 시초와 육체와 정신, 삶과 죽음의 이치"[12]를 중심으로 천주교의 교리를 설명하는 이벽의 도도한 언설에 다산 형제는 처음에는

---

12 정약용, 「선중씨묘지명(先仲氏墓誌銘)」, 『다산산문선』, 박석무 역, 창비, 2013, 259쪽.

반신반의했지만 한양에 도착해서 이벽이 빌려준 마테오 리치의 『천주실의』 와 판토하(Pantoja)의 『칠극(七克)』 등을 읽어보고는 거기에 점점 빠져들어 갔다. 이벽을 통한 천주교와의 이 조우는 다산은 물론 다산 가문 전체, 그리고 그가 속한 남인의 정치적 운명을 파국으로 몰아가는 파란만장한 드라마의 서막이었다. 다산이 자신의 별호로 삼기도 한 열수(洌水), 곧 한강은 이처럼 그의 웅혼한 정신세계를 양육한 바탕이자 삶의 파란을 만든 무대였다.

해배 이듬해인 1819년 봄, 장형 정약현과 함께 충주 선영으로 부모 묘소를 찾아갈 때도 다산은 집 앞 나루에서 배를 타고 남한강을 거슬러 오르는 수로를 이용했다. 1801년 장기로 유배 가는 도중에 묘소에 들른 후 장장 19년 만에 비로소 참배하러 가는 길이었다. 다산은 충주까지 300리 뱃길 따라 펼쳐지는 강변 풍경을 75수의 오언 절구에 담았다. 억울한 유형 생활에서 풀려났음을 지하의 양친에게 고하러 가는 길이기에 비감할 법하지만 다산의 어조는 차분하기만 하다.

> 뱃길은 사탕수수 씹기 같아서
> 깊이 들어갈수록 아름다움의 맛이 더 좋구나
> 섬포 어귀를 지나지 않고
> 어떻게 이 붉은 절벽을 얻을까
>
> 船行似嚼蔗
> 深入味彌佳
> 不經蟾浦口
> 何得此丹厓
>
> ― 정약용, 『효전기강행절구』 60번째 수

힘없는 백성들을 도탄에 빠뜨리는 모순된 현실을 질타하고 풍자하는 언어가 두드러진 유배지에서 쓴 다수의 시들과 달리 충주 참배길의 선상에서 쓴 시들은 이렇게 눈에 들어오는 풍경에 대한 담담한 묘사가 주종을 이룬다. 단순한 음풍농월의 시를 배격했던 다산이다. 해배 후 한동안 다산의 언어는 풍치의 완상에 머무르는 이런 초연함에 물들어 있다. 남한강 여행에 이어 다산은 이듬해 경진 년에는 용문산을 유람하고 춘천 여행에 나선다. 다산은 『자찬묘지명』에서 두 여행과 관련하여 "산과 시냇가를 산보하면서 인생을 마치기로 했다"[13]고 동기를 설명하고 있다. 유배의 삶을 지탱했던 경세의 열정 대신 산천 유람의 흥취가 솟구쳐 나온 것이다. 3년 후 그는 또 한 번의 춘천 여행을 한다. 이 모든 여정이 집 근처 소내나루에서 배를 띄워 북한강을 거슬러 올라가는 것이었다.

특히 두 번째 춘천 여행에서 다산은 풍류의 본색을 한껏 드러낸다. 손자의 납채길에 동행하는 여행이었지만 그는 어선에 지붕을 얹은 작은 선실을 만들고 문설주에 '산수록재(山水綠齋)'라는 편액을 걸고, 침구와 식기는 물론 붓·벼루·서적을 비치하고 약탕기와 다관도 갖추었다. 함께 가는 아들 정학연이 탄 배의 기둥에도 "물위에 떠다니는 집(浮家汎宅)"과 "물에서 자고 바람을 맛본다[水宿風餐]"라는 글귀를 붙였다. 강 연안의 멋진 풍경을 그릴 화공도 대동할 작정이었는데 초빙된 화공이 병이 나는 바람에 동승하지는 못했다. 다산은 춘천의 소양정에 이르러 6일에 걸쳐 인근의 경승지와 화천의 곡운구곡을 돌아보고 납채를 마친 일행과 더불어 귀로에 올라 소내로 돌아온다.

환갑을 넘긴 나이에 터져 나온 늦바람 풍류이다. 그러나 이 늦바람은 다산의 오랜 염원의 실행이기도 했다. 그는 출사 시절부터 풍찬수숙의 꿈을

---

13 정약용, 『다산문학선집』, 233쪽.

꾸었다. 1797년 승정원 좌부승지로 봉직하던 어느 여름날, 다산은 도성의 답답함에 못 이겨 휴가의 윤허도 받지 않고 고향 소내로 달려와 낚싯배에 오른 적이 있었다. 그 뒤 곡산부사로 나가 있을 때도 다산은 관내의 북쪽을 흐르는 물길 따라 산수를 유람하고 「곡산북방산수기」를 남겼다. 곡산부사로 있다가 정조 23년(1799) 형조참의를 제수받았으나 불과 한 달여 만에 또다시 탄핵 상소가 올라오자 다산은 사직서를 올리고 두물머리로 내려오고 만다. 다산은 벼슬길에 더 이상 나가지 않을 작정을 하고 배 한 척을 마련해 산천 유람에 나설 생각을 구체화한다.

> 나는 적은 돈으로 배 하나를 사서 배 안에 고기 그물 네댓 개와 낚싯대 한두 개를 갖추어놓고, 또 솥과 잔과 소반 같은 여러 가지 섭생에 필요한 기구를 준비하며 방 한 칸을 만들어 온돌을 놓고 싶다. 그리고 두 아이에게 집을 지키게 하고, 늙은 아내와 어린아이 및 어린 종 한 명을 이끌고 부가범택으로 종산과 초수 사이를 왕래하면서 … 바람을 맞으며 물 위에서 잠을 자고 마치 물결에 떠다니는 오리들처럼 둥실둥실 떠다니다가, 때때로 짤막한 시가를 지어 스스로 팔자가 사나워 불우하게 된 정회를 읊고자 한다. 이것이 나의 소원이다.[14]

다산은 이렇게 강을 따라 "오리처럼" 자유롭게 떠돌아다닐 수 있는 뱃집, 곧 부가범택(浮家汎宅)을 마련하고, 거기에 걸어둘 편액, 이름 하여 '초상연파조수지가(苕上煙波釣叟之家)'까지 판각해두었다. 그러나 이를 걸어보기도 전에 내직으로 곧 부를 것이라는 정조의 전갈을 받는다. 어깃장 진 운명은 하지만 복직의 전갈 대신 곧바로 정조의 부음을 전한다. 몇 달 뒤 신유사옥

---

14 정약용, 「늙은 낚시꾼의 뱃집(苕上煙波釣叟之家記)」, 『다산문학선집』, 125쪽.

이 터지면서 다산은 죄인이 되어 유배의 길을 떠나야 했다. '연파조수'는 8세기 중엽의 당나라 시인이자 화가로 강상을 떠돌며 산 장지화(張志和)의 자호이다. 그에게서 초야에 묻혀 사는 일사(逸士)의 전범을 본 다산은 그 호를 빌려 자신이 꿈꾸어왔던 떠돌아다니는 집[浮家]의 이름을 지은 것이다.

다산은 유생 시절부터 벼슬길에 나가는 것보다 자연에 은둔하여 처사로 살고픈 생각에 종종 휘말렸다. 과거를 보기 위해 공령문(功令文)을 익혀야 하는 그 답답함이 싫었고, 급제하여 관직에 나가더라도 당파 싸움에 휘말릴 수밖에 없는 현실이 마뜩찮았다. 그러나 8대 옥당을 배출한 가문의 명예를 이으라는 아버지의 양명(揚名) 채근과 출사하지 않고서는 무도한 세상을 바꿀 수 없다는 생각으로 결국 벼슬길에 나갔다. 그러나 환로(宦路)는 험난하기만 했다. 출중한 학식과 탁월한 능력으로 정조의 신임이 깊어질수록 노론 벽파는 물론 같은 남인계 공서파의 비방과 모함이 끊이지 않았다. 10여 년의 관직 생활은 승진과 좌천과 체직이 교차하는 파란의 연속이었다. 그는 그 고비마다 낙향과 은거의 유혹에 빠지곤 했다. 유배 생활을 시작하며 이제야 비로소 삶을 돌아볼 겨를을 얻었다는 그의 탄식은 빈말이 아니었을 것이다.

다산초당으로 거처를 옮기면서 다산은 유적(流謫)의 삶을 그가 꿈꾼 부유(浮遊)의 삶으로 바꿔나갔다. 그는 꽃과 약초를 심고, 연못을 파고 물을 끌어들이고 그 안에 돌산을 만들고, 이들을 완상하면서 시름을 잊고 학문에 정진한다. 역설적이지만 유배지인 다산초당에서 10여 년 유폐 생활을 하면서 다산은 마침내 부가(浮家)의 이상에 가까이 다가간 것이다. 그 내밀한 심경은 어느 날 초당을 지나가던 노인과의 문답을 통해 드러난다. 스스로를 부부자(浮浮子)로 일컬은 이 노인은 생이 덧없이 부유하는 것일진대 "무엇 때문에 꽃을 모종하고 약초를 심으며, 샘물을 끌어들여 못을 만들고 돌을 쌓아 도랑을 만드는 등 이와 같이 구원(久遠)한 계획을 세우는가"라고 묻는다. 다산은 삶의 근본적 부유성에 공감하면서도 이렇게 답한다. "저 꽃이며 약초, 샘물과 괴석은 모두 나와 함께 부유하는 것입니다. 떠다니다가 서로 만나면 기뻐하고, 떠다니다가 서로 헤어지면 호탕하게 잊어버리면 그뿐입니다."15 생은 부유하고 덧없는 것이지만 무위를 구실로 현실을 방기하는 것은 용납될 수 없다는 생각이 스며 있다. 떠도는 삶 속에서도 만나는 인연을 소중히 여기고 지금 여기의 현실에 최선을 다하는 것이 선비의 도리라고 다산은 생각한다. 절도사 이민수에게 써준「어사재기(於斯齋記)」에서 다산은 "지나간 것은 좇을 수 없고, 다가올 것은 기약할 수 없으니, 천하에 지금 누리는 것만큼 즐거운 것은 없다"고 썼다.16 지금 여기의 현실에 집중하고 헌신하는 자세는 삶의 덧없음을 뼛속 깊이 느껴본 마음의 소산이지만, 그것이 또한 500여 권의 방대한 저서를 낳은 동력이기도 하다. 부가의 이상과 그 지향하는 삶의 길이 이렇기에 다산은 해배 후 고향에 돌아와 봄을 맞으면서 강물에 배를 띄우고 선뜻 풍찬수숙을 실현할 수 있었으리라. 더불어 그것은 유형의 속박에서 풀려난 것을 몸으로 확인하면서 현실 속에서 현실을 넘어서는 호방불기(豪放不羈)의 자유, 그 무애로움의 향유이기도 하다.

부가에 몸을 실은 이런 유유자적의 풍류는 어쩌면 첫 번째 춘천 여행이 자극한 것인지도 모른다. 다산은 1820년, 1차 춘천 여정에서 소양정에 올랐고 청평사를 찾았었다. 청평사는 고려 인종 때 권세를 박차고 나와 처사의 삶을 선택한 희이자(希夷子) 이자현(李資玄)이 은거했던 사찰이다. 희이자라

---

15 정약용,「부암기(浮菴記)」, 위의 책, 79쪽.
16 정약용,『다산정약용산문집』, 허경진 역, 한양출판, 1994, 57쪽.

는 호는 이자현이 자연 속에서 찾고자 한 삶의 길이 어떤 것이었는지를 시사해준다. 『도덕경』 14장, "보면서도 보이지 않는 것을 이(夷)라 하고, 들으면서도 들리지 않는 것을 희(希)라 하고, 잡고 있지만 잡히지 않는 것을 미(微)라 한다(視之不見名曰夷, 聽之不聞名曰希, 搏之不得名曰微)"는 구절에서 유래한 그의 호는 세속에서 보고, 듣고, 얻고자 하는 일이 모두 헛되고 부질없는 것임을 말하고 있다. 참다운 도를 구하고자 한다면 감각에 매달리는 수고를 그만두고 오히려 조용히 멈춰서야 한다. 그래서 이자현은 자신이 참선하는 암자를 식암(息庵)이라고 명명했다. 이런 점에서 세속의 현실을 잠시 떠나 자연을 찾아 즐기는 풍류는 현실의 방기라기보다는 자연 속에 구현된 도를 찾고 그것을 내면화하여 한층 심화된 현실 인식에 이르고자 하는 방편이라고도 볼 수 있다. 결국 부가의 지향점은 송나라의 화가 종병(宗炳)의 말을 빌리면 "마음을 맑게 하고 도를 관조하는(澄懷觀道)" 심안(心眼)의 훈련에 다름 아닌 셈이다. 다산은 청평사에서 이자현의 유적을 둘러보고 그를 기리는 시를 몇 수 짓는다.

> 산수 구경은 본래 한가한 일인데
> 누구에게 다그침을 당해 그런 것인가
> 천성으로 좋아하니 어찌 절제하리
> 사슴은 본래 숲과 물을 좋아한다네
> 현명하구나! 이자현은
> 깊은 산에서 스스로 유유자적했으니

> 水石本閒事
> 顧爲誰所迫
> 性好那可節
> 麋麈悅林澤

> 賢哉李資玄
> 深山自此適[17]

자연 속에 은거해 진아(眞我)를 찾고자 했던 이자현을 회억하면서 다산은 그런 유유자적의 삶에 늘 이끌렸으면서도 그 길로 과감히 나아가지 못했던 자신에 삶의 행로에 대한 아쉬움이 컸는지도 모른다.

다산은 이렇게 해배 직후 몇 년간 산천 유람을 즐겼지만 이내 다산초당 시절의 학구적인 자세로 돌아간다. 그는 이 유람의 소회를 담은 『산행일기(汕行日記)』를 엮으면서 또한 한강의 발원을 다룬 지리서 『산수심원기(汕水尋源記)』를 함께 저술한다. 다산은 일찍부터 나라의 강줄기에 대해 관심이 많았다. 그는 청나라의 제소남(齊召南)이 작성한 『수도제강(水道提綱)』이 오류가 많은 것을 마음에 담아두었다가, 강진 유배 시절, 제자 이청의 도움을 받아 『대동수경(大東水經)』을 편찬해낸 바 있다. 그러나 이 책에 압록강, 청천강, 대동강 등 주요 하천에 대해 서술하면서도 자신의 고향을 지나는 열수, 곧 한강에 대해서는 다루지 못했는데, 다산은 춘천 유람을 통해서 산수(汕水), 곧 북한강의 근원과 물의 경로를 살피고 그것을 토대로 『산수심원기』를 저술하여 『대동수경』의 미흡함을 보충해 넣은 것이다. 산수 유람의 풍류를 즐기면서도 목민 행정의 기초가 되는 물길의 근원과 형편 그리고 연안 지역의 물산에 대한 관찰을 게을리하지 않는 다산의 양수겸장의 태도는 그대로 만년의 삶을 지배하는 양식이 되었다. 유배 시절이나 그 이후의 삶의 방식이 크게 다를 바 없는 것이다.

---

17 청평사로 들어가는 협곡인 기락각(幾落閣)에 대해 읊은 시의 일절. 여기서는 심경호, 『다산과 춘천』, 강원대학교 출판부, 1996, 303쪽에서 재인용.(번역은 일부 수정했음)

다산은 일찍이 선비의 두 가지 복을 말한 적이 있다. 관직에 나가서 세상을 다스리는 보람을 누리는 열복(熱福)이 그 하나라면, 초야에 묻혀 책을 읽고 자연을 즐기는 청복(淸福)은 그 다른 하나이다. 그러면서 세상에 열복을 누린 사람은 많지만 청복을 얻은 사람은 소수에 불과하다고 말한다. 다산도 예외가 아니다. 그에게 청복을 누릴 기회가 주어지지 않은 것은 아니지만 그때마다 그는 이내 열복의 길이 자신의 숙명인 양 경세의 방략을 찾는 데 매달려왔다.

두물머리 공원에서 다산의 생가까지 뱃길로는 지근거리이지만, 강 연안의 육로로는 에돌고 구부러진 곳이 많아 꽤 시간이 걸린다. 오늘날은 양수읍내로 나와서 양수대교를 건너 팔당댐 쪽으로 난 지방도로를 통해 이를 수 있다. 이곳 연안 일대는 수초가 가득하여 거의 습지나 다름없다. 이런 경관은 동쪽의 운길산역 인근의 '물의 정원'에까지 계속 이어져 있다. 다산의 자취는 그 어느 곳보다 복원된 생가와 그의 묘소에서 깊이 추적될 수 있을 것이다. 그렇긴 하나 이곳 마재는 풍광이 아름답지만 땔감을 구하기 어렵고 경작하기도 쉽지 않은 박토였다는 다산 자신과 후손들의 증언이 있다. 더구나 1925년 을축년 대홍수 때 다산의 묘소를 제외하고는 거의 모든 것들이 유실되었다고 한다. 여유당 당호가 걸려 있는 복원된 생가나 주변의 여러 건물들. 특히 실학박물관을 포함하는 유적지 전체의 분위기는 이 증언이나 다산이 20대에 지은 「초천사시사(苕川四時詞)」 그리고 여타의 시문에서 떠올려지는 이미지와 위화감이 드는 것이 사실이다. 그러나 과거 인물의 유적지나 기념관은 하나의 상징 — 그것을 통해서 대상 인물의 삶과 정신의 탐구 길로 들어서는 관문으로서의 역할이 우선일 것이다. 이곳 유적지는 그런 점에서 다산학 그리고 실학에 대한 일반의 관심을 자극하는 메카로서의 기능을 십분 수행하고 있는 것으로 보인다.

다산은 해배 생활이 안정되자 이곳에서 다시 학문 연찬의 고삐를 죄어 미완 상태의 『경세유표』, 『흠흠신서』 등을 완성하고, 기왕의 저술에 대해서 학자들의 평을 받아 수정 가필하는 작업을 계속했다. 소론계의 학자 신작(申綽), 노론계의 김매순(金邁淳), 문산 이재의(李載毅), 연천 홍석주(洪奭周)를 비롯한 그 형제들인 홍길주(洪吉周), 홍한주(洪翰周) 등이 다산의 주요 교유 상대였다. 그는 이렇게 걸출한 당대의 문사들과의 대화를 통해서 경학에 대한 이해를 더욱 깊이 하면서 저작들을 다듬어 나갔다. 특히 『매씨상서평』 9권에 대한 김매순의 극찬에 다산은 "박복한 목숨 죽지 않고 살아서 돌아왔습니다. 이제 죽을 날도 머지않은 때에 이러한 편지를 받고 보니 처음으로 더 살아보고 싶은 생각이 듭니다"라고 답신을 보낼 정도로 고무되기도 했다.[18] 삼연(三淵) 김창흡(金昌翕)의 현손인 김매순은 이른바 여한십대가(麗韓十大家)의 한 사람으로 꼽힐 정도로 뛰어난 문장가였고 게다가 다산과는 당색이 다른 노론계였으니 그의 고평에 감복할 만도 하다. 나는 여기에서 다산의 열린 마음을 다시금 본다. 김매순이 당대의 문장가라고 하나 다산보다 14세나 연하이고, 역시 여한십대가의 한 사람이자 좌의정을 지낸 홍석주도 12세 연하였다. 그럼에도 다산은 이들에게 자신의 저서를 보여주며 평가를 부탁했고, 그들의 비판과 질정이 합리적이면 수용하고 그렇지 않을 경우는 반박하는 토론을 몇 차례고 이어갔다.

당쟁의 소용돌이로 혼탁했던 당시에 이런 열린 마음은 귀한 것이라 아니할 수 없다. 이념 대립이 극심한 오늘의 한국 사회에서도 그것은 참으로 절실한 것이다. 겸허하고 열린 마음가짐이 아니면 사실 깊은 사유를 할 수 없

---

18 정약용, 『자찬묘지명』, 『다산문학선집』, 257쪽, 주 79 참조.

다. 특정한 이념을 절대시하거나 자신의 생각만이 옳다고 여겨서는 결코 진실에 다가갈 수 없다. 이런 태도도 물론이지만 특정한 이념을 위해 사실을 왜곡하거나 그것에 사로잡혀 색안경을 끼고 세상을 바라보고 있다는 것 자체를 모르는 것도 마찬가지로 열린사회의 적이다. 다산의 호한하고 깊은 학문은 정쟁의 참화를 겪으면서 노자가 말한 화광동진(和光同塵)의 정신을 통절히 체화한 덕분에 쌓아올릴 수 있었다고 해도 과언이 아니다.

찾는 이가 별로 없는 여유당(與猶堂)은 고즈넉하기만 하다. 건물은 아담하면서도 표표하고 내정은 단아하다. 이 소슬한 분위기에 분망하면서도 단정한 선비의 삶을 산 다산의 풍모가 어른거리는 듯하다. 다산은 무슨 마음으로 여유당이라는 당호를 지었을까? 그가 집에 여유당 당호를 내건 것은 정조가 세상을 뜨고 민심이 흉흉한 가운데 고향으로 낙향한 직후인 것으로 알려져 있다. 그러나 「여유당기」를 검토해보면 다산은 훨씬 이전, 필시 진주목사로 재직 중이던 아버지 정재원이 갑자기 세상을 떠났을 무렵에 이미 당호를 정해두었던 듯하다. 그 전해인 1791년, 천주교 박해의 시발이 되는 진산사건이 발생하여 어머니의 신주를 불사른 윤지충과 그 인척 권상연이 처형되었다. 다산의 먼 외종이기도 한 윤지충이 처형되는 것을 본 다산의 아버지는 자식들이 천주교에 연루되어 있지 않은지 노심초사했다. 다산 형제들은 아버지가 자식들에 대한 근심 때문에 일찍 돌아가신 것으로 여기고 경거망동으로 불효의 죄를 지은 것을 자책했다. 속죄의 마음을 담아 둘째 정약전은 자신의 서실 이름을 매심재(每心齋), 곧 뉘우치는 곳(每+心=悔)으로 칭했는데, 다산의 여유당 작명에도 이런 마음이 작용했다고 볼 수 있다. 여유당이라는 말은 『도덕경』 15장에서 무릇 선비는 "머뭇거리기를 마치 겨울의 내를 건너는 것 같고, 두려워하기를 사방에서 주시하는 이웃들을 대하는 것 같은"(豫兮若冬涉川, 猶兮若畏四隣) 몸가짐을 지닌다는 구절에서 따온 것이다. 다산은 '여(與=豫)'와 '유(猶)', 곧 망설임과 두려운 마음으로 향후 부득이 한 일도 가능한 한 삼가고, 하고 싶은 일일지라도 그만두겠다는 다짐을 「여유당기」에 적고 있다.

다산의 당호에는 어지러운 세상을 산 올곧은 선비의 고단함이 또한 묻어 있는 것 같아서 어쩔 수 없이 처연한 마음이 든다. 다산은 뛰어난 학식과 능력으로 조정의 대소사 논의에서 주목을 받았고 직무 수행 또한 뛰어나 왕의 상찬을 독차지하다시피 했다. 그러나 이런 낭중지추(囊中之錐)의 재주는 그에 대한 모함과 비방의 화살이 되어 자신에게 되돌아오곤 했다. 이런 일을 여러 차례 겪으면서 앞장서서 나서지 말고 언동을 조심할 것을 스스로에게 다짐해야 할 절실한 필요에서 다산은 이 구절에 이끌렸을 것이다. 그야말로 보신을 위한 고육책이다. 정조 서거 직후 고향으로 돌아와 이 편액을 서실에 새삼 내건 것도 반대파의 책동이 거세지면서 예견되는 파국에 대비해 마음을 다잡고자 해서였을 것이다. 유배지에서도 그는 이런 긴장된 마음을 이어갔다. 강진의 주막집 거처를 사의제(四宜齋)라고 부르면서 다산은 말조심과 진중한 행동을 맑은 마음 그리고 단정한 용모와 더불어 유배 온 선비가 지켜야 할 네 가지 덕목으로 꼽았다.

붕당정치의 볼모가 된 학자의 삶은 이렇게 처연하고 고달팠다. 충청도 금정찰방 한직으로 좌천된 시절, 『퇴계집』을 읽으며 다산이 부러워한 것 중의 하나는 퇴계의 시대에는 아직 정론(正論)이 살아 있었다는 점이었다.

> 선생의 시대에는 말하는 자는 공정하게 말하고, 듣는 자는 공정하게 들었다. 근세에는 파당 짓는 습속이 고질이 되어, 사사로이 좋아하는 바를 높여 배운 대로 따르는 말학(末學)을 으뜸가는 스승으로 받든다. 사사로이 미워하는 바를 배척하여 덕이 우뚝한 큰 선비를 곡사(曲士)라 물리친다. 말하는 것이 공정하기가 쉽지 않고, 듣는 것도 공정하기가 어렵다. 아예 입

을 다물고 말하지 않는 것만 못하다.

— 정약용, 「도산사숙록(陶山私淑錄)」

세계 10위권의 경제대국이요 민주화에 성공한 나라로 자부하는 오늘의 한국 사회는 어떤가? 다산을 끊임없이 좌절시킨 파당적 정치 현실로부터 우리는 벗어나 있는가? 진영에 갇혀 내 편은 언제나 옳고 저쪽은 무조건 잘못이라는 흑백논리의 횡행에 우리 또한 다산이 경계해마지 않는 침묵의 재갈에 물려 있는 것이 아닌지 묻고 또 물어야 할 것이다. 사리분별이 분명한 주체적 시민들로 이루어진 사회를 만들지 못한다면 민주주의도 사상누각일 뿐이고 경제 또한 물신주의의 늪에서 허우적거리기에 급급할 것이다.

여유당을 나와 다산생태공원 쪽으로 발길을 돌렸다. 강 연안이 생태공원으로 조성되면서 다산 유적지는 역사와 자연, 다산의 어법으로 말한다면, 학문과 풍류가 어우러진 한층 다채로운 공간이 되었다. 입구에 다산이 말년에 그린 한강 산수도가 새겨진 석조물이 서 있다. 여기저기에 다산의 저서들을 소개하는 안내판도 걸려 있다. 물가에서 왼편으로 난 산책길을 따라 걸었더니 강을 널찍이 조망할 수 있는 전망대에 이른다. 전망대 아래쪽에 백일홍이 군락을 이루고 피어 있어서 풍경이 화사하다. 여기가 바로 다산이 안팎으로 출입할 때 배를 타던 소내나루터이다. 원형으로 굽이도는 계단을 따라 전망대 위에 오르니 멀리 팔당호 전경이 한눈에 들어온다. 안내판에는 다산의 시 한 편이 새겨져 있다.

> 한강에 외배 띄우니
> 봄바람에 비단 물결 잔잔하여라
> 각박한 세상 떠나와 보니

덧없는 인생 위안이 되네
미음(渼陰)의 숲은 끝이 없고
온조(溫祚)의 성곽은 아름답네
일곱 척 조그만 몸으로
경세(經世)를 어찌하겠나

  각박한 한양 도성 생활에 지친 어느 봄날, 배를 타고 고향으로 돌아오면서 읊은 시이다. 벼슬길에 나가 세상을 경영하는 일에 대한 회의가 짙게 배어 있다. 그 회의와 번민을 달래기 위해 다산은 강바람을 맞으며 고향으로 향했으리라. 젊은 날의 다산에게 마재의 고향은 이처럼 세파에 시달리다가 돌아와 몸을 뉘어 쉴 수 있는 안식처요 시름을 털어내고 새롭게 힘을 얻어 가는 갱생의 원천이었다.

  전망대 난간에 서서 양양하게 흘러가는 물결을 물끄러미 바라본다. 강가에서 태어나 늘 물을 접하고 물길의 일상에 익숙했던 다산이었으니 한강에 배다리를 만들어 정조의 화성 행차길을 용이하게 해줄 수 있었으리라. 이렇게 도도히 흘러가는 강은 다산의 정신에 궁극적으로 어떤 영향을 끼쳤을까? 프랑스 샹파뉴 지방의 골짜기 마을 바르쉬르오브에서 태어난 철학자 가스통 바슐라르는 물질적 상상력을 탐색해온 자신의 철학이 고향을 흐르는 강과 시냇가에서 싹텄다고 고백하고 있다.[19] 바슐라르에게 고향이란 단순한 장소가 아니라 물질적 환경이며 그것이 끊임없이 환기시키는 어떤 이미지였다. 바슐라르가 아니더라도 인간의 정신, 더 구체적으로 체험의 양식이나 사유의 방식에 삶의 큰 테두리를 이루는 장소와 풍경이 은연중에 영향을 미친다는 것은 세간의 상식이다. 예컨대 일망무제의 바닷가에서 어린 시

---

19 가스통 바슐라르, 『물과 꿈』, 21쪽.

절을 보낸 사람과 도시의 예각 진 빌딩숲에서 자란 사람의 사물을 대하는 태도와 인식의 방식이 사뭇 다르리라는 것은 수긍할 수 있는 일이다.

다산의 학문과 세계관의 형성에 강가의 삶은 어떤 기여를 했을까? 『논어』의 언명을 상기한다면 다산은 산을 좋아하는 인자(仁者) 쪽보다는 물을 좋아하는 지자(知者)에 가까운 인물이라 할 수 있다. 『논어』는 또한 "지자는 움직이고 인자는 고요하며, 지자는 즐거워하고 인자는 오래 산다(知者動, 仁者靜, 知者樂, 仁者壽)"고 말하고 있다. 여기서, 주자의 주석대로, 움직인다는 것은 뭇 사물에 관심을 기울여 그것들을 관류하는 사리를 깨달아 맺힘이 없다는 뜻으로, 즐긴다는 것은 스스로 깨우치는 데서 오는 기쁨을 말하는 것으로 이해한다면, 다산은 확실히 동적인 삶을 추구했고 풍류를 또한 즐겼으니 지자의 기상에 부합된다고 하겠다. 다산이 결정론적이고 본질주의적인 주자의 성리학을 비판하고 그것을 수용한 퇴계의 주리론보다 율곡의 이통기국론(理通氣局論)을 선호한 데에는 흘러가는 강물이 환기시키는 삶의 동적 변전성이라는 생각이 사유체계의 저변을 흐르고 있었기 때문인지도 모른다.

유학의 핵심 개념인 '인(仁)'에 대한 다산의 재해석 역시 행위와 실천을 중시한 특유의 동적 세계관에 바탕을 두고 있다. 다산은 어질 '인(仁)'이라는 글자를 파자하면 두 사람을 뜻한다는 것을 상기시키고 인은 결국 사람 사이의 관계 문제라고 주장한다. 예컨대 자식이 부모를 효로 섬기면 그것이 곧 인이고, 형을 공손하게 대하면 그것 또한 인이고, 충으로 임금을 섬기면 인이며, 벗과 믿음으로 사귀면 그것이 곧 인이라고 말한다.[20] 다산은 인을 만물을 낳는 이치, 곧 이(理)라는 주장이나 인이 본성 속에 내재해 있다는 성리학의 입장에 동의하지 않고 특유의 '사이'의 윤리학을 펼치며 실천적 행동

---

20 금장태, 「다산의 인(仁) 개념의 인식과 실천」, 『다산학』 7, 2005 참조.

을 강조하는데, 그 바탕에도 '물의 상상력'이 깃들어 있는 것으로 볼 수 있을 것 같다. 다산이 역설하는 실사구시의 정신, 민본주의적 애민 사상, 반봉건적 주체사상은 오늘날에도 여전히 우리 사회를 계도해줄 수 있는 소중한 자산이다. 이런 사유도 물론 중요하지만, 사이와 경계[際]를 중시하는 21세기 다원주의 사회에서 다산이 특별한 호소력을 발휘하는 것은 무엇보다 사람과 사람 '사이'에 초점을 맞추고 그 '사이'의 마땅한 도리를 머리로 따지는 데 머무르지 말고 실천할 것을 강조하고, 행동으로 발현되지 않으면 어떤 철학적 사유도 공리공론에 불과함을 주지시킨 점 때문일 것이다.

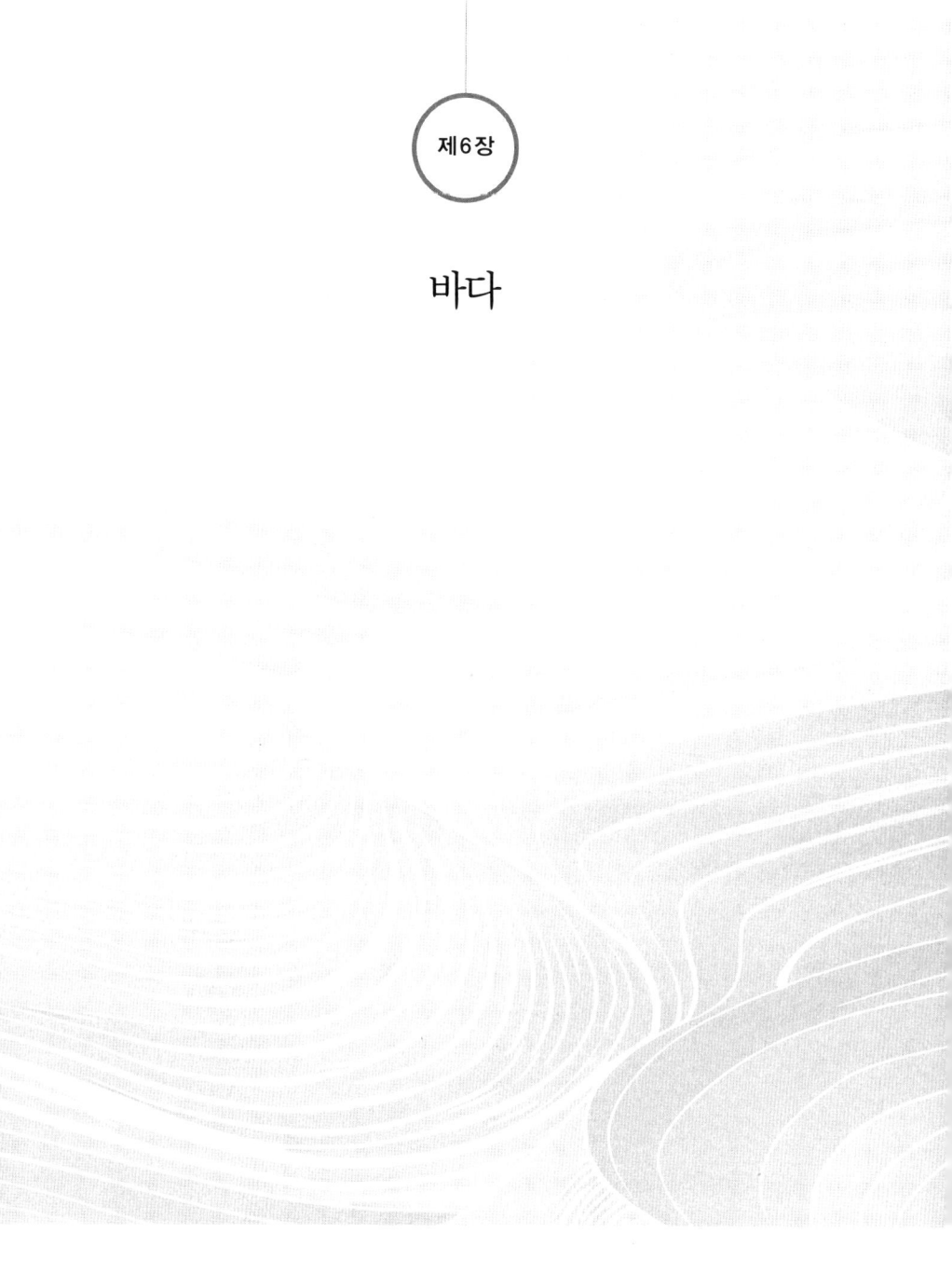

제6장

바다

도시든 시골이든 그 인위적 세계에서 살아가는 사람은 종종 자기가 살고 있는 행성의 진정한 본질과 그 긴 역사에 … 대한 안목을 잊어버린다. 사실 이 행성의 역사에서 인간 존재의 자취는 미미한 시간에 불과하다. 이 모든 것에 대한 감각은 긴 대양의 항해에 나서서 파도가 넘실대는 수평선이 뒤로 물러나는 것을 매일 보고, 밤에 머리 위의 별들이 움직이는 것을 지켜보며 지구의 자전을 인식하고, 물과 바다만 존재하는 세계에 홀로 서서 우리가 살고 있는 행성의 우주적 외로움을 느낄 때 비로소 가장 생생하게 되살아난다. 그리고 육지에서는 한 번도 느껴보지 못했던 사실, 즉 우리가 살고 있는 세계가 물의 세계이며, 대륙은 모든 것을 둘러싸고 있는 바다 수면 위로 잠시 솟아 있는 땅덩어리에 불과하다는 사실을 절감하게 된다.

— 레이철 카슨,
『우리를 둘러싼 바다(*The Sea Around Us*)』에서

1   「이어도」의 바다: 숙명과 해방의 사이

> 죽은 자의 전언은 산 자의 언어 너머
> 불의 혀로 나타나나니.
>
> —T.S. 엘리엇, 『네 사중주』[1]

죽음은 산 자를 저세상으로 데려가지만 그렇다고 지상의 삶이 공허한 부재로 마감되는 것은 아니다. 산 자의 기억 속에 남아 있는 한, 죽은 자는 죽음의 피안으로 마냥 사라지는 것이 아니라 부재하는 현존으로 지상의 삶에 참여한다. 햄릿의 아버지는 유령의 모습으로 나타나 자식에게 자신과 자신의 죽음을 기억할 것을 요구한다. 그러나 기억의 소환을 강제하는 통절한 죽음이든 순명을 따른 죽음이든 진혼의 에너지는 시간과 더불어 바닥을 드러내기 마련이다.

프로이트는 망자에 대한 슬픔과 애틋한 그리움이 시간과 더불어 소진되는 과정을 애도라 불렀다. 그런데 죽음 중에는 애도의 정당성 자체가 불투명하여 그 종결을 완성시킬 수 없는 죽음도 있다. 예컨대 고기잡이 나갔다가 바다에서 돌아오지 못한 어부나 선원들의 죽음이 그것이다. 이들의 죽음은 그 실체성의 미확인으로 인해 남아 있는 자들의 삶 속에 이도 저도 아닌 연옥의 납골당으로 들어앉아 설화의 시간을 이어간다.

---

[1] T.S. Eliot, *The Complete Poems and Plays of T. S. Eliot*, London: Faber and Faber, 1978, p.192.

제주도 서귀포 해안에서 멀지 않은 바다 한가운데 우뚝 서 있는 외돌개바위에는 애달픈 전설이 얽혀 있다. 한라산 밑에 금슬 좋은 노부부가 살고 있었다. 파도가 잔잔한 어느 날, 고기 잡으러 배를 타고 바다로 나간 할아버지가 풍랑을 만나 돌아오지 않자 할머니는 날마다 바닷가로 나가 할아버지를 애타게 부르다가 그만 바위가 되었다는 것이다. 외돌개바위 자체가 미완의 죽음으로 지상을 떠도는 혼령과 그런 혼령을 기리며 마음속에 납골당을 짓고 살아가는 사람들의 돌덩이 같은 마음의 표상이라 할 수 있다. 외돌개 전설을 특징짓는 상실/기다림의 모티프는 해안가라면 어디에서나 떠도는 토속적인 서사에 공통적으로 나타난다. 그것은 말하자면 바닷가 이야기의 원형적 모티프의 하나이다. 제주도의 많은 토착 신화와 전설 중에서 지정학적 이유까지 겹쳐 근래에 새롭게 주목된 이어도 전설도 이 모티프를 변주하고 있다. 1974년에 발표된 이청준의 「이어도」는 이 전설을 소설로 다시금 변용한 것이다.

상실/기다림의 모티프를 차용하면서도 이어도 전설이 여타 신화와 다른 것은 죽음의 바닷길, 그 수평선 너머에 죽은 자를 위한 장소를 마련하고 있는 점이다. T.S. 엘리엇의 시 『황무지』의 네 번째 섹션, 「물가의 죽음」에 나오는 페니키아 사람 플레바스는 익사 후 바다 밑 소용돌이에 삼켜져 뼈만 남아 심해의 바닥에서 들썩거리고 있는 것으로 묘사되고 있다. 제주도 사람들은 이와 달리 고기잡이 나갔다가 조난을 당한 어부들이 바다 속에 허무하게 수장되는 것이 아니라 청동색 바다 멀리에 있는 이 피안의 섬으로 헤엄쳐 가서 또 다른 삶을 살아간다고 상상했다. 이 상상은 한 단계 더 비상하여 돌아오지 않는 어부들은 현세의 고달픈 질곡의 삶에서 마침내 벗어나 이어도에서 저 세상의 복락을 누린다는 상상으로 이어진다. 대중적 상상 속에서 이어도는 현세에서 이루지 못한 희원이 실현되는 유토피아적 공간으로 자리 잡고 있는 것이다. 이런 죽음의 미화는 한편으로 생업의 현장인 바닷길의 고달픔과 두려움을 가라앉히면서 다른 한편으로는 남아 있는 사람들의 상실의 슬픔과 고통을 위무해주는 효과를 발휘한다. 물론 이것이 이어도를 보는 입장의 전부는 아니다. 이어도는 허구적 날조에 불과하고 고작해야 귀향 못한 주검들이 쌓이고 쌓여 만들어진 "죽음의 섬"일 뿐이라는 냉정한 현실주의적 시각도 있다. 전자를 떠받치고 있는, 이어도를 유토피아적 대안 공간으로 그리는 시각의 사회적 기능에 주목하여 그 전설이 대대로 가난과 억압이 일상이 되어온 제주도의 고달픈 현실을 그나마 견딜 수 있게 해준 이데올로기 효과를 긍정하면서도 그것이 암암리에 조장하는 숙명론을 경계하는 시각도 또한 있다.

　이청준의 소설 「이어도」는 이어도에 관한 이런 상반된 입장들을 서사의 동력으로 삼고 있다. 소설은 어떻게 전설의 세계를 식민화하는가? 발터 벤야민의 고전적 설명에 기댄다면 이야기의 기반을 이루는 공동체적 경험에 균열이 생길 때이다. 소설은 그 균열의 틈 사이에 기생하면서 자신의 서사를 열어간다. 소설은 균열의 생채기를 천남석의 다음과 같은 말을 통해 보여준다. 천남석은 파랑도 수색 작전에 투입된 해군 함정에 탑승했다가 그것이 실재하지 않는다는 것을 확인하고 작전이 종료된 직후 배에서 실종된 남양일보 기자이다.

　　"배를 타지 않으면 안 될 운명이라뇨? 처음부터 세상을 그렇게 타고난 운명이 어디 있단 말요. 운명은 타고나진 게 아니라 바로 그 섬이 만들고 있었던 겁니다. 이어도의 환상이 그 허망한 마술로 사람들을 섬에서 떠나지 못하게 묶어놓고 끝끝내 배만 타게 만들어버린 거란 말입니다. 그러면서 사람들로 하여금 길고 짧은 생애들을 고스란히 이 섬 위에서 견디게 했다가 종내는 그 죽음의 섬으로 가엾은 생령들을 흘려가곤 한 거란 말이

에요."²

　이는 이어도가 실재하지 않는다 하더라도 배를 타고 바다로 나가는 것이 운명일 수밖에 없는 섬사람들에게 그것은 나름의 위안이 될 수도 있지 않느냐는 해군 정훈장교 선우현 중위의 말에 대한 반박으로 터져 나온 것이다. 천남석은 왜 이렇게 격하게 절규하는 것인가? 한마디로 그의 부모가 이어도의 환상에 홀려 그 제물이 되었다고 생각하고 있기 때문이다. 그의 아버지는 조난당했다가 기적적으로 구조되어 섬으로 돌아온 후 조난의 와중에 이어도를 보았다고 확신하고 또다시 무모하게 바닷길에 나섰다가 영영 돌아오지 못하는 신세가 되고 말았다. 그의 어머니에게 바다는 한없는 기다림의 바다였다. 그녀는 바다가 바라다보이는 자갈밭에 나가 돌을 고르면서 돌아오지 않는 남편을 애타게 기다리다가 어느 추운 겨울날 지쳐 쓰러져 죽어갔다.
　천남석은 어릴 때부터 아버지가 바다에 나가 있는 동안 어머니가 어김없이 바닷가 돌밭에 나와 돌을 추리면서 이어도 노랫가락을 읊조리는 것을 지켜보며 자랐다. 그의 어머니는 "가사도 분명치 않고 곡조도 그저 그렇고 그런 소리로" 쉼 없이 노랫가락을 웅얼거리며 아버지의 귀환을 기다렸다. 어린 눈으로 보기에도 어머니는 "입으로 직접 소리를 웅얼거리는 것이 아니라 몸 어느 한 곳에다 소리를 매달고 다니는 것 같은 착각이 들 때가 많았다. 돌을 추리고 있는 어머니 근처에서 언제나 그렇게 바닷소리처럼 웅얼거리는 듯한 이어도의 노랫가락이 쉴 새 없이 번져 나오고 있었다. 바람이 불면 바람소리 속에서, 바다가 울면 바다 울음소리 속에서, 웅웅웅 한숨을 짓는

2　이청준, 『이어도: 이청준 문학전집 8』, 열림원, 1998, 71쪽.(이후 인용은 이 판본을 따르되 본문에 쪽수만 밝힘)

것도 같고 울음을 울고 있는 것도 같은 소리가 문득문득 소년의 귀까지 스쳐오곤 했다. 바다에 안개가 짙어지거나 구름이 몹시 빠르게 움직이는 날이면 어머니는 돌을 추리다 말고 구름장이 사납게 얽혀드는 하늘을 쳐다보거나 짙은 회색 안개 속으로 바다가 하얗게 뒤집히는 모양을 하염없이 내려다보고 있을 때가 많았"다(89~90쪽). 이어도 노래는 어느새 어머니의 몸의 일부로 육화되었고 그렇게 어머니의 몸을 타고 흘러나오는 가락은 바람소리에 호응하고 파도 소리를 따라 울고 있었다. 전설은 노래가 되고, 노래는 사람이 되고, 사람은 자연이 되어가고 있었다. 그러나 천남석은 어느 때부턴가 귀에 인이 박히도록 들어온 그 노래 소리가 견딜 수 없을 정도로 싫어졌다. 그 소리를 듣고 있으면 힘이 빠지고 "마음까지도 그 축축한 바닷바람의 습기에 젖어 오는 것처럼" 기분이 암담해지곤 했다.

천남석에게 이어도 전설은 제주도 남자들을 바닷길 이외에는 다른 삶이 방도가 없는 것처럼 바다로 내몰아 죽음을 자초하도록 만드는 주술과 같은 것으로 비쳤고, 그것에 소리를 입힌 이어도 노래는 여자들까지 감염시켜 바다에 나가 돌아오지 못하는 남자들을 하염없이 기다리며 시들어가게 만드는 원흉으로 보았다. 그에게 이어도는 구원의 섬이 아니라 섬의 고달픈 삶을 숙명인 양 받아들이게 만드는 저주스러운 환상이었다. 그가 실종되기 전날 밤, 귀항을 앞둔 함정의 선상에서 선우 중위와 술을 마시며 "이어도야말로 가없은 섬사람들을 터무니없이 절망적인 종말로 홀려가버리는 저주의 섬"(102쪽)이라고 몇 번씩 단언한 것도 이 때문이었다. 그가 술집 '이어도'의 여자와 동거하면서도 그녀에게 한사코 섬을 떠나라고 강요한 것도 그녀에게서 어머니의 운명을 읽었기 때문이다. 그녀의 부모 또한 그녀가 기억조차 할 수 없을 만큼 어렸을 때 수평선을 넘어가버렸고, 그녀의 오라비도 혼자 배질할 수 있는 나이가 되자 이내 수평선으로 사라져버렸다. 가족을 모두

이어도의 바다에 잃고 홀로 남은 그녀는 천남석을 만나게 될 무렵에는 이미 제주도 여자들을 하나로 옥죄어온 그 숙명의 늪 속에 내던져져 있었다. 체념이 체질화된 그녀는 "말없이 그저 모든 것을 견디면서 기다리고, 기다리면서 견디는"(105쪽) 생활을 해오고 있었다.

이어도의 바다는 이렇게 상실의 바다이고 체념의 바다이다. 그것은 질곡의 삶으로부터 해방을 약속하는 듯하면서도 실상은 사람들을 섬에 영원히 유폐시키는 폐쇄의 바다이기도 하다. 이어도 신화가 제주도 사람들의 마음을 홀렸다면, 그것은 무엇보다 그것이 섬 '밖'의 바다 멀리 어딘가에 있다는 점 때문일 것이다. 역사적으로 제주도 사람들은 섬을 벗어나고 싶어도 벗어나는 것이 거의 불가능했다. 육지와 떨어져 있는 지리적 문제나 뱃길의 어려움 때문만은 아니었다. 1629년 인조 7년에 제주도민의 출륙(出陸)을 금하고, 제주 여인과 육지인의 혼인 금지를 국법으로 정해 시행되었다. 이 금령은 1830년 순조 말, 폐지될 때까지 제주 사회를 규제했다.[3] 이 봉쇄령의 족쇄에 묶여 있던 제주도 사람들에게 탈출의 꿈이 서린 이어도는 그 자체로 기대와 희망의 끈일 수밖에 없었으리라. 고은의 시 「이어도」는 이어도를 향한 제주 사람들의 열망의 심리를 잘 짚어내고 있다.

> 이어도로 가리
> 바다 건너, 마른 호박빛 수평선 너머
> 내 절망으로부터 이어도 가리
> 오 내 나라여, 나를 떠나게 해다오
> 황폐한 시간과 들판

---

3   박재환, 「人間相互作用에 관한 濟州島民의 社會意識—民俗資料를 中心으로」, 『제주대 논문집: 인문·사회과학편』 9, 1978, 613쪽.

> 그리고 내가 태어난 자궁을 모두 넘겨 버릴 것이다
> 내 정든 옛집도 버릴 것이다
>
> — 고은, 「이어도」 부분[4]

시인이 이어도 여정을 나라를 들먹여서까지 소망하고("오 내 나라여, 나를 떠나게 해다오") 있는 것은 시적 과장이라기보다는 역사적 현실을 염두에 둔 것이리라. 천남석이 소속된 남양일보의 편집국장 양주호의 말 그대로, "이 섬에 살고 있는 사람들의 운명은 이 섬의 내력이나 현실이 스스로 말을 하"(117쪽)고 있는 것이다. 양주호가 천남석이 이어도를 증오한 듯하지만 그 또한 이 피안의 섬을 사랑했다고 단정하는 것도 이 역사의 질곡에 대한 제주도 사람들의 뿌리 깊은 반감에 근거했다고 볼 수 있다. 그들은 섬을 벗어나 이어도로 가는 것이 결국 죽음의 길이라는 것을 알면서도 이어도라는 탈출 공간이 아예 배제된 폐쇄적 상황은 더욱 견디기 힘들었던 것이다. 선우 중위 또한 천남석의 내면을 더듬어가면서 그의 실종이 이어도에 대한 이 애증의 관계와 긴밀하게 연관되어 있다고 생각하기에 이른다.

선우현 중위가 애초에 부딪친 미스터리는 두 가지이다. 하나는 천남석의 실종이 자살인가 아닌가 하는 문제이고, 자살이라면 자신이 증오해 마지않던 이어도, 곧 파랑도가 실재하지 않는 것으로 확인된 마당에 왜 그가 죽음을 택했는가라는 의문이 다른 하나이다. 그것을 밝히기 위해 천남석의 상사인 양주호와 만나 대화를 나누면서 선우현은 제주도 사람들의 숙명적인 삶과 이어도의 내밀한 관계를 보다 깊이 이해하게 된다. 양주호는 그 관계를 이렇게 요약한다.

---

4 고은, 『두고 온 시』, 창작과비평사, 2002, 8쪽.

"싫든 좋든, 그리고 알고 있든 모르고 있든 이 섬 사람들은 언제 어디서나 그 이어도와 함께 살아가고 있습니다. 처음에는 물론 이어도를 그지없이 두려워들 하는 게 사실이지요. 하지만 사람들은 이내 그 이어도를 사랑하고 이어도를 노래하기 시작합니다. 이어도가 없이는 이 섬에선 삶을 계속할 수가 없다는 걸 배우게 되기 때문입니다."(117쪽)

이 내밀한 관계에 바탕을 둔 제주 사람의 삶의 방식이 스스로를 숙명의 사슬로 얽어매는 것이라 보고 천남석은 이에 저항했으나 시간이 흐르면서 그것을 수긍하기에 이르렀다는 게 양주호의 판단이다. 양주호는 그리하여 이어도가 실재하지 않는다는 사실의 확인과 더불어 천남석은 오히려 그 실체성을 뚜렷이 느끼고 그것을 부정할 수 없는 삶의 현실로 인정하게 되었을 것으로 추정한다. 아울러 섬사람들이 앞으로도 지속적으로 이어도와 더불어 그 환상 속에서 살아갈 것이고, 그처럼 그 허구의 신화를 믿는 편이 답답한 일상을 감내하며 살아가는 데 도움이 된다면, 섬을 적극적으로 구하고 지키는 게 마땅하다는 생각에 필시 이르게 되었을 것이다. 천남석은 회심과 더불어 이런 논리로 수색작전으로 인해 흐려진 이어도 전설을 복원시켜야겠다는 어떤 사명감에서 자신이 직접 섬으로 갈 것을 작정하고 실행에 옮겼다는 것이다. 양주호는 이런 추론을 바탕으로 선우 중위에게 천남석이 수색작전으로부터 섬을 구해냈다는 역설적인 주장을 펼칠 수 있었던 것이다.

선우 중위는 양주호의 추론에 공감하면서도 천남석의 실종이 자살이라는 그의 단정에 전적으로 동의하지는 않는다. 그에게 그것은 여전히 추론일 뿐이지 사실은 아니다. 그는 사실의 확인이 필요했다. 해군 장교로서 그는 객관적 사실의 세계 속에 사는 사람이다. 수색작전 역시 사실을 확인하기 위한 것이었다. 그러나 그는 수색 작전을 통해 이어도가 실재하는 섬이 아니라는 사실이 확인됨과 동시에 그 허구의 섬이 천남석이나 양주호로 대변되는 제주도 사람들에게는 실존적 진실로 더욱 뚜렷하게 각인되는 역설적 상황에 직면한다. 그는 사실 추적의 과정에서 사실 세계의 논리와 부합되지 않은 섬사람들만의 논리와 진실 앞에 당혹해한다. 가령 천남석이 자기 여자에게 자신이 섬으로 돌아오지 못하게 되는 경우 그 소식을 가지고 오는 남자와 잠자리를 함께하라고 말해둔 것이나 그것을 곧이곧대로 따르는 여자의 행태도 그런 경우이다. 그러나 제주 사람들에게 그것은 위악의 제스처도 사심의 가식도 아니다. 마음의 진실한 부름에서 비롯된 생각이고 행동이다. 선우 중위는 그것을 여자의 운명을 자신에게 떠맡기려는 수작으로 의심하지만, 양주호는 그것을 자신이 사라진 뒤에 여자가 자기 어머니처럼 그가 돌아오기만을 기다리면서 삶을 허비하는 것을 막으려는 천남석의 속 깊은 생각의 발로로 이해한다. 그래서 사실을 고집하는 선우 중위에게 양주호는 이렇게 일침을 가한다.

"사람들은 때로 사실에서보다는 허구 쪽에서 진실을 만나게 될 때가 있지요. 그런 때 사람들은 그 허구의 진실을 사기 위해 쉽사리 사실을 포기하는 수가 있습니다."(121쪽)

소설가의 육성이 그대로 들리는 듯하다. 소설가는 제주 사람들의 마음을 사로잡고 있는 이어도 전설과 허구적 상상 속에서 삶의 진실을 채굴하는 소설의 원론적 문제, 더 나아가 문학적 진실의 문제를 겹쳐 보고 있었던 것이다. 소설이 갖가지 파도 소리처럼 다성음으로 출렁댄 까닭이기도 하다.

실증주의가 신을 죽였다고 외친 철학자가 있었다. 그러나 탈근대를 지나면서 우리는 신이 쉬이 사라지지 않는다는 것 또한 알고 있다. 사실이 확인되었다고 해서 신화가 사라지는 것은 결코 아니다. 바닷물의 평균 염도가 35%이고, 파장이 짧은 파란 빛광이 바다 깊이 투과하면서 그 안의 미립자와 부딪쳐 산란하기 때문에 바다가 파랗다는 것을 안다고 해서 바다의 신비가 사라지지 않는 것처럼. 바다는 맑은 옥빛이든 암청색으로 짙푸르든 신비의 심연으로 우리 주위에 남아 여전히 출렁이고 있다.

2 상실과 죽음의 바다: T.S. 엘리엇의 「드라이 샐베이지스」

　뉴잉글랜드 바닷가 풍경은 엘리엇(T.S. Eliot, 1888~1965)의 시적 상상력을 일군 원천이기도 하다. 엘리엇은 유소년 시절을 물가에서 보냈다. 미시시피 강변 세인트루이스에서 태어난 그는 매사추세츠의 밀턴 아카데미에 입학하는 열여섯 살 때까지 이곳에서 살았다. 그에 앞서 다섯 살 때인 1893년부터 1911년 하버드대학을 졸업하는 스물세 살까지 18년 동안 매해 여름을 보스턴 인근의 글로스터 해안가에 있는 여름 별장에서 지냈다. 그의 아버지가 지은 이 집은 작은 언덕바지의 이층집으로 거실에서 바다가 내려다보였다. 그는 잔잔하게 물결치는 바다는 물론 성난 파도로 출렁이는 광포한 바다, 그리고 그 밖의 다른 바다의 양태를 잘 알고 있었다. 그는 요트를 타고 인근 바다를 항해해보았고 바람에 실려 가는 바닷길의 흥분과 위험에 대해서도 체험을 통해 알고 있었다. 뿐만 아니라 가족을 여읜 해안가 사람들의 상실감과 애환에 대해서도 익히 알고 있었다. 바닷가 풍경은, 마치 파리의 도시 풍경이 보들레르에게 그렇듯이, 엘리엇 시 세계의 질료이자 무대이고 또한 중요한 상징으로 나타나고 있다.[5] 바다의 모티프는 그의 시 여기저기에 산

5　엘리엇을 근본적으로 "장소의 시인"으로 파악하면서 그의 시에 나타나는 풍경의 상징성을 탐구한 바 있는 하그로브는 풍경을 시적 상징으로 적극 활용해 엘리엇에게 영향을 끼친 선구자로 테니슨과 보들레르를 꼽고 있다. 풍경은 엘리엇이 성공회로 개종한 직후에 쓰여진 「성회수요일(Ash Wednesday)」을 기점으로 특히 그의 중후기 시의 중요한 시적 장치로 부상하는데, 하그로브는 그것들을 도시, 시골, 사막, 정원,

재해 있지만, 특히 말년의 대작 『네 편의 사중주(*Four Quartets*)』의 한 편인 「드라이 샐베이지스(Dry Salvages)」를 오롯이 지배하고 있다.

『네 편의 사중주』는 몇 년에 걸쳐 쓴 네 편의 장시 모음집으로, 시로서는 엘리엇의 마지막 작품이니 그의 시를 집대성하고 있다고 볼 수 있다. 네 편의 시는 엘리엇 자신의 개인사와 연관되거나 관심을 가졌던 장소가 각각 그 무대가 되고 있는데, 「드라이 샐베이지스」는 앞서 말한 대로 그가 유소년기를 보낸 뉴잉글랜드 글로스터 해안가가 배경이다. 이 시는 구성 형식에서 베토벤의 후기 현악사중주 혹은 바르톡의 사중주를 염두에 두고 쓰여진 것으로 알려져 있다. 네 개의 악기가 내는 서로 다른 음색이 화음의 메아리를 이루는 현악사중주처럼 엘리엇은 네 장소를 무대로 시간, 변화, 죽음, 구원 등과 같은 서로 다른 주제들을 탄주하면서도 그들을 하나로 통합하는 큰 그림을 그리고자 한다. 제목은 또한 4원소와의 연관성을 시사하고 있는데, 첫 사중주인 「번트 노튼」이 공기, 두 번째 「이스트 코커」가 흙, 마지막의 「리틀 기딩」이 불과 연관되어 있다면, 세 번째 사중주인 「드라이 샐베이지스」는 물을 핵심 요소로 삼고 있다.

「드라이 샐베이지스」의 표제가 지칭하는 곳은 엘리엇 자신이 시의 들머리에 설명하고 있듯이 매사추세츠주 케이프앤 북동쪽 해안가에서 멀지 않은 바다 속에 있는 세 개의 암초("les trois sauvages")를 가리킨다. 이 셋 중 드라이 셀배이지스는 밀물 때를 포함하여 어느 때나 물 위로 형체가 드러나 있지만, 인근의 '작은 샐베이지스(Little Salvages)'는 썰물 때만 모습을 드러내고,

---

그리고 바다 및 강 풍경 등으로 선별하고 있다. 이 다섯 가지 풍경의 활용에서 시골 풍경은 테니슨의, 도시 풍경은 보들레르의 영향이 짙은 것으로 감지된다. Nancy Duvall Hargrove, *Landscape as Symbol in the Poetry of T. S. Eliot* 참조. 특히 그 계보를 밝힌 제1장, "Landscape as Symbol in Eliot, Tennyson, and Baudelaire"을 참조.

'평저 바위(Flat Ground)'는 늘 물에 잠겨 있는 암반이다. 이 바위들은 날씨가 좋아 바다가 잔잔할 때는 들고나는 배들을 위한 항로의 길잡이 역할을 하기도 하지만, 안개가 끼거나 바람이 세차 바다가 거칠어질 경우는 잘 보이지 않아서 부근을 지나는 배에 큰 위협이 되곤 했다. 실제로 많은 배들이 이들 암초에 부딪쳐 좌초하거나 난파당했다. 그래서 엘리엇은 시에서 이 바위를 잔잔함 속에 광포한 힘을 숨기고 있는 바다의 양면성 혹은 삶의 여정에 깃들어 있는 파괴와 죽음을 상징하는 이미지로 제시하고 있다.

「드라이 샐베이지스」는 강과 바다에 대해 시인이 기억 속에 간직하고 있는 심상의 묘사로 시작된다. "강은 우리의 내면에, 바다는 우리 주변 사방에 있다"고 할 만큼 강과 바다는 시인의 삶에서 큰 비중을 차지했다. 여기에서 강은 시인이 태어난 세인트루이스를 관통하는 미시시피강이다. 시인의 기억 속에 남아 있는 미시시피강은 좀처럼 길들여지지 않는 야생 그대로의 위협적인 강이다. 강은 철따라 종종 도시를 침수시켜 막대한 피해를 입히곤 해서 "사람들이 잊고자 하는 바를 일깨워주는" 파괴자이다. 이 야성의 강은 인간 문명 혹은 인간의 내면에 잠재해 있는 야수적 폭력성, 곧 "어둠의 심장"을 표상하는 것이기도 하다.[6] 삶의 파괴자이자 그 삶을 되돌아보도록 일깨우는 존재이기에 시인은 강을 "강한 갈색의 신(a strong brown god)"이라 일컫고 있다. 갈색이라는 형용은 미시시피강이 세인트루이스 위쪽에서 탁한 미주리강과 합쳐져 갈색의 도도한 물결을 이루며 흘러가기 때문이다. 마크 트웨인은 『허클베리 핀의 모험』에서 시인이 말한 "눅진하고, 길들여지지 않고, 제어되지 않는" 미시시피강의 모습을 생생하게 보여준 바 있다.

---

6   Grover Smith, *T. S. Eliot's Poetry and Plays: A Study in Sources and Meanings*, Chicago: The University of Chicago Press, 1974, p.278.

그다음에 시인은 뉴잉글랜드 해안가를 기억에서 소환한다. 시인은 우선 해안가에서 흔히 마주하는 일반적인 풍경을 떠올린다. 해안의 모래벌에는 "불가사리, 대게, 고래의 등뼈"가 보이고 파도가 남기고 간 물웅덩이에는 "해조류와 말미잘"도 보인다. 해안은 이렇게 생명의 터전으로 나타난다. 그러면서 그것은 또한 상실과 죽음의 유허이기도 하다. 시인은 해변에서 여기저기 흩어져 있는 "찢어진 그물,/부서진 랍스터 통발, 부러진 노"를 본다. 이 시각적 이미지들이 이내 청각적 이미지들로 바뀌면서 시의 화자는 독자를 바다로 끌고 간다. 바다는 해안을 치는 파도 소리를 비롯한 온갖 소리들의 합주로 들끓는다.

> 바다의 울부짖음과
> 바다의 예리한 외침, 서로 다른 목소리들
> 종종 같이 들린다. 삭구가 삐걱대는 소리,
> 물살을 가르며 위협하고 달래는 파도 소리,
> 뾰족한 화강암 바위를 규칙적으로 때리는 아득한 물결 소리,
> 바다로 돌출한 곳에서 들리는 경고의 통곡 소리,
> 모두 다 바다의 목소리들.

> The sea howl
> And the sea yelp, are different voices
> Often together heard: the whine in the rigging,
> The menace and caress of wave that breaks on water,
> The distant rote in the granite teeth,
> And the wailing warning form the approaching headland
> Are all sea voices.[7]

---

7 T. S. Eliot, *The Complete Poems and Plays of T. S. Eliot*, p.185.(번역은 필자. 이후 인

바다는 "울부짖"기도 하고 "예리"하게 "외치"기도 한다. 시인은 시시각각 출렁이는 파도 소리들의 미묘한 차이를 식별하고 있다. '바다'라는 한 단어로 일반화되어버리는, '파도'라는 한 단어로 뭉뚱그려져버리는 그것들의 시시각각 다른 모습을 포착하고자 노력하고 있는 것이다. 그리하여 시인은 파도가 다 같은 파도가 아니라 무수히 서로 다른 양태임을 환기시킨다. 그만큼 시인의 지각은 섬세하고 인식은 구체적이다. 그것은 풍경을 통해 삶의 다양성 혹은 복합적인 내면 심리를 투영하고자 하는 시적 노력의 일환이다. 시인의 이런 노력 덕분에 바다는 느슨한 일반화에서 벗어나 매순간 서로 다른 역동적인 모습을 드러내며 독자에게 새롭게 인식된다.

시인은 또한 바다의 시간과 인간의 시간이 서로 다른 것임을 주지시킨다. 해안으로 밀려드는 "길게 너울지는 파도(ground swell)"는 바다 위의 부표를 들썩여 띄우고, 특히 안개가 짙게 낀 경우에는 경고의 벨 소리를 울리게 만든다. 파도의 이런 여일한 움직임을 관류하는 시간은 인간사를 재는 "크로노미터의 시간"보다 오래되고 장구한 것이다. 시인은 특히 이 영원한 우주적 시간을 바다에 나가 돌아오지 않는 사랑하는 사람을 걱정하며 밤에 잠 못 이루는 해안가 여인들의 시간과 대비시키고 있다. "자정과 여명 사이" 과거를 반추하고 전망 없는 미래에 대한 불안으로 전전반측하는 이 불행한 여인들의 시간은 아침이 되면 멈춰버리고, 그렇게 정지해버린 여인들의 시간은 끝이 없는 듯 지속된다. 과거에 사로잡히고 미래가 사라져버린 인간의 단속적 시간에서 현재는 무화되고 마는 것이다. 그리하여 현재가 증발해버린 이 무시간의 삶은 혼란과 무의미한 나날의 연속일 뿐이라고 시사된다.

바다는 인간의 고통이나 슬픔에 상관없이 쉼 없이 해안으로 밀려왔다 물

용은 이 판본에 따르되, 본문에 인용된 쪽수만 밝힘)

러가고 또 밀려왔다가 흰 포말로 부서진다. 바다를 관조하는 눈길에 그것은 어떤 영원성 혹은 지속적인 순환성의 표상으로 다가온다. 그러면서 그것은 또한 상실과 고통과 죽음을 불러오는 광포한 힘을 내재하고 있다. 그 폭력적 힘은 세찬 바람이나 폭우 혹은 안개와 만나면 무시로 가시화된다. 그 현시가 빈번하다보니 바다에 의탁해 살아가는 사람들의 삶은 반복되는 재난과 상실로 인해 고통의 연속이다. 잔잔하고 평온한 물결이 감추고 있는 가공할 위험과 파괴의 잠재성, 이 양면성의 가시적 구현체가 바로 시의 제목이 가리키는 드라이 샐베이지스 암초이다.

> 안주하지 못하고 출렁이는 물속 너덜너덜 닳은 바위,
> 파도들이 그 위로 넘치고, 안개는 그것을 숨기네.
> 맑고 잔잔한 날에 그것은 그저 기념비에 불과하고,
> 배 띄울 수 있는 날에는 언제나 바닷길의 표지라네
> 항로의 길을 잡게 도와주는. 하지만 음산한 겨울철
> 돌발적인 노도 앞에, 그것은 늘 그랬던 것이 되어버리네.

> And the ragged rock in the restless waters,
> Waves wash over it, fogs conceal it;
> On a halcyon day it is merely a monument,
> In navigable weather it is always a seamark
> To lay a course by, but in the sombre season
> Or the sudden fury, is what it always was. (p.187)

조난과 죽음은 이렇게 늘 수평선에 어른거린다. 그럼에도 불구하고 위험을 무릅쓰고 바다에 다시 나가지 않을 수 없는 게 어부의 삶이다. 고기잡이 여정은 그래서 상실과 죽음이 산재해 있는 삶의 행로 그 자체의 은유이다.

다시 말해 위험이 도사린 바다로 나가는 뱃길은 삶의 일반적 조건을 의미하는 것으로 확대된다. 여기에서 시인은 미시시피 강의 풍경을 다시금 기억에서 소환하는데 그 이미지에서도 그 점이 확인된다.

저 강이 실어 나르는 뱃짐, 죽은 흑인들, 암소들, 닭장,
저 쓰디쓴 사과 또 사과 한 입 물어낸 자국.

Like the river with its cargo of dead negroes, cows and chicken coops,
The bitter apple, and the bite in the apple. (p.187)

홍수로 범람한 강에 떠밀려 내려오는 "뱃짐(cargo)"에 고달픈 노역의 삶을 산 흑인들의 시체들, 암소들, 닭장은 물론이고 물먹은 사과와 베어 물었다가 만 사과 쪼가리도 포함되어 있다. 둘째 줄의 쓰디쓴 사과의 이미지는 에덴 동산에서 금단의 열매를 따먹은 탓에 죽음의 저주를 받고 추방된 아담의 원죄를 상기시킨다. 원죄에 대한 암시는 강과 바닷길의 조난과 죽음이 우연사가 아니라 피할 수 없는 인간의 숙명적 조건의 결과라는 것을 시사한다. 하여 시인은 그런 고통스런 인간의 삶이 언제나 끝날 수 있겠는지를 거듭 묻는다. 이는 물론 수사적 질문이다.

거기 끝이란 없구나, 소리 없는 통곡,
말라가는 꽃들의 메마름, 그 끝없음,
고통조차 느끼지 못하는 동작 없는 고통 속의 움직임,
바다의 해류와 표류하는 잔해,

There is no end of it, the voiceless wailing,
No end to the withering of withered flowers,

제6장 **바다**

> To the movement of pain that is painless and motionless,
> To the drift of the sea and the drifting wreckage, (p.186)

끝이 없는 고통스런 삶을 야기하는 상실과 아픔의 세목은 다시금 해안가 삶의 풍경과 이미지로 구체화되어 반복된다. 사랑하는 사람을 바다에 잃고서 홀로 고통을 삭이며 살아가는 아내들의 소리 없는 울음소리, 생명의 쇠망을 환기시키는 시들어가는 꽃들, 황량한 해변으로 밀려오는 표류물들, 그리고 바다에 떠도는 난파선의 잔해들. 모두 죽음으로 귀결되는 인간 삶의 파편들이다. 이 모두는 뉴잉글랜드 바닷가에서 회화적 상상력을 길어낸 윈슬로 호머(Winslow Homer)와 같은 화가가 그려낸 바다풍경의 세목들이기도 하다.[8] 특히 인생 항로의 끝자락, 노년의 삶에 대한 비유는 공포를 자아내기에 충분하다.

> 조금씩 물 새는 보트로 이리저리 떠돌다가
> 묵묵히 듣는다. 그 부정할 수 없는
> 마지막 통지를 알리는 요란한 벨소리.
>
> In a drifting boat with a slow leakage,
> The silent listening to the undeniable
> Clamour of the bell of the last annunciation. (p.186)

노년은 물이 새는 작은 돛배를 홀로 타고 망망대해에서 표류하다가 결국 바다에 침몰하여 죽음으로 끝나는 삶으로 비유된다. 그것도 임박한 죽음을

---

8 이 책 제7장 1절 「윈슬로 호머의 해양 풍경」 참조.

알리는 조종 소리를 내내 들으며 지속하는 끔찍한 항해이다. 그러므로 바다에는 파괴의 잔해가 떠다니지 않은 적이 없고, 삶은 고달프지 않은 때가 없다. 더 두려운 것은 고통스런 과거에 사로잡혀 목적지를 찾지 못한 채 의미 없이 떠도는 삶이다.

그렇다면 구원의 길은 없는 것인가? "어두운 목구멍"처럼 모든 것을 삼켜버리는 바다의 여정을 삶의 길로 바꿀 방도는 없는 것인가? 시인은 의미 있는 삶의 행로로 나아갈 수 있는 몇 가지 실천적 예지를 제공한다. 첫째는 인도의 시가 『바가바드 기타(Bhagavad Gita)』에서 얻은 지혜로, 죽음 앞에서 이기심을 버리고 또 결과에 연연하지 말고 현재의 순간에 충실하여 행동하라는 것이다. 현재에 충실한 삶의 영위는 엘리엇 시세계의 중심 주제이자 첫 편인 「번트 노튼」에서 강조한 메시지이기도 하다. 둘째는 기도를 통한 구원에의 간구이다. 이 기도는 수태 고지를 받은 마리아가 성령의 잉태를 받아들이며 구원자 하나님을 찬미하는 기도를 수범으로 한다(「누가복음」 1: 47). 이 헌신과 찬미의 기도를 통해 자신은 물론 타인이 겪은 삶의 시련과 상실감의 치유를 도모한다. 셋째는 "기도, 준행, 수련, 생각, 행동"을 통해 예수의 성육화가 표상하는 바를 지향하는 삶이다. 예수의 지상적 삶으로의 현신은 결국 천상적인 것과 세속적인 결합이요, "초시간적 시간과 인간의 시간의 합치"이며, 과거와 미래의 화해의 실현을 의미한다. 시인은 인간이 이런 완벽한 경지에 도달하지 못한다 할지라도 거기에 이르려는 끊임없는 시도 그 자체가 의미 있는 것임을 마지막 메시지로 던지고 있다.

엘리엇의 바닷가 풍경은 '저만치' 홀로 떨어져 자족적으로 존재하는 자연의 제유가 결코 아니다. 시인의 기억 속에 침전되어 있다가 소환된 그 풍경은 인간의 삶과 부단히 얽히고설킨 삶의 무대로 드러난다. 「드라이 샐베이지스」의 바다는 생명의 터전이기도 하고, 영원의 표상이기도 하며, 또한 상실과 죽음의 유적지이기도 하다. 그것은 삶의 한 변방을 이루면서도 그곳을 떠나 있었던 시인의 삶을 구성하는 중요한 요소로 작용해왔다는 점에서 또한 치열한 실존의 현장이기도 하다.

3   『모비딕』의 바다: 생사의 파노라마

헨리 데이비드 소로는 호숫가에 사는 이점의 하나로 우리가 발 딛고 있는 땅이 물에 둘러싸인 것을 부단히 상기시킨다는 점을 꼽은 바 있다. 우리의 지형적 인식은 거의가 땅을 중심축으로 하여 펼쳐져왔다. 호수가 아무리 넓어도, 강이 아무리 대하를 이루어도 그것들은 땅을 수놓는 지형으로 묘사되고 인지되어왔다. 그러나 지표면의 2/3가 바다이다. 또 대부분의 창세신화는 바다가 땅에 앞서 창조된 것으로 되어 있다. 육지가 삶의 터전이라면 바다는 그 기원이다. 이런 점을 상기한다면 물을 중심으로 지리를 말하는 것이 더 적절하고 온당해 보인다. 가령 석촌호수가 잠실에 있다고 말하는 대신 잠실이 석촌호수와 한강 사이에 있다고 보는 시각이 더 합리적이다. 세상의 도처에 호수와 강과 바다가 있고 땅은 기실 이 물의 공간들 사이를 채우고 있는 섬이라고 말하는 것이 더 사리에 부합된다. 우리의 지리적 상상력은 때로 이런 중심 이동이 필요하다. 우리는 물에 대해서, 특히 바다에 대해서, 일상적 지식은 물론 정서적 느낌에서도 육지의 그것에 비해 상대적으로 궁핍하기 짝이 없는데, 거기에 이런 관습화된 시각의 문제도 분명 개입해 있을 것이다.

19세기에 쓰여진 가장 빼어난 해양소설로 평가되어온 허먼 멜빌(Herman Melville, 1819~1891)의 『모비딕』을 읽을 때마다 바다에 대한 나의 무지, 그 실감의 얕음을 절감한다. 선상의 삶이나 고래 혹은 고래잡이에 관한 무지는 전문적 체험의 영역이라 할 수 있으니 그렇다 치더라도, 그 배경이 되는 바다 일반에 대한 묘사에도 언 발 만지는 것처럼 무딘 느낌이고 낯설기만 하다. 그렇다고 바다가 삶의 일상에서 동떨어진 것은 결코 아니다. 많은 사람들이 주말에 혹은 휴가철에 바다를 찾아간다. 하지만 이들 대부분에게 바다는 그저 광활함이요, 일렁이는 푸른 물결이요, 아득한 심연에 머물기 십상이다. 이 소설의 화자인 이스마엘도 고래잡이배에 승선하기 전에는 바다에 관한 이런 막연한 인상을 넘어서지 못했다. 낸터키트 선창에서 어느 배를 탈 것인지 살피는 중에 이스마엘은 피쿼드호의 선주이자 항해 준비 책임자인 빌대드라고 불리는 나이 든 선장과 인터뷰를 하게 된다. 승선 동기를 묻는 노선장에게 이스마엘은 고래잡이 경험을 쌓고 더 넓은 세상을 보기 위해서라고 대답한다. 물정 모르는 이 상투적 대답에 빌대드는 그 자리에서 뱃머리로 가 바다를 보고 거기서 무엇을 발견했는지 말해보라고 주문한다. 이스마엘은 이렇게 보고한다. "별로요. 물만 보았습니다. 넓게 펼쳐진 수평선. 아무래도 돌풍이 불 것 같은데요."[9] 물결치는 물, 아득한 수평선 그리고 이따금 이는 돌풍의 파란 ─ 이것이 바다에서 이스마엘이 본 전부이다. 그러나 빌대드가 암시하고 있듯이 바다는 겉보기와 달리 변전무쌍하고 위험하고 난폭한 세계이다. 그것은 육지와 판이하게 다른 경이의 세계요 종잡을 수 없는 변화와 혼돈으로 늘 출렁거리는 곳이다.

20세기의 생태시인 게리 스나이더(Gary Snyder)는 인간의 눈에 똑같이만 보이는 바다의 물결이 실상은 서로 다른 것임을 환기시킨 적이 있다.

"은빛 연어가 밑으로 지나가면서 생긴

---

9 Herman Melville, *Moby-Dick or The Whale*, Evanston and Chicago: Northwestern University Press and The Newberry Library, 1988, p.72.(이하 인용은 이 판본을 따르되 본문에 쪽수만 밝힘)

수면의 물결은—
미풍이 일으킨 물결과는 다르다"

파도 위로 질주하는 지느러미 하나—
혹등고래 한 마리
공중으로 뛰어오르며
청어 떼를 집어 삼키고 있다
　— 자연은 책이 아니라, 하나의 퍼포먼스,
고매한 오랜 문화.

— 게리 스나이더, 「수면의 물결」 부분[10]

 매순간 바다에 이는 파란은 연어 떼, 바람, 혹등고래를 포함한 무수한 다른 요인에 의해 야기되는 것이지만, 인간의 눈은 그 차이를 구별하지 못하고 동일시해버린다. 변전무쌍한 사건과 일들이 무시로 일어나는 자연의 이력이 그때그때 분별되어 언어로 기록되었다면 자연 세계도 문명 세계 못지않은 유구한 문화가 누적되어 있음을 과시했을 터이다. 그러나 인간 문명에는 인간중심주의를 벗어난 식별의 눈도, 그런 언어도 부재하다. 시인은 그리하여 문명적인 것과 대립되는 것으로서의 자연, 그 반문명적 특징화가 자연에 대한 인간의 무지가 투영된 결과일 뿐이라는 것을 환기시키고 있다.
 환경 위기가 심화되면서 자연을 문명과 대립되는 야만으로 치부하는 것은 인간중심적 오만의 소치라고 누누이 지적되어왔다. 자연에 대한 인간의 지배자적 군림은 물질적 탐욕과 그것을 객체화한 시각의 결과이다. 인간을 중심에 놓고 자연을 대상화하는 자기중심적 교만을 떨치는 데 멀어졌던 자연

---

10 Gary Snyder, *No Nature: New and Selected Poems*, New York: Pantheon Books, 1992, p.381.

을 가까이서 깊이 체험하는 것보다 더 나은 처방은 없을 것이다. 이스마엘은 이제 피쿼드호에 승선해 고래잡이에 나서면서 이 무한경의 바다가 감추고 있는 복잡다단한 심연, 그 "고매한 오랜 문화"(high old culture)를 절절하게 체험하게 된다. 그것은 바다에서 일어나는 온갖 낯선 사건들, 생명의 신비, 혹은 자연의 장엄함을 "평등한 눈"으로 수용하고, 힘겨운 고래잡이 일을 체달(體達)하고, 동시에 그것을 전할 바다의 언어를 익혀가는 일을 포함한다.

배가 사나운 비바람이 휘몰아치는 난바다로 나서자 소설은 이내 떠나온 육지와 바다는 근본적으로 다른 세계라는 것을 강조한다. 거친 바다와 달리 육지는 가정적인 안전과 위안을 제공하는 세계이다. 그것은 "벽난로, 저녁식사, 따뜻한 담요, 친구들"로 표상되는 세계이다. 그러나 이 가정적 세계는 "배반과 굴종"을 강요하는 이웃과 공존하고 있다. 그리하여 바람이 몰려가는 해안은 강인한 의지, 자유, 남성적인 영혼의 세계를 위협하는 곳이기도 하다. 육지는 이스마엘에게 우울증과 자살 충동을 불러일으킨 세계이다. 육지는 관습과 주어진 질서에 순응하는 삶을 요구한다. 그것은 확정적이고 유한한 세계이다. 반면 광활한 바다는 삶의 무한한 가능성의 표상이다. 바다는 불안정한 유랑의 삶을 강요하면서도 다른 한편으로 늘 변전하는 약동적인 삶, 새로운 비전과 가능성으로 열려 있는 삶을 약속한다. 바다는 "신처럼 가없고 무한한 진리"가 깃든 세계이다. 바다에서 인간은 주어진 질서와 가치를 벗어던지고 본래적인 삶으로 돌아가 참된 자아를 대면하고 새로운 삶의 길을 모색할 수 있다. 바다에 대한 이런 긍정적 이미지는 소설의 첫 장에 표명되어 있는 삶에 대한 이스마엘의 낭만적 비전의 연장선 상에 있는 것이기도 하다. 거기에서 이 감수성 예민한 스물한 살의 청년은 "요원한 것에 대한 끊임없는 갈망"과 "경이의 세계"에 대한 호기심 또한 그로 하여금 험난한 고래잡이 길로 나서길 충동했음을 고백하고 바다에 어른거리는, "우뚝

솟은 눈 덮인 산"과 같은 거대한 환영에의 매혹을 말하고 있다.

　미지의 세계에 대한 강렬한 동경, 죽음을 무릅쓴 이 낭만적 모험욕의 원천은 무엇인가. 마찬가지로 비슷한 열병을 앓았던 멜빌은 그것이 일찍부터 남태평양을 다녀온 친지들의 이야기, 동시대의 작가인 페니모어 쿠퍼(James Fenimore Cooper), 프레더릭 메리야트(Frederick Marryat), 리차드 대이너(Richard Henry Dana) 등의 해양소설, 그리고 선교사들의 해외선교 활동기의 탐독에서 자극된 것이라고 말한 적이 있다. 이처럼 수많은 이스마엘들을 유혹했던 바다에는 서부개척과 해외진출의 열기가 뜨거웠던 당대 미국사회의 팽창주의 이데올로기의 파고가 넘실대고 있었다. 『모비딕』에서 바다가 종종 서부 대초원의 이미지로 펼쳐지는 까닭도 여기에 있다. 이스마엘은 광활한 태평양을 "바다의 대목장, 광막하게 뒹구는 바다의 대초원"으로 비유한다. 선원들 또한 고래를 추격하다가 잠시 소강상태를 맞아 긴장을 풀고 잔잔한 바다를 바라볼 때 곧잘 서부 대초원을 떠올린다.

　　이러한 때 포경선에 탄 방랑자들도 잠시 육지에 있는 듯한 환상에 젖어들면서 바다가 마치 친근한 부모인 양 신뢰하는 기분으로 그것을 꽃으로 뒤덮인 대지라고 생각한다. 또 돛대 끝만 보이는 저 멀리 떨어진 배는 높은 물결이 놀치는 거친 바다가 아니라 길게 자란 풀이 물결치는 대초원을 헤치며 나아가는 것처럼 보인다. 그것은 서부 이주자의 말들이 무성한 푸른 초원을 헤치며 나아갈 때 몸뚱이는 우거진 풀에 가려지고 뾰족 솟은 두 귀만 보이는 것과도 흡사하다.(p.491)

　그렇다. 그들은 거대한 생명체를 무자비하게 죽이는 야만적 도살자에 불과한 것이 아니다. 집집의 불을 밝히는 주원료였던 고래 기름을 제공하는 포경업은 그 당시 미국 산업자본주의 체제를 이끌어가는 가장 중요한 기간 산업이었다. 그들은 그 최전선에서 자연을 정복하고 교화시켜 문명화를 이룩해나가는 개척자로 자부했다. 서부개척이 당시의 가장 중요한 국가적 과제였음을 상기한다면, 이 동일시의 심리와 당위성은 수긍된다. 그러기에 페르세우스, 성 조지, 헤라클레스, 요나, 비슈누와 같은 신화 속 인물들을 선구자로 내세워 고래잡이의 명예와 영광을 선양하고자 한 이스마엘의 수사적 언어는 과장으로 들리지 않는다.

고래를 좇아 심해에 이르자 바다는 한층 다양한 모습을 띤다. 무엇보다 무한경의 바다, 그 광활한 물의 세계가 일상을 지배하게 된다. 고래잡이도 이 무한경과의 싸움으로부터 시작된다. 선원들은 매일같이 돛대 꼭대기의 망루에 올라 망망대해에서 고래를 찾아야 한다. 무수한 주름과 굽이로 출렁대는 일망무제의 바다는 망루의 선원들에게 갖가지 상념을 자아낸다. 이스마엘 자신이 절절히 체험한 대로 "명상과 물은 영원히 결합되어 있"는 것이다. 그 사념 속에서 낭만적 정신의 소유자라면 종종 발밑에서 출렁이는 짙푸르고 신비로워 보이는 바다에서 자기 영혼의 이미지를 읽고 바다와 일체가 되는 기분에 젖을 수밖에 없으리라.

훗날 로맹 롤랑(Romain Rolland)과 프로이트에 의해 "대양적 감정(oceanic feeling)"이라고 지칭될 이 일체감은 자아의 몰각 상태이면서 동시에 성찰적 회귀를 동반한다. 자기 성찰은 탈자아의 길을 통해서 한층 심화되기 때문이다. 주객의 이 역설적 상관성이 큰 관심사였던 멜빌은 그래서 소설의 첫 장에서 무릇 "물을 응시하는 자(water-gazer)"는 나르시시스트가 될 수밖에 없다고 적었다. 험난한 고래잡이의 와중에도 바다는 이처럼 종종 나르시스적 몽상을 자극하는 무대를 제공한다.

피쿼드호에서 그 누구보다도 열심히 바다를 응시하는 사람은 자신의 한쪽 다리를 앗아간 흰 고래 모비딕을 포획하고자 하는 일념에 불타는 선장 아합이다. 고래 뼈로 만든 의족을 뒷갑판의 송곳 구멍에 고정시키고 한쪽 손으로는 돛의 밧줄을 잡고 꼿꼿이 선 채 이물 너머 넘실거리는 바다를 말없이 응시하는 것이 그의 주 일과이다. 배가 열대 해역에 들어서면서 아합의 흰 고래 모비딕 탐문은 한층 더 강박적인 것이 된다. 그는 선실에 거의 들어가지 않고 밤낮으로 갑판을 서성이며 바다를 지켜본다. 그러면서 아합 또한 바다의 도처에서 정신을 사로잡고 있는 형상의 비유를 발견한다.

> 오 자연이여! 오 인간의 영혼이여! 말로서 다 표현할 수 없을 만큼 둘은 서로 맞물려 상응하는구나! 사물 세계에서 아주 작은 원자 하나라도 생동하는 것이 있으면 정신 속에도 그것을 기묘하게 복제한 것처럼 똑같은 것이 그에 조응하여 있구나!(p.312)

모비딕에 대한 복수심에 사로잡힌 주아주의자 아합에게 바다는 이렇게 정신의 거울로 비친다. 모비딕을 맨 먼저 발견한 사람에게 상금으로 주겠다고 돛대에 박아놓은 금화를 탐내면서 선원들이 거기에 새겨진 문양을 저마다 자신의 입장에서 해석하는데, 그것을 지켜보면서 아합은 사물은 결국 자아를 비추는 반사체임을 다시금 확인한다. 인간의 정신과 자연이 "맞물린 유비체(linked analogies)"라면, 물은 자연물 중에서 정신을 비추는 최상의 거울, 곧 으뜸가는 수경(水鏡)이 될 수밖에 없다. 비슷한 시기에 대서양 너머 프랑스의 시인 보들레르(Charles-Pierre Baudelaire)도 깊은 바다를 정신의 심연을 비추는 거울에 비유한 적이 있다.

> 자유로운 인간이여, 그대는 언제나 바다를 사랑하리!
> 바다는 그대의 거울, 그대는 그대의 넋을
> 끝없이 펼쳐지는 물결에 비추어본다,

> 그리고 그대의 정신 역시 바다 못지않게 쓸쓸한 심연.
> — 보들레르, 「인간과 바다」 부분[11]

보들레르에게 바다는 자아의 심연을 헤아리는 거울이자 매개물이다. 아합 또한 바다에서 운명에 포박된 그의 의식을 촌탁해본다. 그러면서 그것은 무엇보다 그를 온통 사로잡고 있는 흰 고래 모비딕이 유영하는 바다이다. 그러기에 아합에게 바다는 우선적으로 흰 고래를 포획하기 위해 헤아리고 측정하며 헤쳐 나가야 할 "비정한 무한경(heartless immensity)"으로 다가오는 것이다.

정신과 자연의 상응 문제는 시대적 관심사이기도 하다. 동시대의 초월주의자 에머슨(Ralph W. Emerson)은 "자연은 영혼의 상징"이라고 썼다. 이때 에머슨이 말하는 자연은 신성이 깃들어 있는 범신론적 자연이다. 자연을 신의 메시지로 읽어낸 청교주의 해석학 전통을 이어받으면서도 에머슨은 낙관주의적 시대정신을 반영하여 그것을 인간의 타락을 질타하는 신의 진노한 음성이 들리는 통로라기보다는 정신을 고양시키고 삶의 편익과 아름다움을 선양하는 촉매로 생각했다. 그러나 멜빌은 정신과 자연의 상응이라는 명제에 공감하면서도 에머슨의 낙관적이고 실용주의적 자연관에 대해서는 동의하지 않는다. 햇빛이 눈부시고 평온하던 바다가 순식간에 광풍과 폭우가 몰아치는 죽음의 공간으로 돌변하는 것은 흔한 일이다. 상어처럼 무자비한 약탈자 무리들이 지닌 특이한 광채와 아름다움을 상기한다면 자연의 외양은 기만적인 것이다. 멜빌에게 자연은, 그리고 삶은, 선하고 합리적인 조화의 세계라기보다는 악의와 예측 불가능한 위험, 광기와 폭력이 어른거리는 혼

---

11 샤를르 보들레르, 『악의 꽃』, 윤영애 역, 문학과지성사, 2003, 63쪽.

돈의 세계이다.

선상 체험이 쌓일수록 바다의 기만성, 그 "흑암의 힘(power of blackness)"에 대한 이스마엘의 경각심도 높아진다. "바다는 이방인에게 적이 될 뿐만 아니라 자손에게도 마귀처럼 잔인하고, 자기를 찾아온 손님을 죽인 페르시아인보다 더 사악하다. 바다는 자기가 낳은 생물도 용서하지 않는다. 사나운 암호랑이가 밀림 속에서 뒹굴다가 새끼들을 깔아뭉개듯 바다는 가장 힘센 고래까지도 바위에 내던져, 그들을 부서진 난파선 잔해와 나란히 암초에 남겨놓는다."(p.274)

바다의 외양이 기만적이고, 무엇보다도 바다의 삶은 관조보다는 행동을 요구하기 때문에, 멜빌은 잔잔하고 평온한 바다가 자극하는 명상과 성찰의 기회를 기리면서도 그 위험성에 대해 경고하는 것을 잊지 않는다. 그는 미동도 없이 몽상에 빠져 있는 망루의 파수꾼에 대해 이렇게 경고한다.

> 이제 그대에게 생명의 자취는 없다. 다만 부드럽게 흔들리는 배가 전하는 저 동요하는 생명만이 있을 뿐이다. 배는 그 생명을 바다에서, 바다는 그것을 신의 불가사의한 조류에서 빌려왔다. 하지만 이렇게 잠과 꿈이 그대를 사로잡고 있을 동안 발이나 손을 조금이라도 움직여보라. 움켜잡고 있는 손을 놓아 보라. 그러면 공포 속에서 제 정신이 돌아올 것이다. 그대는 데카르트적 소용돌이 위에 매달려 있는 것이다. 어쩌면 이 대낮에, 청명하기 이를 데 없는 날에, 그대는 목이 졸리는 듯한 비명을 지르며 저 투명한 대기 속을 뚫고 여름 바다에 떨어져 다시는 수면 위로 떠오르지 못할지 모른다. 그러니 조심하라, 범신론자들이여!(p.159)

무한경이 자극하는 초월적 명상, 그 목가적 꿈꾸기의 유혹에 취해 방심하다가는 다음 순간 돌이킬 수 없는 파국을 맞을 수 있다. 이것이 선상의 냉혹한 현실이다. 실제로 이스마엘은 야밤에 키를 잡고 배를 조종하면서 잠깐 몽상에 빠져 있는 사이 배가 역풍에 휘말려 뒤집힐 뻔한 아찔한 경험을 겪은 적도 있다. 그래서 바다의 인식론은 위태롭기만 하다. 보이는 현상에 도취하거나 그것이 전부라고 생각하다가는 자칫 "데카르트적 소용돌이(Descartian vortices)"로 떨어질 수 있기 때문이다.

야밤의 당직자는 종종 환영의 물줄기(the spirit-spout)에 현혹된다. 고래가 뿜어 올리는 물보라인 줄 알고 보트를 내려 급히 달려가보지만 고래의 자취는 묘연하고 적막에 잠긴 텅 빈 바다에 검은 파도만 넘실댈 뿐이다. 이 헛다리짚기가 되풀이되다 보면 선원들은 불길한 예감에 젖는다. "잠시 동안 나타났다가 홀연히 사라지는 이 환영, 이 요괴 같은 환영이 간교하게 우리에게 손짓하여 아주 멀고 사나운 바다로 끌고 갔다가 끝내는 되돌아서 우리를 습격하여"(p.233) 죽음으로 몰아넣을 것이라는 공포에 선원들은 시달리는 것이다. 바다에는 이런 환시, 실체 없는 경이로운 기호들이 산재해 있다. 이런 환영에 현혹되다 보면 배는 본래의 항해 목적을 잊은 채 수평선에서 수평선으로 끊임없이 떠돌아다니기 십상이다. 이 배에서 저 배로, 이 섬에서 저 섬으로 오가며 바다를 떠도는 선원들, 이른바 '오무(omoo)'들 중 상당수가 이 신기루 같은 환영에 휘말린 자들이기도 하다.

『모비딕』의 바다에 그 고절의 무한경이 빚어내는 이 같은 환각과 착시의 이변만 있는 것은 아니다. 거기에는 불가해한 생명의 신비도 있고 자연의 기변(奇變)도 있다. 피쿼드호가 인도양 남부의 크로젯군도를 지나 북동쪽으로 항해를 계속하고 있을 때 바다에 홀연 수십 마일에 이르는 노란색 물결의 장관이 펼쳐진다. 참고래들이 즐겨 먹는 노란색 청어의 치어들이 마치 누렇게 익은 대평원의 밀밭처럼 물결치고 있었다. 그 한가운데를 참고래들이 누비며 목장의 풀을 베어 넘어뜨리듯이 노란 치어들을 집어 삼키고 파란

자국을 뒤로 남기며 헤엄치고 있었다. 노란 치어와 푸른 바다의 선명한 색채 대비를 통해 바다의 신비가 원색적으로 표출되고 있는 정경이다. 바다는 이렇게 무수한 생명체가 삶을 이어가는 자양의 터전이다. 생명은 그러나 한편으론 비정하다. 생명의 지속은 서로가 서로를 잡아먹고 잡혀 먹는 식인주의(cannibalism)를 바탕으로 하기 때문이다.

이 노란 물결을 통과하여 자바섬을 향해 항해를 계속하던 중 피쿼드호는 또 다른 경이와 마주한다. 햇살이 눈부시고 바람 한 점 없는 바다에 길이와 너비가 무려 200미터에 이르는 거대한 순백의 오징어 한 마리가 천천히 헤엄을 치고 있었다. 그것은 수면 위로 떠올랐다가 가라앉기를 반복했다. 흰 고래로 오인한 망루 선원의 외침에 본선의 보트들이 일제히 출격하여 가까이 다가서 보니 크림색으로 빛나는 거대한 몸체가 방사상으로 뻗은 여러 개의 긴 팔을 내저으며 물살을 가르고 있었다. 얼굴도 감각기관도 보이지 않는 순백의 평명한 생명체는 너무도 기이한 모습이어서 선원들에게 "이 세상의 것이 아닌 존재, 형체도 없이 우연처럼 살고 있는 유령"처럼 비쳤다. 좀처럼 보기 드문 흰 대왕오징어의 출현에 선원들은 한편으로는 바다의 신비와 생명의 불가해성을 새삼 절감한다. 그러면서도 그것의 출현을 흉조로 받아들여 흰 고래 모비딕을 포획하고자 하는 그들의 앞길에 죽음이 예비되어 있는 것이 아닌지 불안해한다. 자연의 이적과 생명의 신비를 홀연 드러내는 바다는 이처럼 전설과 미신, 불안과 공포, 그리고 죽음의 그림자가 또한 뒤섞여 있는 곳이기도 하다.

향수와 머릿기름 혹은 포도주의 맛을 돋우는 데 사용되는 최고급 향유인 용연향은 독특한 방향으로 이름 높다. 그런데 이 용연향은 병들어 죽은 부패한 고래의 내장에서만 추출된다. 기이하게도 부패의 한가운데에 천상의 향기가 깃들어 있는 것이다. 이 땅의 한 시인은 이렇게 쓴 적이 있다: "보이지 않는 세계의 향기인들/어찌 생선비린내를 떠나 피어나리요."[12] 시인은 어떤 아름다움도 산문적 현실에 뿌리박고 있음을 말하고 있는데 바다는 이런 삶의 오묘한 이치도 보여주는 것이다. 살아 있는 말향고래의 외피 또한 신비스럽다. 거의 예외 없이 말향고래의 전 표면은 무수한 직선들이 서로 교차하고 있는데, 그 모습은 이탈리아 고대 유적의 멋진 선형 조각처럼 보이기도 하고 피라미드 벽면의 상형문자를 연상시키기도 한다. 거대한 바위와도 같은 육중한 몸체를 수면 위로 솟구쳐 원호를 그리면서 떨어지기도 하고 꼬리를 수직으로 세우고 잠수하는 고래의 유연한 자태도 못지않은 생명의 장엄함을 불러일으킨다. 고래 중 가장 몸집이 큰 대왕고래(blue whale)는 평균 길이가 30미터를 넘고 몸무게도 180톤 내외에 이를 정도로 거대하다.『모비 딕』의 주인공 흰 고래 모비딕이 속하는 말향고래는 길이가 18미터, 몸무게는 50톤 내외이고, 한때 우리 동해 바다를 삶의 터전으로 삼았던 한국 귀신고래의 몸체는 16미터, 몸무게는 36톤가량이다. 제일 작은 축에 속하는 꼬마참고래도 길이가 4~6미터이고, 몸무게는 3~5톤가량인데, 이들도 어지간한 성인 코끼리보다 무겁다. 고래가 불러일으키는 외경심과 공포, 경이와 신비스러움의 원천도 결국 이 커다란 몸집과 거기서 뿜어 나오는 괴력이다.

거대한 몸체를 움직이는 유연한 활력 못지않게 포유류로서 고래의 인간과의 친연성, 곧 숨을 쉬고, 새끼를 낳아 기르고, 무리를 지어 살고, 지적으로 영특한 점도 또한 생명에 대한 외경심을 자극한다. 고래의 사회적 행동과 심리를 인간의 그것과 대비시키고 있는 다음 구절을 보자.

그러나 이 경이로운 수면 세계의 훨씬 안쪽으로 한층 더 기이한 세계가

---

12 정현종,「부엌을 기리는 노래」,『세상의 나무들』, 문학과지성사, 1995, 11쪽.

눈앞에 전개되고 있었다. 이 물로 둘러싸인 궁륭에 젖을 먹이는 어미고래들과 커다란 허리둘레로 보아 곧 어미고래가 되려는 고래들이 매달려 있듯이 떠 있었다. 이 바다 호수는 앞서 시사한 대로 상당한 깊이까지 놀랄 만큼 투명했다. 어린애들이 젖을 빨면서 눈동자를 젖으로부터 딴 곳으로 돌려, 마치 동시에 두 가지 서로 다른 삶을 살고 있는 양, 조용히 그리고 가만히 쳐다보며, 속세의 자양을 섭취하면서도 세상 너머에 대한 회상을 정신적으로 한껏 즐기고 있는 것처럼, 이들 새끼고래들도 이와 똑같이 우리를 향해 쳐다보고 있는 듯이 보이지만, 사실은 우리가 갓 태어난 그들의 눈에 한 잎의 해초에 불과한 것인 양, 우리를 보고 있었던 것이다. (pp.387~388)

작살 맞은 고래에 이끌려 군집해 있는 무리의 한 가운데로 들어선 이스마엘이 본 풍경이다. 수많은 고래들이 원을 그리며 선회하는 그 중심은 기이할 정도로 조용하고 평온해 보였다. 그 안에서 새끼고래가 주변의 소란과 그들을 살육하러 온 인간 침투자들에 아랑곳하지 않고 조용히 젖을 빨고 있다. 그 모습은 엄마 젖을 먹으며 무심하게 주위를 응시하는 갓난애의 신비스러운 자태와 비교되면서 고래도 인간과 하등 다를 바 없는 생명체라는 것을 환기시킨다. 더욱이 고래들이 겹겹이 둘러싼 동심원의 안쪽에 펼쳐진 이 가정적 정경은 생사를 넘나드는 위험에 늘 노정되어 있는 고래잡이 선원들의 거친 삶과 대조를 이루면서 고래의 삶이 오히려 더 인간적이라는 인상마저 준다. 얼마 후 작살을 맞은 고래 한 마리가 고통에 겨워 날뛰면서 파란을 일으키고 그 결과 고래 떼들이 서로 부딪치며 중심으로 몰려들어 이 평화로운 정경은 아수라장으로 변하고 만다. 이로 인해 고래잡이의 폭력성이 새삼 부각되면서 고래잡이의 야만성, 곧 인간의 야수성은 부인할 수 없는 것으로 다가온다. 『모비딕』의 바다는 이렇게 생명 침탈의 처절한 현장이면서 또한 그것을 고발하는 무대이기도 하다. 이스마엘은 서부의 대초원에서 그렇게 많던 버팔로가 단시간 내에 사라져버린 현실을 상기시키며 고래의 멸종을 우려함과 동시에 인간의 탐욕이 자연 생명을 어떻게 훼손시켜왔는지를 통탄하는 것이다.

멜빌이 포경선에 승선하여 남태평양을 편력한 1840년대 후반부터 『모비딕』을 발표한 1851년까지 미국의 포경업은 황금기였다. 1830년대에 이미 포경 강국으로 부상했던 미국이 이 시기에 보유한 포경선은 무려 700척에 이르렀다. 『모비딕』 24장에는 뉴베드포드 출신의 하원의원 그리넬 (Joseph Grinnell)이 1844년 의회에 보고한 고래잡이 현황이 이렇게 인용되어 있다: "미국의 포경업자의 수는 세계의 다른 나라 모두를 합친 것보다 더 많아서, 7백 척 이상의 배에 18,000명의 선원이 일하는 대선단을 전 세계에 내보내고 있다. 고래잡이 연간 비용은 400만 달러에 이르고 있고, 미국이 보유한 포경선의 전체 값어치는 2천만 달러에 달하는데, 이들이 매년 700만 달러에 달하는 기름과 지육을 생산하고 있다"(109). 오늘의 기준으로 보면 작은 범선에 불과하지만 당시의 고래잡이배는 과학적 장비와 선원들의 집약된 노동력을 활용해 부를 축적해나간 산업자본주의의 첨병이었다. 뛰어난 웅변과 카리스마적 권위로 모비딕 추적에 선원들의 동참을 이끌어낸 후 아합은 자신이 붙잡고 돌리는 원형의 바퀴에 여러 선원들의 톱니가 모두 잘 맞아 돌아가고 있다고 흡족해하는데, 이 섬뜩한 기계적 비유는 그가 지휘하는 피쿼드호가 산업사회의 생산 공장이나 다름없는 곳임을 시사하는 것이다. 특히 백인, 흑인, 원주민 인디언은 물론 중국인, 폴리네시아인 등을 포함하여 유례 없을 정도로 다양한 인종과 종족들로 이루어진 피쿼드호의 선원 구성은 『모비딕』의 바다가 근대 세계 체제의 형성 및 확산 루트의 일부였음을 또한 암시한다.

이제 피쿼드호의 항적을 되짚어보자. 낸터키트항을 출발한 배는 북대서

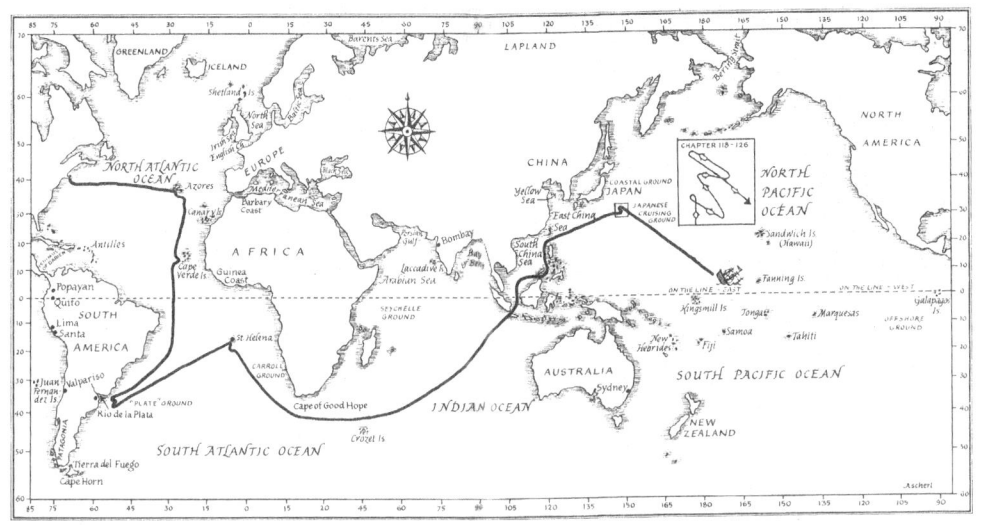

피쿼드호의 항로

양 아조레스 제도와 세인트헬레나섬을 거쳐 아프리카 서안을 따라 남하해서 희망봉을 돌아 인도양으로 진출한 후 남중국해를 지나 이윽고 광활한 태평양에 이른다. 피쿼드호는 다시 동지나해를 지나서 일본 열도 아래를 통과한 후 남하하여 태평양의 한가운데 적도 근처에서 마침내 모비딕과 조우한다. 이 항로는 멜빌 자신이 승선했던 고래잡이배의 항로와 다르다. 대부분의 미국 포경선은 아메리카 대륙 동안을 따라 남하하여 케이프혼을 돌아 남태평양으로 출어했다. 피쿼드호는 반대로 바스코 다 가마를 비롯한 최초의 원양 항해자들이 닦아놓은 '인도 항로'를 통해 태평양에 이른 것이다. 이스마엘이 번성하고 있던 뉴베드포드항 대신 포경의 시원지인 낸터키트를 일부러 찾아가 고래잡이의 모험에 나섰듯이 피쿼드호 또한 서양 근대의 문을 연 시원적인 항로를 택한 것이다.

멜빌이 아합과 흰 고래 모비딕의 마지막 결전장으로 태평양을 택한 것 또한 의미심장하다. 태평양은 가장 넓고 가장 오랜 시원의 바다이다. 그것은

제6장 바다

237

"세계의 몸 전체를 띠로 휘감고, 세상의 모든 해안을 자신의 만으로 만드는" 바다 중의 바다이다. 그러기에 대서양과 인도양은 태평양의 "양팔"에 지나지 않는다. 이스마엘이 "축축하고 음울한 11월 달" 같은 답답한 현실로부터 벗어나고자 승선한 고래잡이의 길, 그 탈주선은 이렇게 시원으로 되돌아가는 길이다. 이 태고의 바다에서 펼쳐지는 아합과 모비딕의 대결은 그러므로 사사로운 분노와 편협한 복수의 차원을 넘어선다. 그 대결의 의미를 한 마디로 요약하긴 힘들지만 어쨌든 그것은 시원적이고 원형적이며 우주적인 양상으로 다가오는 것이다.

시인 찰스 올슨(Charles Olson)은 일찍이 『모비딕』의 세 가지 뛰어난 창조물로 아합, 모비딕, 그리고 태평양을 꼽은 바 있다. 태평양은 올슨에게 무엇보다 광활한 '공간(SPACE)' — 그는 이렇게 대문자로 쓴다 — 의 표상이다. 그는 『나를 이스마엘로 불러주오(Call Me Ishmael)』의 첫머리에서 공간은 미국에서 태어난 사람에게는 가장 중심적 현실이라고 적고 있다.[13] 첫 이주자인 청교도들은 그 공간을 '황야(wilderness)'라 부르고, 청교도 공동체 건설을 "황야에의 심부름"으로 규정했다. 황야는 문명에 지친 자들이 탈주하여 새로운 삶의 가능성을 모색할 수 있는 문명의 배후지이다. 17세기 유럽인들에게 신대륙 아메리카가 바로 그런 황야였고, 19세기 미국인들에게는 미시시피강 너머 서부가 그러했다. 아직 서부 개척이 한창인 19세기 중엽에 멜빌은 미래의 미국인들에게는 태평양이 그들의 꿈을 쫓는 황야가 될 것임을 『모비딕』을 통해 계시한 것이다. 이는 문명의 전진사를 되돌아보면 수긍되는 성찰이다. 서양문명은 지중해를 중심으로 터를 닦고, 르네상스기에 들어서서 지브롤터 너머 대서양으로 진출했고, 근대 이후는 인도양을 거쳐 태평양으로 그 영역을

---

13 Charles Olson, *Call Me Ishmael*, New York: Reynell &Hitchcock, 1947, p.11.

넓혀갔다. 역사는 미국이 태평양을 부국강병의 무대로 삼아 세계의 열강으로 도약했음을 증언하고 있으니, 『모비딕』은 공간의 체험을 그 지평 확대와 더불어 제공하면서 미국 문명이 나갈 방향을 밝힌 예언서 역할을 한 셈이다. 이 소설이 망각의 늪에 파묻혀 있다가 미국이 세계사의 주역으로 떠오르기 시작하는 1920년대에 재평가된 것은 결코 우연이 아니다.

광활한 태평양에 이르러 이스마엘은 청춘 시절부터 꿈에 그리던 바다에 마침내 도달한 것에 흔연해하며 명상에 잠긴다.

> 이 바다에 어떤 신선한 신비가 숨어 있을까. 잔잔하면서도 무섭게 물결치는 바다 밑에 어떤 영혼이 숨어 있는 것만 같다. 파도의 일렁임은 복음 전도자 성 요한이 묻힌 에페소스 무덤 떼장의 전설적 굽이침을 연상시킨다. 그리고 이 바다 목장, 드넓게 펼쳐진 바다의 대초원, 네 대륙의 공동묘지 위에서 파도가 쉴 새 없이 넘실거리고 밀물과 썰물이 끊임없이 되풀이되는 것은 참으로 어울리는 일이다. 여기에는 수백만의 그늘과 그림자가 뒤섞여 있고, 꿈과 몽유병과 몽상이 가라앉아 있으며, 우리가 생명과 영혼이라고 부르는 모든 것이 누워서 여전히 꿈을 꾸고, 침대에서 자고 있는 사람들처럼 몸을 뒤척인다. 이렇게 쉼 없이 늘 파도가 출렁이고 있는 것은 안주하지 못하고 안절부절 하기 때문일 것이다. (p.482)

태평양을 동경한 것은 이스마엘만은 아닐 것이다. 노예제도는 물론 그로 인한 남북의 정치적 대립 그리고 산업화로 야기된 여러 사회적 모순의 골이 점점 깊어가고 있는 당대 미국 사회에 실망하고 좌절한 후 답답한 마음으로 밖으로 눈을 돌린 사람들에게 태평양은 매혹적인 출구였을 것이다. 그러나 대망의 태평양을 처음 마주한 감회를 말하는 이스마엘의 언어는 차분하기만 하다. 바다의 신비와 광활함과 쉼 없는 변전상을 찬탄하는 듯하면서도 이스마엘은 거기에서 동시에 그와 상반된 것들, 이를테면 죽음, 심연, 그늘, 불안, 악몽이 어른거린다는 느낌을 떨치지 못하며 그 무한경을 응시하고 있다.

특히 태평양을 에워싼 네 대륙의 사람들이 집을 떠나와 죽어서 묻히는 수중 묘지로 빗댈 만큼 이스마엘은 죽음과 그 예감에 사로잡혀 있다. 이 복합적 인상과 양가적 언어는 한편으로는 이스마엘의 세계 인식이 성숙했다는 것을 말해주는 것이기도 하다. 그는 고래의 종류, 생태, 몸체와 각 부분의 기능 등 고래의 온갖 양태를 탐문하는 '고래학(cetology)'에 입문하며 이미 사물의 실체 혹은 존재의 전모를 파악하는 것은 불가능하다는 것을 절감하고 있었다. 고래의 몸체를 차례대로 살핀 후 꼬리에 이르러 그는 그것을 아무리 분석해보아도 그 인식이 흠집투성이라는 것을 발견하게 될 뿐임을 자인하기에 이른다. "전체는 허위다"는 아도르노(Theodor W. Adorno)의 명제는 이미 이스마엘 인식론의 바탕에 자리 잡고 있다. 그러기에 그의 언어는 단선적이거나 단정적일 수 없는 것이다. 이스마엘의 회색 언어는 다른 한편으로 선장 아합의 편집증적 아집이 점점 광기를 띠며 자기파괴적 양태로 표출되면서 배에 더욱 짙게 드리우는 삶의 불확실성과 파국적 운명에의 예감과 그 체념의 그림자 탓으로도 볼 수 있다. 항해의 초창기에는 사물의 애매성 혹은 불투명성은 이스마엘의 생동하는 호기심 앞에서 오히려 그것을 파헤쳐 궁극의 진실에 도달하고자 하는 지식욕을 자극했었다. 그러나 모비딕과의 결전이 임박해오면서 그것은 점점 불확실한 삶에 대한 불안감으로 바뀌고 인식론적 회의는 삶에 대한 회의와 체념으로 변모한다.

피쿼드호는 모비딕의 출몰 수역으로 알려진 적도 근해로 접어들면서 여러 가지 사건과 불길한 전조에 직면한다. 선창의 기름통에서 기름이 새어나온다는 보고에도 선장 아합은 모비딕 추적에 급급하여 그 점검을 거부하다가 일등항해사 스타벅과 충돌하기도 하고, 아합이 생각을 바꿔 선원들로 하여금 기름통 점검에 나서게 하지만 무리한 강행으로 결국 퀴퀙이 병에 걸리고, 모비딕의 추적이 더디기만 하자 아합은 분노에 휩싸여 항해의 필수적 도구인 사분의를 내팽개쳐버린다. 이런 일련의 사건들로 선실의 분위기는 흉흉해지고 선원들의 불안감은 커져만 간다. 또 폭풍에 배의 돛대가 부러지고, 번개가 치는 가운데 남은 돛대의 꼭대기와 보트에 걸어둔 아합의 작살 끝에서 성 엘모의 파란 불꽃이 일면서 이 불길한 징조에 선원들은 공포에 젖는다. 바닷길이 음침한 사망의 골짜기처럼 파국의 그림자로 어두워지는 와중에 피쿼드호의 또 다른 "고립자(isolatoes)", 대장장이 퍼스를 유혹했던 바다의 속삭임이 전해진다. 그는 정주를 포기하고 영원한 유랑을 떠나 바다를 생의 종착지로 삼을 생각으로 피쿼드호에 승선했는데, 그렇게 죽음의 그림자가 드리워져 있다 하더라도, 그것은 이 미지의 세계의 일면에 불과할 뿐이라는 것이 다시금 환기된다.

> 죽음을 갈망하는 사람들의 마음속에 아직 자살에 대한 망설임이 남아 있을 때, 모든 것을 바치고 모든 것을 받아들이는 대양이야말로 상상을 절하는 매혹적인 공포와 경이롭고 새로운 생명으로 약동하는 모험의 세계를 펼쳐 보인다. 끝없는 태평양의 심연으로부터 인어들은 이렇게 노래를 부른다. "이리 오라, 절망에 빠진 인간들을 우리는 환영한다. 죽음의 죄를 저지르지 말고 여기에 새로운 생명으로 들어오라. 여기에 죽음이라는 대가를 치르지 않고서도 볼 수 있는 초자연적인 경이의 세계가 있다. 여기로 오라! 지금도 증오하고 증오의 대상이 되어온 육지의 세계에서 죽음보다 더 모든 것을 망각할 수 있게 해주는 이 생명의 세계 속에 몸을 묻으라. 이리 오라! 교회 앞마당에 그대의 묘비를 세우고, 이리로 오라! 우리가 그대들과 결혼해줄 터이니."(p.486)

단란했던 가정이 파탄 나버린 퍼스가 아내와 자식을 저 세상으로 먼저 보내고 그 자신도 죽기로 작정했을 때, 그를 멀리서 부른 바다는 이렇게 죽음을 껴안고 그것을 넘어서는 시원적 생명의 바다였다. 삶은 죽음을 종착지로 하지만, 그것은 문자 그대로 삶의 끝이 아니라 또 다른 생명의 길로 이어진다. 생명의 근원인 바다는 그 점을 일깨운다. 파국으로 귀결되는 소설의 후반부는 죽음의 폐허에서 드문드문 싹터 나오는 이런 생명의 기운들을 포함하고 있다. 가령 모비딕 추적 셋째 날, 아합이 절박한 고래 추적에 앞서 망루에서 힐끗 본 뒤틀린 돛대의 틈 사이에서 자라고 있는 초록의 이끼도 그런 신생의 이미지의 하나이다.

죽음의 그림자가 드리웠던 절망의 바다는 이렇게 새로운 삶을 약속하는 바다이기도 하다. 발레리(Paul Valéry)의 시구 그대로 바다는 "언제나 다시 시작하는 바다"인 것이다. 정오의 한낮, 해변의 묘지에서 죽음을 명상하는 시인의 눈에 바다는 고요하고 평온한 부동의 바다였다. 바람결을 느끼며 명상에서 깨어난 시인은 삶을 새롭게 긍정하며 결의를 다진다("바람이 인다! … 살려고 애써야 한다!").[14] 이 운명애의 긍정 속에서 바다는 다시금 새로운 삶의 길을 재촉하며 역동적으로 물결친다. 『모비딕』 후반부의 바다 또한 이와 흡사하게 죽음과 부활, 고요와 격동의 사이를 오가며 아합과 모비딕의 대결이 벌어지는 격랑의 무대를 만들고 있다. 흰 고래를 숨 가쁘게 추적하는 사이사이에 바다를 응시하며 자신의 삶을 반추하는 아합이 내비치는 내면 풍경 또한 이런 변증적 궤적을 보인다.

어느 날 만선으로 낸터키트로 귀향하는 배를 만난 후 피쿼드호는 그 행운을 나눠 가졌는지 한꺼번에 고래를 네 마리나 잡는다. 그 고래 중의 한 마리가 석양의 바다 위에 떠서 죽어가고 있다. 죽어가는 고래는 기이하게도 태양 쪽을 향해 계속 머리의 방향을 바꾼다. 마지막 숨이 끊어지면서 이 안타

---

14 폴 발레리, 『해변의 묘지』, 김현 역, 민음사, 1973, 65쪽.

까운 향일성의 몸짓도 함께 멈추고 만다. 이 모양을 내내 바라보고 있던 아합은 죽음의 필연성을 생각하며 자기도 모르게 혼잣말을 내뱉는다.

> 계속 태양 쪽으로 몸을 돌리는구나. 죽음을 앞둔 마지막 동작으로 천천히 그렇지만 멈춤이 없이 이마를 돌려 태양에 경의를 표하고 기원하는구나. … 보라! 물로 에워싸인 이 광대한 바다를 보라. 더 없이 공정하고 공평한 이 바다는 인간의 행복이나 불행에 아랑곳하지 않는다. 비석을 세울 돌 하나 없는 이 바다, 저 중국의 역사만큼이나 오랫동안 너울거리는 파도가 니제르 강의 미지의 수원지 위에서 반짝이는 별들처럼 말없이 구비치고 있는 곳. 여기에서 생명은 믿음으로 가득차서 태양을 향해 죽어간다. 하지만 보라! 죽자마자 죽음이 시체를 빙 돌려, 머리가 다른 쪽을 향하고 있구나.(p.497)

죽어가는 고래를 보면서 아합은 생명의 원천이자 소생의 에너지인 태양도 어쩌지 못하는 죽음의 필연성을 절감하면서 동시에 운명적인 자신의 죽음을 예감한다. 그는 또한 인간의 행복이나 불행에 아랑곳하지 않는 바다의 공정성, 더 정확히 말하면 바다의 비정함을 말하고 있다. 아합이 말하는 비정한 바다는 절망의 나락에 빠진 퍼스를 죽음의 유혹으로부터 건져낸 생명의 바다와 다르면서도 다르지 않다. 바로 이어서 아합 자신이 "육지에서 태어나기는 했지만 바다의 젖을 먹고 자랐"고, "산과 골짜기가 어머니처럼 돌봐주었지만, 이 큰 파도는 나와 함께 젖을 먹고 자란 내 형제들이"(p.497)라고 덧붙이고 있기 때문이다. 그가 지금 마주한 바다에는 죽음의 그림자가 짙게 드리워져 있지만 한때는 그 바다가 그를 키우고 양육해준 것이다. 그러므로 거기에는 자신이 예정된 죽음, 그 파국을 향하여 나아가고 있지만 자신을 포함하여 어느 누구도 그 숙명을 가로막을 수 없고, 자신을 양육해준 바다까지도 방관하며 지켜볼 수밖에 없다는 강한 운명론적 자의식이 배어 있다.

아합과 모비딕 사이에 쫓고 쫓기는 3일간의 결전이 임박하면서 배에 긴장감이 감도는 어느 날, 날씨는 이런 분위기와 상관없이 화창하여 하늘과 짙푸른 바다가 수평선에서 만나 사랑의 교향악이라도 연주하는 듯했다. 평소 직접 망루에 올라 모비딕을 추적해오던 아합은 이날따라 망루에 오르지 않고 뱃전에 서서 바다를 한동안 응시한다. 그러다 눈물을 흘린다. 집에 두고 온 나이 어린 아내와 자식을 떠올리며 비감에 젖은 아합은 그의 옆자리에 다가온 일등항해사 스타벅에게 40년에 걸친 자신의 고래잡이 여정의 고독과 고달픔 그리고 회한을 털어놓는다. 50세의 나이에 소녀와 같은 신부를 맞아 첫날밤을 지내고는 곧바로 출항하여 아내를 생과부나 다름없이 만든 일을 되돌아보면서 40여 년 동안을 미친 듯이 고래를 쫓으며 살아온 자신의 삶이 어리석기 짝이 없는 것이었다고 한탄한다. 고래 추적에 넋을 빼앗긴 선장으로서가 아니라 운명의 주박에서 잠시 벗어나 남편과 아버지로서, 그 본연의 일상적 인간으로 돌아온 것이다. 견고한 성채 같았던 마음의 문을 열면서 그가 흘린 눈물에 대해 이스마엘은 이렇게 적고 있다. "드넓은 태평양도 그 작은 눈물 한 방울 같은 보화는 갖고 있지 않다."(p.543) 그러나 이 보화는 끝내 가능성으로만 영롱했을 뿐 피쿼드호를 삶의 길로 이끌어내지는 못한다. 눈물에 젖은 아합은 스타벅에게 흰 고래를 발견하고서 보트를 내려 모두 뒤쫓더라도 그만은 본선에 남아 목숨을 보전하라고 당부하는 데 그친다. 스타벅은 감상에 젖은 아합을 보고서 마음을 돌려 낸터키트로 돌아가자고 재차 호소하였으나, 아합은 모비딕을 쫓는 것은 자신의 뜻이라기보다 내면에서 그렇게 내모는 신의 섭리요 숙명이라고 외치면서 스타벅의 제안을 물리친다.

흰 고래와의 결전은 아합이 이런 고해성사를 한 바로 다음 날 시작된다.

첫째 날의 추적에서 모비딕의 공격으로 아합의 보트가 두 동강난다. 둘째 날에 작살과 창의 공격을 받은 모비딕은 작살 밧줄을 끌어당겨 두 척의 보트를 충돌케 하여 파괴하고 아합의 보트를 아래로부터 치받아 전복시킨다. 셋째 날에 지친 듯한 모비딕을 향해 세 척의 보트가 공격을 가하지만, 잠수했다가 솟구쳐 오른 고래에게 두 척의 보트가 손괴되고 아합의 보트만 남는다. 그리고 고래는 곧바로 몸을 돌려 거대한 이마로 본선 피쿼드호를 공격하여 침몰시킨다. 아합은 그사이 고래에게 작살을 날렸으나 그 자신도 고래의 몸체에 박힌 작살의 밧줄에 휘말려 바다 속에 내팽개쳐진다. 그와 동시에 피쿼드호는 거대한 소용돌이를 일으키며 바다 속으로 빨려 들어가고 아합의 빈 보트도 그 소용돌이에 잠겨 사라진다. 이윽고 바다는 피쿼드호 돛대 머리와 배의 파편, 널려 있는 창과 노, 그리고 선원들을 거대한 동심원의 소용돌이 속으로 끌어당겨 흔적도 없이 삼켜버린다. 바다는 이내 아무 일도 없었다는 듯이 흰 포말을 일으키며 그 장구하고 한결같은 몸짓으로 출렁거릴 뿐이다. 바닷새들은 그 위를 떼 지어 날아간다.

소설의 끝은 이렇게 아합이 말한 비정의 바다, 숙명이나 섭리 따위에 아랑곳하지 않는 무심한 공허의 바다가 채우고 있다. 중심에서 다소 떨어져 이 모두를 지켜보고 있던 이스마엘도 소용돌이에 휘말렸으나 그 힘이 약해진 탓에 수몰되지 않고 원환을 따라 맴돌았다. 그러던 중 퀴퀙의 관을 개조해 만든 구명부표가 그 속에서 솟구쳐 올라 이스마엘은 그것에 의탁해 하루 낮과 하루 밤 동안 무한경의 바다를 표류하다가 기적적으로 구조돼 유일하게 살아남는다. 소설가는 의미심장하게도 이스마엘이 바다를 표류하는 동안 탐욕스럽기 짝이 없는 "상어 떼들이 입에 자물쇠를 채운 듯 그를 해치지 않은 채 지나갔고, 포악한 바다 매도 부리를 자루로 채운 듯 조용히 날아갔다"(p.573)고 적고 있다. 인간의 오만을 징벌한 비정의 바다는 어느 틈에 생명을 살리는 신비의 바다로 되돌아가 있었던 것이다.

예술 속의 물

물은 문명을
잘 이해하고 있다.
물은 내 발을 적신다, 그러나 예쁘게
물은 내 삶을 차갑게 식힌다, 그러나 재치있게
물은 당혹스러워하지 않는다
물은 낙심하지도 않는다
잘 사용하면, 물은 즐거움을
불러일으키고, 장식하고, 배가시킨다
잘못 사용하면, 물은 파괴할 것이다.
— 랠프 왈도 에머슨, 「물」에서

1   윈슬로 호머의 해양 풍경

바다는 시인 묵객에게 실로 수많은 상상을 불러일으킨 대상이다. 무한경의 수평선, 깊이를 알 수 없는 심해, 흰 포말을 일으키며 몰려드는 파도 등은 삶의 유비로서 예술가의 상상력을 자극해왔다. 그러기에 허먼 멜빌은 명상과 물은 영원히 결합되어 있다고 쓴 바 있다. 호쿠사이(葛飾北斎)가 후가쿠 36경을 그리면서 거기에 굳이 가나가와 앞바다의 거대한 파도 형상을 끼워 넣은 것도 같은 이유에서일 것이다. 맹자는 물을 볼 때는 반드시 격동하는 파란을 보아야 한다고 썼다(觀水有術 必觀其瀾). 평탄하게 흐르는 물만을 보고서 인생을 논하지 말라는 경고이다. 맹자는 험준한 산간 계곡을 몰아치는 파란의 급류를 우선 염두에 두었겠지만, 갈기를 세워 달려왔다가 속절없이 스러지기를 반복하는 바다의 파도 또한 그에겐 변전무쌍한 삶의 은유로 제격이었을 것 같다.

굴곡진 삶을 촌탁하는 은유로서의 바다는 근대에 들어서면서 또 다른 이미지를 추가하게 된다. 미지의 세계에 대한 열망과 탐험욕으로 요동친 근대 이후 바다는 삶의 가능성을 시험하는 모험의 무대요 제국의 꿈을 실현하는 항로이자 자원의 보고로 다가섰기 때문이다. 그러나 근대의 계몽 서사가 종종 간과하는 것은 근대의 꿈과 열망을 실현하는 통로가 되면서 바다가 수많은 인명을 수장시켰다는 점이다. '중간 항로(middle passage)'라는 말이 상기시키는 흑인 노예들의 무수한 죽음은 두드러진 하나의 예에 불과하다. 해안가라면 어디를 막론하고 난파되어 죽은 사람들, 고기잡이 나갔다가 바다에서 돌아오지 못한 어부나 선원들의 죽음의 이야기가 남아 있다. 이들의 죽음은 그 실체성의 미확인으로 인해 남아 있는 자들의 삶 속에 이도 저도 아닌 연옥의 납골당으로 들어앉아 설화의 시간을 이어간다. 상실의 아픔과 회한에 찬 추념의 표상으로서의 바다 또한 근대 바다 서사의 중요한 음화인 것이다. 미국 뉴잉글랜드 대서양 바닷가에서 자라나 그런 상실의 아픔과 추념의 물결을 응시했던 화가 윈슬로 호머(Winslow Homer, 1836~1910)에게서 우리는 그런 전범을 발견한다.

19세기 후반기에 활동한 윈슬로 호머는 이렇게 삶과 죽음이 한통속으로 어우러진 바닷가 풍경을 핍진하게 그려낸 미국의 화가이다. 그는 화가로 명성을 확립한 중년기에 메인주의 대서양 연안 작은 마을 프라우츠넥(Prout's Neck)에 정착한 후 만년을 그곳에서 보내며 거친 바다와 그것에 맞서 살아가고 있는 사람들의 삶의 모습을 화폭에 담았다. 잡지의 삽화가로 화가의 길에 들어선 그는 유화가 주종을 이루던 시절에 수채화를 실험하며 출생지 보스턴에서 멀지 않은 바닷가인 케이프앤과 글로스터의 해양 풍경도 다수 그렸고, 휴가차 자주 방문한 플로리다와 카리브해의 열대 바다를 배경으로 한 작품도 많이 남겼다. 바다는 이렇게 그의 회화적 상상력을 자극하는 중요한 원천이었다. 미국 미술사상 가장 뛰어난 해양화가로 평가되고 있는 그의 해안/바다 풍경 덕분에 우리는 바다의 다채로운 양태와 거기에 얽힌 삶의 애환을 회화적 이미지로 확인해 볼 수 있게 되었다.

호머의 초창기 바다 풍경화 중에서 특히 내 눈길을 끄는 것은 〈아빠가 오신다!(Dad's Coming!)〉라는 작품이다. 1873년에 그려진 이 그림은 보스턴 인근의 케이프앤과 글로스터 해안 풍경을 담은 여러 그림 중의 하나이다. 화면 왼편 중앙에 소년이 보트 위에 앉아 멀리 수평선을 바라보고 있다. 그가

윈슬로 호머, 〈아빠가 오신다!〉, 나무에 유채, 22.9x34.9cm, 워싱턴 국립미술관 소장

응시하고 있는 수평선 부근에는 세 척의 배가 가물거리고 있는데 그중의 한 척은 바다에 나갔다가 해안으로 들어오고 있는 것처럼 보인다. 해안 가까운 쪽 바다에도 하얀 돛을 활짝 편 배 두 척이 한가롭게 떠 있다. 화면 오른쪽, 소년의 등 뒤에 그의 어머니인 듯한 여자가 아기를 안고 서 있다. 그녀의 시선은 소년과 달리 수평선 쪽이 아니라 황량한 앞쪽 해안의 어딘가에 망연히 꽂혀 있다. 그것은 바라본다기보다는 거두어들인 시선이다. 배 위에 앉은 소년이 앞쪽으로 몸을 기울여 바다를 조망하고 있는 것과 달리 그녀는 뒤쪽에 보이는 삭구(索具)를 걸쳐놓은 막대의 기둥처럼 수직의 자세로 붙박여 있는 듯한 모습이다. 햇살이 화창하고 하늘에는 흰 구름이 몇 점 얇게 떠 있고 바람도 잔잔한 날씨이다. 화면의 정중앙을 좌우로 선명히 가르고 있는 수평선은 바람 잔 바다의 고요함을 환기시키고 있는데 여인의 얼어붙은 듯한 경직된 모습으로 인해 숙연하면서도 뜨악한 분위기를 자아낸다.

이 그림이 한 편의 가족화라면, 그림은 빠져 있는 가족 구성원 — 아버지의 빈자리, 그 부재의 현존을 강렬하게 환기시키고 있다. 소년이 앉아 있는 보트는 좌초한 배에서 떼어낸 듯한 돛대처럼 보이는 통나무에 앞이 들린 채 얹혀 있다. 배의 앞머리 양 모서리를 관통한 밧줄이 배와 통나무를 느슨하게 묶어주고 있는데 아래쪽 밧줄에 달라붙어 있는 메마른 조류 찌꺼기는 보트가 오랫동안 버려져 있는 것임을 말해준다. 이 버려진 보트는 소년의 아버지가 바다에 나갔다가 필시 조난을 당해 집으로 돌아오지 못하고 있다는 것을 암시하고 있다. 수평선 너머에서 배가 보일 때마다 아버지가 그 배로 돌아오고 있을 것이라는 기대로, 아버지의 귀환을 기다리며 그렇게 바다를 응시하고 있는 것이다. 그러나 어린 아들의 재촉에 바닷가로 따라 나왔을 여자는 이미 알고 있다. 남편이 돌아오지 못하리라는 것을. 황량한 해안가의 땅바닥을 망연히 바라볼 따름인 그녀의 얼어붙은 시선은 기다리다 지쳐 메말라버린 마음, 절망을 넘어선 체념의 표정을 내비치고 있다. 버려진 보트, 어망, 밧줄, 부표, 나무통 — 해안의 여기저기에 어지럽게 흩어져 있는 이 모든 것들은 엘리엇이 「드라이 샐베이지스」에서 주목했던, 돌아오지 못하는 자의 버려진 운명, 그 상실의 객관적 상관물이다. 해안은 이렇듯 화창한 날씨임에도 불구하고 유기(遺棄)와 상실의 흔적으로 처연한 분위기를 연출하고 있다.

호머는 1873년 여름을 글로스터의 한 호텔에 머물면서 해안가 여기저기를 스케치한 것으로 알려져 있다. 19세기 중엽 미국의 작은 어촌마을 해안가에서 화가의 시선에 포착된 이 풍경이 어떻게 우리의 심금을 건드리고 있는 것인가? 심미적 감흥은 교감의 경험이다. 화가의 마음을 움직였던 이미지에 관람자가 교감하면서 예술적 경험의 통로는 열린다. 심미적 감동은 일단 주관적인 것이다. 그러나 예술적 감흥이 개별적이라고 해서 유별나고 특수한 것만은 아니다. 아름다움을 느끼는 우리의 마음 자체가 개별적이면서도 상호주관적 관계의 소산이기에 그것은 또한 보편적이고 일반적인 심미감에 이어져 있다. 다시 말해 심미적 체험은 주관적이면서 또한 공통적 취향(sensus communis)에 뿌리내리고 있다. 칸트는 심미적 감동이 지닌 이런 양면성을 주관적 일반성(subjective universality)이라고 불렀다. 지방적인 것이 세계적인 것이라는 세계화 시대의 명제도 같은 맥락의 변주라 할 수 있다.

이런 시각에서 다시 그림을 살피면 소년의 기대에 찬 기다림의 시선은 살아오면서 누구라도 한두 번쯤은 공유했을 법한 것이다. 나 역시 어린 시절 저수지 길을 따라 작은 산 너머의 외갓집에 혹은 장터에 가신 어머니가 저녁나절이 되도록 돌아오시지 않으면 집 앞 미루나무에 기대 목을 빼고 저수지 쪽 길을 내내 응시했었다. 멀리 산마루 쪽에 어머니와 비슷한 옷차림의 모습이라도 나타나면 어머니일지 모른다는 기대와 아닐 수도 있다는 불안감이 교차하는 가운데 그 윤곽이 뚜렷해질 때까지 눈을 떼지 않고 바라보곤 했다. 기다림의 시선에는 이렇게 기대와 불안이 함께하기 마련이다. 오디세우스의 귀환을 기다리는 아내 페넬로페의 눈길, 주말에 시집간 딸을 기다리는 시골 친정어머니의 시선, 군대 간 아들의 첫 휴가 날 골목을 서성이는 어머니의 눈빛 ― 이들의 눈길도 모두 수평선을 바라보는 이 소년의 시선과 다르지 않을 것이다.

예술작품이 제공하는 감동의 동인이 꼭 하나로 수렴되는 것만은 아니리라. 그림은 주제, 구도, 화가의 독창적 생각, 혹은 표현 양식의 차원에서 우리의 마음을 움직이게 할 수 있다. 이런 것들을 포함하여 그 밖의 또 다른 요인으로 인해 사람들이 감동을 느낀다고 할지라도 그것은 어디까지나 주도적인 요인일 뿐이지 전부라고 할 수는 없다. 내 마음을 울리는 작품들을 자세히 살펴보면 표현된 형상 그 자체보다도 거기에 부재하지만 그것이 환기시키는 그림 밖의 어떤 요인 때문에 눈길이 간 경우도 많다. 이 그림도 예외가 아니다. 앞서 시사한 대로 이 그림은 소년의 시선 너머에 있을 존재, 돌아오지 못하고 있는 가장, 그 '아빠'의 빈자리를 강렬하게 환기시킨다. 이 그림은 요컨대 먼 타지의 어디선가 죽음을 목전에 둔 절박한 상황에서 가족을 그리며 절규했었을 아빠의 이미지를 그 음화로 떠올리게 만든다. 그리하여 제목에 붙은 감탄 부호의 절절한 의미를 다시금 되새기게 된다. 아이도 배가 입항할 때마다 가중되어 간 실망감으로 어쩌면 엄마와 마찬가지로 체념에 가까운 절규로 아빠의 귀환을 외치고 있는 것만 같다.

하여 이 그림을 볼 때마다 나는 『모비딕』의 끝머리, 오랜 추적의 여정 끝에 흰 고래와의 결전이 임박한 그 절박한 상황에서 두고 온 가족들을 그리며 회한과 안타까움에 젖는 선장 아합과 일등항해사 스타벅을 떠올린다. 이 그림에서처럼 날씨가 화창하여 하늘과 바다가 심포니를 합주하고 있는 듯한 어느 날, 흰 고래 모비딕과의 조우가 멀지 않았고 그 싸움에서 결국 목숨을 내놓아야 할 것을 직감하면서 아합은 집에 남겨두고 온 아내와 아들을 생각하며 눈물을 흘린다. 아합은 옆에 서 있는 스타벅의 "인간적인" 눈을 들여다보며 어린 아들에게 바다에서 돌아올 아버지 이야기를 해주는 아내의 모습이 보인다고 절규한다. 냉정하고 철벽처럼 강고한 아집으로 선원들을 혹독하게 몰아치기만 하던 선장이었다. 그런 아합의 이 비감 어린 토로에 스타벅 또한 가족을 떠올리며 이렇게 외친다.

> 나의 메리, 나의 메리도 그래요! 메리는 아침마다 내 아들을 데리고 언덕에 올라가서 바다에서 돌아오는 아버지 배의 돛을 맨 먼저 보게 해주겠다고 약속했지요. … 보여요, 보여! 창문으로 내다보는 아들 녀석의 얼굴이 보여요! 언덕 위에서 아들 녀석이 손을 흔드는 게 보여요![1]

---

1   Herman Melville, *Moby-Dick or The Whale*, Evanston and Chicago: Northwestern

스타벅은 자신의 귀환을 기다리고 있을 아내와 자식을 떠올리면서 호머의 그림 속 정경과 다를 바 없는 형상으로 그들의 모습을 그리고 있다. 해안가에서 멀리 수평선을 바라보며 언제 돌아올지 모르는 가장을 기다리고 있는 그 모습은 해상 조난이 심심찮던 당시의 뉴잉글랜드 해안가에서 흔히 볼 수 있는 친숙한 것이었다. 스타벅은 자신의 죽음으로 이 안타까운 정경이 또 한 번 연출될 것을 생각하니 목이 메는 것이다. 그는 결전의 마지막 날, 모비딕에게 떠받쳐 배가 침몰하기 직전 다시 한번 이 장면을 떠올리며 죽음을 맞는다. 실제로 뉴잉글랜드 해안가 주택의 상당수가 지붕 위에 이른바 "과부의 난간(widow's walk)"이라 불리는 일종의 조망대가 설치되어 있어서 여자들이 그 위에 올라가 바다를 바라보곤 했다. 한 기록에 따르면 호머가 이 그림을 그린 1873년 한 해 동안 바다에 나갔다가 폭풍과 풍랑으로 배가 난파되어 돌아오지 못한 글로스터 출신 어부의 숫자가 174명에 이른다.[2] 〈아빠가 오신다!〉는 이렇게 대서양 연안을 따라 고기잡이로 생계를 이어가는 어부들의 힘든 일상에 내재하는 위험과 죽음 그리고 가족들의 고통과 상실감을 환기시키는 작품이다. 동시에 그것은 살아가면서 우리 누구나 겪기 마련인 별리의 아픔과 슬픔을 생각하게 만든다.

그림 속의 바다는 잔잔하고 평온해 보이지만 그것은 어느 때라도 거센 바람이 몰아치는 위협적인 노도의 바다로 돌변할 수 있음을 불안스레 상기시킨다. 바람에 의지해 항해하던 시절 바다에서의 생사는 바람과 바람 사이에서 부지불식간에 바뀌는 불확실한 것이다. 그럼에도 불구하고 삶의 나날은

University Press and The Newberry Library, 1988, pp.544~545.
2 Nikolai Cikovsky Jr. and Franklin Kelly, *Winslow Homer*, Washington D.C.: National Gallery of Art, 1995, pp.136~137.

이어진다. 수평선 너머를 바라보는 소년의 시선에는 아버지에 대한 그리움과 더불어 자신의 미래에 대한 기대가 함께 서려 있다. 그리움의 시선에는 삶에 대한 호기심 그리고 자신의 미래에 대한 꿈과 열망도 배어 있다. 소년의 옷과 보트는 모두 암갈색으로 일체감을 이루고 있는데 이 색채의 일치는 소년도 성장하면 필시 이런 보트를 타고 바다로 나갈 것이라는 것을 암시하는 것처럼 보인다. 삶은 시련과 좌절에도 불구하고 이처럼 아버지에서 아들로 이어지며 지속된다.

이 시기에 호머는 소년을 주인공으로 한 그림을 다수 그렸다. 그는 이들을 통해 삶의 연속성과 더불어 자라나는 세대의 꿈과 열망을 표현하고 있다. 소년과 소녀는 나라의 꿈이다. 그들은 남북전쟁으로 깊어진 사회적 갈등의 골을 봉합하고 미래를 만들어 갈 주역이다. 비슷한 시기에 쓰인 마크 트웨인의 『허클베리 핀의 모험』이나 『톰 소여의 모험』도 동일한 맥락의 소산이다. 이렇게 이 시기 문학과 예술작품을 추동했던 청소년 모티프는, 그리핀(Randall C. Griffin)이 지적하고 있듯이, 남북전쟁의 상흔과 치유에 대한 사회적 열망을 담고 있다.[3]

1873년 수채화로 그려진 〈해변의 세 소년(*Three Boys on the Shore*)〉에 화가의 그런 비전이 잘 표출되어 있다. 전경을 차지하고 있는 커다란 바위 위에 옆으로 비스듬히 누워 팔꿈치로 몸을 받친 여유 있는 모습으로 세 소년이 바다를 바라보고 있다. 황갈색의 단단한 너럭바위와 소년들이 바라보고 있는 남색 바다의 대비는 곧 육지의 안정적인 삶과 변전과 모험이 가득 찬 바다의 삶의 대비로 치환되는데, 등을 돌리고 호기롭게 바다를 바라보는 그들의

---

3   Randall C. Griffin, *Winslow Homer: An American Vision*, London: Phaidon, 2006, pp.71~76.

윈슬로 호머, 〈해변의 세 소년〉, 종이에 수채, 21.9x34.6cm, 시카고 테라미술재단 소장

모습은 바다의 삶이 아무리 험하더라도 바다로 나갈 날만을 기다리고 있다는 메시지로 읽힌다. 비록 가난한 어촌의 소년들이지만 그들은 순박하고 여유로워 보이면서도 기대와 열망에 찬 모습이다.

호머는 미래를 기대하며 꿈꾸는 데 그치지 않고 스스로 준비하며 기다리는 소년의 모습도 그렸다. 같은 해인 1873년에 역시 그려진 〈보트 만드는 아이들(The Boat Builders)〉이 바로 그것이다. 그림 속의 두 소년은 바다를 등지고 모형 보트 만들기에 열중한 모습이다. 특이한 것은 붉은 재킷을 입고 있는 왼편 소년의 얼굴이 보이지 않고 짙은 흙빛 옷을 입은 오른편 소년의 얼굴도 밀짚모자에 가려 거의 식별되지 않는 점이다. 그것은 일에의 열중을 표상하면서 동시에 이들이 이곳 해안가에 사는 익명의 평범한 소년들임을 암시한다. 그들은 도시에서 놀러 나와 취미 삼아 모형 보트를 만들고 있는 것이 아니다. 장차 배를 타고 바다에 나갈 것에 대비해서 배와 항해술에 대한 감각과 기술을 익히고 있는 중인 것이다. 모형 배를 만들어보고 그것을 바다에 띄워 감각을 익힌 소년들은 머지않아 견습 어부로 직접 배를 몰아보

제7장 예술 속의 물

윈슬로 호머, 〈보트 만드는 아이들〉, 패널에 유채, 15x26cm, 인디애너폴리스미술관 소장

윈슬로 호머, 〈순풍을 타고〉, 캔버스에 유채, 61.5x97cm, 워싱턴 국립미술관 소장

게 될 것이다. 호머는 그런 준비 끝에 바다에 나와 배를 타고 있는 소년들의 모습을 〈랍스터 통이 있는 배의 세 소년(Three Boys in a Dory with Lobster Pots)〉, 〈순풍을 타고(Breezing Up!)〉 등에 담고 있다.

호머의 바다 풍경화 중에서도 이 시기를 대표하는 걸작으로 꼽히는 〈순풍을 타고〉는 짙푸른 파도가 넘실대는 바다의 생동감 넘치는 묘사와 그것을 헤치고 바람을 타고 달리는 외돛배의 날렵하고 장쾌한 모습이 돋보이는 그림이다. 배에는 어른이 한 명 타고 있으나 그는 좌우의 소년들에게 둘러싸여 잘 보이지 않는다. 배는 소년들의 주도로 움직이고 있는 것이다. 선수 쪽에 누워 있다시피 한 소년이나 그 뒤의 뱃전에 앉아 있는 소년은 어느 때라도 파도에 휩쓸릴 수 있는 불안정한 위치임에도 불구하고 여유 있고 생기 있는 모습이다. 선미에 앉아 방향키를 잡고 앞쪽을 주시하고 있는 소년의 모습에도 안정감과 자신감이 배어 있다. 왼편으로 약간 기울어진 채 달리고 있는 배의 모습이나 부딪쳐오는 짙푸른 파도 그리고 흰 물보라는 바닷길의 험난함과 위험성을 상기시켜 준다. 하지만 자신감 넘치는 소년들의 모습은 그런 도전을 충분히 헤쳐 나갈 수 있다는 기상을 표출하고 있다.

1876년 뉴욕의 국립디자인아카데미 정기전에 출품된 이 작품은 그해의 상징성과 결부되어 해석되기도 했다. 비평가들은 독립 100주년을 맞아 남북전쟁의 시련을 이겨낸 '젊은 미국(Young America)'의 낙관적 미래상을 이 그림에서 읽어냈다. 이런 시각에서 배 밑바닥에 잡혀 있는 많은 물고기들과 뱃전 주위의 물결 속 여기저기에 보이는 물고기 떼도 미국의 자연을 축복한 천혜의 풍요를 상징하는 것으로 주목되었다.[4] 결국 이 그림은 배를 몰고 있

---

4 Randall C. Griffin, 위의 책, p.84; Roberta Anne Reid, *Bodies of Water: Winslow Homer's Paintings of the Sea/Shore*, Ph.D. dissertation, Stanford University, 2001, pp.42~43.

는 소년들이 장차 이끌어갈 미합중국은 어떤 어려움에 부딪치더라도 안정되고 풍요한 나라로 발전해갈 수 있을 것이라는 비전을 형상화해, 화가가 자신의 조국에 바치는 찬가로 기려졌다. 그러나 이후 호머의 관심사는 배의 상단을 가로지르는 원경의 수평선이 표상하는 야생의 바다, 그 시원적 자연 쪽으로 점차 옮겨간다. 이 중심 이동은 화가의 말년에 인간의 모습이 아예 존재하지 않는 "순수 해양화(pure seascape)"의 제작으로 귀결되기에 이른다.

1884년 아마추어 수채화가로 자신의 화업에 큰 영향을 끼친 어머니가 죽은 직후 호머는 프라우츠넥으로 거처를 옮긴다. 이후 호머의 바다 풍경은 한층 격렬하고 드라마틱한 모습을 띠게 된다. 그 변화상은 특히 1885년에 연속적으로 그려진 세 점의 유화, 〈안개 경보(The Fog Warning)〉, 〈청어 그물(The Herring Net)〉, 〈그랜드뱅크스에서의 실종(Lost in the Grand Banks)〉을 통해서 확인된다. 이들은 모두 거친 파도가 몰아치는 고립된 바다에서 생사를 걸고 고기를 잡고 있는 어부의 모습을 담고 있다. 세 작품의 배경을 이루고 있는 바다는 뉴펀들랜드의 그랜드뱅크스 해역으로 알려져 있는데 호머 자신이 그 전해에 직접 고기잡이 선단을 따라서 둘러본 적이 있다. 아직 현대적 장비를 갖추지 못한 선단은 한두 명의 선원이 탄 소형 평저선들을 바다로 내보내 고기를 잡았다. 선원들은 찬 북극해류, 거친 파도, 때때로 떠내려오는 빙하로 인해 조금만 방심하거나 부주의해도 치명적인 결과를 초래하는 극한적 환경에서 고기를 잡지 않으면 안 되었다. 또 다른 적은 안개였다. 수시로 피어오르는 안개로 시야가 차단당해서 모선으로 돌아갈 길을 찾지 못하고 바다를 헤매다가 조난당하는 경우도 빈번했다.

〈안개 경보〉는 이런 극한의 바다에서 고기를 잡다가 수평선 너머로 짙은 안개가 피어오르는 것을 보고 모선으로 돌아가고 있는 한 어부를 묘사하고 있다. 어부는 두 손으로 노를 부여잡고 작은 보트를 힘껏 저어 격랑의 물마

윈슬로 호머, 〈안개 경보〉, 캔버스에 유채, 76x122cm, 보스턴미술관 소장

루를 헤쳐 나가고 있다. 그의 뒤편 수평선 너머 하늘을 온통 뒤덮으며 검은 연기처럼 피어오르고 있는 안개는 이내 온 바다에 장막을 펼칠 기세이다. 어부는 고개를 돌려 오른편 수평선 쪽에 가물거리는 모선까지의 거리를 헤아리고 있다. 만약 판단 착오로 모선에 도달하기 전에 안개가 몰려온다면 그는 곤경에 처하게 될 것이다. 선미 쪽에 넘칠 듯이 다가서는 파도, 바닥에 잡혀 있는 커다란 넙치, 그리고 나무통이 놓여 있는 배의 안쪽을 비추는 연한 빛과 그 배후로 넘실대는 검푸른 파도의 명암 대비는 생사의 기로에 선 그의 운명을 암시하고 있는 것 같다. 귀로를 밝혀줄 햇살이 진군해 오는 검은 해무의 장막에 차단되지 않는다면 그는 시야를 확보해 모선으로 귀환할 수 있을 것이다. 배 밑바닥 거의 2/3를 채우고 있는 두 마리의 거대한 넙치는 어부의 생명을 위협하는 거친 바다가 또한 수많은 물고기를 키우는 생명의 원천이자 풍요의 곳간임을 환기시키고 있다. 대서양은 식민지 시대 이후 줄곧 미국 사람들에게 먹거리를 제공해온 자원의 보고이다.

제7장 예술 속의 물

윈슬로 호머, 〈청어 그물〉, 캔버스에 유채, 76.5x122.9cm, 시카고미술연구소 소장

〈청어 그물〉은 이렇게 생존의 터전으로서의 바다, 삶의 최전선으로서의 바다를 환기시키는 그림이다. 물결이 요동치는 바다 한가운데에 정박한 작은 배 위에서 그물을 걷어 올리는 두 사람의 어부가 화면 중앙에 클로즈업되어 있다. 전면을 향해 고개를 숙인 어부가 왼손으로 걷어 올리고 있는 그물에 수 많은 청어들이 딸려 나오고 있다. 그와 마주한 또 한 사람은 왼쪽 난간에 위태롭게 걸터앉아 배에 균형을 잡아주면서 일을 거들고 있다. 여기에서도 두 어부의 얼굴은 보이지 않는다. 이 익명성이 그들이 열중하고 있는 노동 그 자체로 초점을 모은다. 바다가 주는 천혜의 자원을 얻기 위해서는 고된 노동과 위험을 감수해야 함을 강조하고 있다. 화면 왼편으로 햇살이 길게 비쳐들고 있으나 뿌연 해무가 끼어 달빛에 가까운 느낌을 준다. 암회색의 바다 멀리 수평선 언저리에 모선들이 선단을 이루고 있는 모습도 보인다. 〈청어 그물〉은 대양의 한가운데에서 전통적인 방식으로 고기를 잡고 있는 노동의 현장이 박진감 있게 재현되어 있는 흔치 않은 수작이다. 호머

윈슬로 호머, 〈그랜드 뱅크스에서의 실종〉, 캔버스에 유채, 81x130cm, 개인 소장

는 생전에 흔히 '대리얼리스트(arch-realist)'라고 불렸는데, 그의 리얼리즘은 길들여진 눈에 선도된 인습적 리얼리즘이 아니라 몸으로 직접 부딪쳐 느껴본 촉각적 리얼리즘이다. 그만큼 세부 묘사가 구체적이고 정확하다.

세 번째 작품인 〈그랜드뱅크스에서의 실종〉에도 앞 두 작품과 마찬가지로 거센 파란의 무한경, 숭고미를 자극하는 위협적인 바다의 모습이 압권을 이룬다. 수평선 너머 하늘을 뒤덮고 있는 짙은 해무가 점점 몰려오고 있다. 거센 파도에 휩쓸리고 있는 작은 보트 위에서 두 사람이 뱃전 너머의 바다를 응시하고 있다. 가로장에 앉은 사람이 노를 열심히 저어보지만 배는 계속 거친 파도에 밀려나고 있다. 사위를 아무리 둘러보아도 안개 탓에 돌아갈 모선의 모습이 보이지 않는다. 선미 쪽에 붙잡은 대구가 거꾸로 세워져 있다. 두 어부도 붙잡힌 후 거꾸로 처박혀 아무것도 볼 수 없는 대구의 신세나 다름없다. 그들 역시 조만간 안개에 갇혀 시야를 상실하고 종내에는 파도에 휩쓸려 십중팔구 최후를 맞이할 것이다. 광포한 자연 앞에 선 인간의

제7장 예술 속의 물

무기력과 나약함을 극명하게 드러내고 있는 이 그림은 그리하여 우리가 곧잘 망각하고 있는 삶의 유한성, 죽음의 필연성을 환기시키고 있다.

 1870년대 초엽까지도 소년들과 여가를 즐기는 여성들을 즐겨 묘사했던 화가가 왜 10년의 간격을 두고 이렇게 죽음이 어른거리는 어두운 그림을 그리기 시작했는가? 이 변모의 동인이 궁금하다. 우선 나이가 들어가면서 점점 다가오는 죽음을 의식한 결과라 볼 수 있다. 호머는 어머니가 죽은 후부터 자신의 나이를 의식하기 시작했다. 그는 아마추어 수채화가였던 어머니의 수명을 기준으로 자신에게 남아 있는 날을 헤아리며 살았다고 전해진다. 후기 그림의 색조는 대개 어둡고 이미지 또한 선명하기보다는 임파스토 기법이 종종 가미되어 짙고 두텁다. 개인사의 차원을 넘어 사회적 요인으로 미국적 화가로의 자기 정립의 자각을 또한 꼽을 수 있다. 1890년대에 이르러 미국은 급속한 산업화에 힘입어 비약적으로 경제가 발전하고 국력이 신장하면서 대서양의 변방에 묻혀 있던 후발국에서 벗어나 열강들이 할거하는 세계무대로 진출하고자 하는 열기로 뜨거웠다. 이런 팽창주의적 열망은 대내적으로 '미국적' 정체성의 정립을 요구하는 목소리의 고창으로 이어졌다. 1893년 시카고 만국박람회를 기념하는 미국 역사학 대회에서 젊은 역사학자 프레더릭 잭슨 터너(Frederick Jackson Turner)는 미국적 성격의 정립에 프런티어 체험이 결정적 역할을 했다고 선언했다. 미국 정신의 본질은 미국의 토착적인 체험에서 찾아야 한다는 주장이다. 이런 사회적 요구 앞에 미국 미술계 또한 외세의 영향에서 벗어난 독자적인 미국적 회화를 모색하는 노력이 경주되었다.

 당시 미국 화단에는 프랑스의 바르비종파의 영향이 짙게 나타나고 또한 새롭게 부상한 인상파에 대한 관심도 높았다. 이런 유럽풍의 유행에서 벗어나 있는 듯한 호머의 그림들은 미국적 화풍의 모색이라는 국민주의적 시각

원슬로 호머, 〈프라우츠넥 동쪽 곶〉, 캔버스에 유채, 76.8x123.2cm, 클라크미술연구소 소장

에서 자주 조명되었다. 1890년 미국 인구통계국은 미국 내에서 이제 프런티어는 사라졌다고 선언했다. 공식적으로 프런티어는 1평방마일당 인구가 2명 미만인 지역을 의미했다. 이제 프런티어 라인은 육지를 벗어나 바다 너머로 이동되었다. 앞선 호머의 3부작은 바다 프런티어에 홀로 선 인간의 고독과 실존적 모험의 묘사로 비치기도 했다. 그림 속 어부들은 서부 개척자들과 마찬가지로 자연과 홀로 대면하는 원형적 경험의 구현자로 다가왔다. 호머의 바다는 이렇게 시간을 거슬러 가장 미국적인 경험을 추체험하는 공간으로 나타난다.

 1890년대에 들어서서 호머는 인간의 모습이 부재하는 혹은 보이더라도 자연에 압도된 왜소한 모습으로 삽입된 바다 풍경을 많이 그렸다. 이른바 순수 해양화이다. 그 스스로 득의의 작품으로 간주했던 〈프라우츠넥 동쪽 곶(*Eastern Point, Prout's Neck*)〉과 〈프라우츠넥 서쪽 곶(*West Point, Prout's Neck*)〉은 전형적인 예이다. 1900년, 프라우츠넥에서 늘 다니는 자신의 산책길, 양 끝

지점에 있는 돌출된 바위가 보이는 바다 풍경을 그린 두 작품은 파도가 넘실대는 역동적인 바다와 하늘 그리고 완강하게 버티고 있는 바위가 풍경의 세 요소로 전경화되어 있는데, 이 셋은, 존스(Elizabeth Johns)의 표현대로, "지구의 영속성에 가장 근접해 있는"[5] 사물들, 곧 지구의 영원성과 시원성을 표상하는 것이라 할 수 있다.

이처럼 호머 만년의 순수 해양 풍경은 문명의 손길에 오염되지 않은 순수하고 역동적이고 시원적인 자연의 모습을 담고 있다. 호머의 회화는 19세기 중엽의 허드슨강 풍경화처럼 미국적인 차별성으로 자주 거론되어 오던 숭엄한 자연의 모습을 담고 있다. 허드슨강파의 그림에는 문명의 진군이 늘 후경에 어른거리지만, 호머의 그림에서는 그것이 제거되어 있다. 그의 말기 그림에서 우리는 문명으로부터 탈환된 태고적이고 원시적인 자연의 모습을 보는 것이다. 억압되었던 자연의 귀환을 체험하고 있는 오늘의 기후변화 시대에 그의 그림이 예지적 호소력을 갖는 이유이다.

---

5   Elizabeth Johns, *Winslow Homer: The Nature of Observation*, Berkeley: University of California Press, 2002, p.158.

2   물을 품은 건축: 안도 다다오

  예로부터 살기 좋은 곳으로 아름다운 산이 있고 골짜기에 맑은 물이 흐르는 곳을 꼽아왔다. 명당을 흔히 형용하는 배산임수(背山臨水)의 지형은 이런 산자수명한 입지를 풍수 지리적으로 구체화한 것이다. 산 따로 물 따로가 아니라 산수를 늘 함께 말한 동양의 전통에서는 아무리 산세가 빼어나더라도 골짜기에 물이 흐르지 않는다면 풍치는 반감되고 만다. 아름다운 풍경에서 물은 핵심적인 요소였다. 멋진 정자나 선비들의 별서(別墅)가 대부분 물을 끼고 있는 장소에 있었다는 것이 이를 말해준다. 수변 경관에 대한 애호는 오늘날에도 여전하다. 서울에서 값비싼 아파트는 거의 한강변에 몰려 있고, 같은 아파트 단지라도 강의 조망 여부에 따라 가격 차이가 상당하다. 고층 건물이 답답하게 밀집되어 있는 도시에서 강변의 건물은 막힘없이 트여 있는 전망과 더불어 햇빛도 잘 들고 통풍 또한 상대적으로 양호한 편임을 감안하면 당연해 보인다. 그렇긴 하나 인류가 진화해온 삶의 방식을 되돌아볼 때 물이 있는 건축 입지에 대한 선호가 단지 경관적·경제적 이유 때문만은 아니라는 생각도 든다. 그것은 인간의 보다 시원적인 삶의 조건과 연관되어 있는 것처럼 보인다.

  주지하듯 물은 생존의 필수 요소이다. 물은 나날이 마시고, 씻고, 음식을 조리하는 데 긴요할 뿐만 아니라, 먹을 것을 재배하고 관리하는 데 없어서는 안 되는 것이다. 고대 문명이 물을 쉬이 구할 수 있는 강가에서 발생한 것은 결코 우연이 아니다. 물가는 또한 외부의 위협으로부터 목숨을 지키고 안전하게 살아가는 데 유리한 환경을 제공한다. 원시 수렵시대에는 자신의 몸을 적절히 은폐하고 주위를 넓게 조망할 수 있는 장소가 최적의 거주터로 선호되었음을 인류학은 말하고 있다. 이른바 '사바나 가설(the savannah hypothesis)'은 이런 환경을 제공하는 따뜻한 사바나 지역이 인류의 발상지라는 주장이다. 강가에 면한 산기슭도 이런 차폐/조망을 제공하는 좋은 입지의 하나이다. 이런 점에서 물가 경관에 대한 사람들의 선호는 인간의 집단 무의식 속에 침전되어 있는 근원적이고 실존적인 발원에 가깝다고 말해도 지나치지 않다. 물가는 이렇게 경관의 아름다움에서만이 아니라 생명의 안전과 존속이라는 보다 근본적인 삶의 요구에서 선호되어 온 것이다. 인문지리학이 환기시키는 바이지만 장소성 혹은 장소애(topophilia)는 사실 인간의 개체적이고 집단적 정체성 및 삶의 행복과 자기실현에서 빼놓을 수 없는 요소이다.

일본의 건축가 안도 다다오(安藤忠雄)는 물의 경관을 건축 디자인의 중요 요소로 적극 도입함으로써 명성을 얻은 사람이다. 일본뿐만 아니라 전 세계에 그가 설계한 건물들이 많은데, 그의 독특한 건축적 상상력이 발휘된 건물의 경우 특히 물을 경관적 요소로 활용한 사례가 적지 않다. 가령 그의 이름을 널리 알린 홋카이도 소재의 물의 교회(1988), 아와지의 물의 절(1991), 나오시마의 베네세 하우스 미술관(1992), 오카야마의 나리와 미술관(1994), 미국 세인트루이스의 퓰리처재단 미술관(2001), 텍사스 포트워스의 현대미술관(2002), 중국 상해의 폴리 대극장(2014) 등이 우선 떠오르는 사례이다. 우리나라에도 안도의 건축물이 여럿인데, 그중에서 널리 알려진 원주의 뮤지엄 산이나 제주도의 본태박물관의 경우도 물의 경관이 건축미의 중요 요소로 활용되고 있음을 볼 수 있다. 강변이나 바닷가 혹은 호숫가처럼 자연 속의 물을 활용한 건축에서도 안도의 독특한 건축 안목이 드러나 있지만, 앞에서 열거한 건물들처럼 인위적으로 물을 끌어 들인 설계에서 그의 건축적 창의성이 더욱 뚜렷이 발휘되고 있다. 요컨대 물은 그가 추구하는 건축 철학을 구체화하는 요소로 작용한다고 말할 수 있다.

안도 건축의 또 다른 특징은 노출 콘크리트의 사용이다. 콘크리트를 주재료로 사용한 건물은 타일이나 대리석과 같은 깔끔한 외장재로 마감하여 그 거친 질감을 감추는 것이 일반적이다. 그러나 안도는 건축 설계를 시작한 초창기부터 줄곧 노출 콘크리트를 고집해왔다. 그는 건물의 장식적 외관보다는 재료 본래의 물성이 그대로 드러나는 것을 더 중요시했다. 콘크리트는 철골 및 유리와 더불어 20세기 현대 건축을 특징짓는 재료이다. 콘크리트라는 현대적 재료를 쓰면서도 안도는 그것의 거친 질감을 그대로 드러내, 다시 말해 재료를 상대적으로 덜 가공한 상태에 둠으로써, 건물이 자연물에 가까운 느낌을 주고자 한다. 노출 콘크리트 벽은 말하자면 자연과 인공적인 것을 분할하면서도 건물이 자연과 대립하고 있는 듯한 인상을 최소화한다. 그리하여 안도의 건물은 외관을 다듬은 여타의 미끈한 건물들에 비해 자연과 대립하고 있다기보다 자연과 하나가 되어 그것과 조화를 이루고 있다는 인상을 강조한다. 요컨대 안도의 노출 콘크리트 기법은 건축물에 자연을 실현하려는 그의 건축 철학의 발로라고 말할 수 있다. 안도가 건축에 물을 끌어들이고자 하는 것도 이런 건축 목표와 무관하지 않다.

노출 콘크리트 기법과 물을 경관적 요소로 적극 활용하는 안도 건축은 현대 건축사에서 어떤 위상을 갖는 것인가. 이 질문에 답하기 전에 20세기 현대 건축이 그 이전의 건축과 어떻게 다른지 먼저 살필 필요가 있다. 거주가 먼저인가, 건축이 먼저인가? 우리는 거주하기 위해서 집을 짓는 것인가, 아니면 건물을 지었기에 거주하는 것인가? 지상에 거처를 정해 산다는 것이 무슨 의미인지를 탐문하면서 철학자 하이데거는 이렇게 물은 적이 있다. 자가이든 남의 소유이든 집을 구해 살림을 시작하고 일상을 살아가는 세간의 상식으로 보면 이 질문은 실익 없이 따지기 좋아하는 철학적 군말로 들릴 수도 있다. 그러나 건축의 역사를 되돌아보면 이 질문이야말로 20세기 현대 건축과 그 이전의 건축을 구분 짓는 분수령임이 드러난다.

20세기 이전의 서양 건축은 건물의 외형을 중시하여 거주의 편리성보다는 웅장하고 화려한 형태의 건조에 초점을 맞추었다. 이는 고전 건축의 주류를 이루었던 교회, 성당, 귀족의 성채, 왕궁 등을 생각하면 쉬이 수긍되는데, 일반 주택의 경우도 벽이나 지붕과 같은 외양을 어떻게 세우고 치장할 것인가가 건축의 주관심사였다. 다시 말해 고전 건축은 그 안에 들어가 생활할 사람들의 편의나 욕구보다는 건축의 형태가 우선이어서 단적으로 건축을 위한 건축이었다고 말해도 지나치지 않는다. 20세기 현대 건축은 이를 뒤집어 사람이 우선이고 건축은 이에 부응하는 공간의 창조에 있는 것이라는 시각, 곧 '형태는 기능을 따른다'는 명제의 실천과 더불어 개화된다. 이제 건물이 세워지고 거기에 맞춰 거주하는 것이 아니라 거주하기 위해 건물을 짓는다는 현대적 건축관이 일반화된다. 이런 모더니즘 건축에서, 비엔나의 건축가 아돌프 로스(Adolf Loos)가 표현한 대로, "장식은 죄악"으로 간주된다. 그리하여 일체의 장식을 제거한 수직과 수평이 교차하는 기하학적인 입방체형의 건물이 도시의 스카이라인을 장식하기 시작한다. 이 같은 건축의 혁신은 물론 사회적 맥락을 지닌다. 20세기 모더니즘 건축은 인구의 급격한 증가와 도시 집중으로 건물의 수요가 증대하고 그 수요를 신속히 충족시킬 수 있는 건축 공법의 도입, 그리고 규격화된 입방체형 건물을 신속히 지을 수 있는 건축 재료, 곧 철골과 시멘트와 유리의 공급이 원활하게 공급되는 산업 구조가 함께하면서 가능해질 수 있었다.

투박한 콘크리트 입방체를 연결하여 아무 장식 없이 그대로 벽체로 사용하는 안도의 건축은 기능을 우선시하고 장식을 제거한 현대 건축의 큰 흐름 속에 있음이 분명하다. 건축에 대한 안도의 개안이 서양 현대 건축과의 만남에서 이루어진 그의 이력으로 볼 때 그것은 당연하게 여겨진다. 전문적인 건축 교육을 받지 않은 안도는 현대 건축의 선구자 중의 한 사람인 르 코르뷔지에(Le Corbusier)를 사숙하며 건축에 입문했음을 스스로 밝히고 있다. 기능주의에 입각한 건축의 가능성을 모색한 르 코르뷔지에는 장식 없는 건축 그러면서 동시에 기하학적인 건축의 이론을 제시하며 새로운 유형의 건축의 정립에 앞장섰던 건축가이다. 안도는 르 코르뷔지에의 작품집을 손에 들고 유럽을 여행하면서 특징적인 기계적이고 기하학적인 건축은 물론 그것을 새롭게 변주한 조각과도 같은 롱샹 성당을 비롯한 그의 후기 중요 건축물을 관찰하고, 아울러 시대를 풍미한 바우하우스풍의 장식 없는 건물들을 세심히 살펴보는 기회를 가졌다. 유럽 여행을 통해 건축을 스스로 깨우친 수업시대를 마무리하고 돌아온 안도는 1969년 고향 오사카에 건축사무소를 열고 본격적인 건축가의 길을 걷게 된다. 안도는 초창기부터 개성적이고 실험적인 건물을 설계하여 주목을 끌었다. 그는 르 코르뷔지에나 미스 반 데어로에(Mies van der Rohe)풍의 기능주의 건축을 수용하면서도 그것을 모방하지 않고 그 나름의 독자적인 스타일을 개척해나간 것이다. 가령 초기 대표작의 하나로 꼽히는 스미요시 나가야(住吉の長屋) 주택(1975)에서 우리는 그 점을 엿볼 수 있다.

스미요시 나가야는 작은 목조주택들이 밀집되어 있는 허름한 동네의 세 채의 기다란 집들의 가운데를 허물고 거기에 새로 집을 앉히는 설계였다. 폭이 3.6미터, 길이가 14.4미터에 불과한 작은 집인데 바로 앞이 길이고 그 외의 방향은 모두 다른 건물들이 둘러싸고 있어서 설계하기 까다로운 환경

스미요시 나가야 설계 모형

이었다. 전면에 유리창을 내기도 어렵고 그 밖의 다른 면도 옆 건물의 벽과 마주하고 있으니 공간의 개방감을 얻기가 심히 어려운 상황이었다. 안도는 외벽을 창문이 없는 노출 콘크리트로 마감하여 일단 내부를 번다한 외부로부터 격리시키고 장방형의 평면을 3등분하여 중앙에 중정을 둠으로써 이 빈 공간을 통해 빛과 바람이 들어오도록 설계했다. 분리된 좌우의 공간은 중정 2층에 다리를 만들어 연결하고 1층과 2층은 계단을 통해 이어지는 구조이다. 밖에서 보면 건조한 시멘트벽이 사면을 에워싸고 있어서 답답하기 짝이 없어 보이는 건물이지만 출입문으로 들어와 현관 벽을 돌아 건물 내부로 들어서면 갑자기 머리 위로 밝은 빛이 쏟아져 들어오는 것이다. 그렇잖아도 좁은 면적을 3등분하여 중앙 부분을 완전히 빈 공간으로 두는 발상은 가히 파격적인 것이다. 중정 부분의 면적을 희생했지만 이 집은 건물의 어디에서든 개방적이고 밝은 경관을 만끽할 수 있는 자연친화적 구조인 것이다. 안도는 중정을 통해 자연을 끌어들임으로써 "비좁은 공간 속에 커다란 우주"를 만들고 싶었다고 설계의 포인트를 밝힌 바 있다.[6]

---

[6] 안도 다다오, 『일을 만들다』, 이진민 역, 재능교육, 2014, 90쪽.

이 작은 집의 설계를 통해 안도는 자신의 건축에서 초점은 건물의 외관이 아니라 내부 공간임을 거듭 확인시켜준다. 노출 콘크리트 사용을 안도 건축의 특징으로 흔히 거론하지만 사실 그것은 자연화된 공간을 만들어내는 매체일 뿐이다. 안도는 어디선가 이렇게 말한 적이 있다.

> 소재가 그 자신을 주장하는 것이 아니라 자연을 그대로 받아들이는 것이 중요한 점이라고 생각한다. 즉 자연의 소재가 만들어내는 무색의 공간에 인간이 존재함으로써 창출되는 아름다움이 건축 공간에 생명을 부여한다.[7]

안도가 건축가로서 심혈을 기울이는 것은 내부 공간이지 외적 형태가 아니다. 더불어, 이 인용문도 시사하듯이, 자연과 더불어 사는 본래적 삶의 방식을 어떻게 건축을 통해 실현할 것인가 — 이것이 건축가로서 안도의 궁극적 과제임을 또한 시사하고 있다. 이 두 가지 점은 안도의 건축이 나아갈 방향을 집약하고 있다. 이 같은 건축 철학은 개인 주택을 짓든 공공건물을 축조하든 언제나 안도 설계의 근본 바탕을 이루게 된다. 요컨대 안도의 건축은 현대 기능주의 건축의 큰 흐름을 받아들이면서도 건축 공간의 자연화, 다시 말해 건축을 통한 자연의 실현이라는 지향에서 자신의 독특한 건축 미학을 정립하고자 하는 것이다.

스미요시 나가야를 활기찬 주거 공간으로 만들어준 자연 요소는 햇빛과 공기이다. 여기에 물은 빠져 있다. 사실 물가에 면하지 않은 이상 개인주택에 물을 끌어들이는 것은 어려운 일이다. 안도가 물의 경관을 활용하는 건축은 대체로 공공건물이다.

---

[7] 최경원, 『르코르뷔지에 vs 안도 다다오』, 숨비소리, 2007, 286쪽에서 재인용.

물이 건축의 공간적 요소로 첨가된 안도의 공공 건축에서 자연과 일체를 이루고자 하는 그의 건축 철학은 한층 더 구체화된다. 물은 서양의 우주관에서 4원소의 하나이고 동양에서도 불, 나무, 흙, 쇠와 더불어 오행의 바탕을 이루는 오재(五材)의 하나이니만큼 물과 어우러진 건축 공간은 그만큼 더 충일한 자연의 임재를 약속하기 때문이다. 자연친화적인 안도의 건축은 그만의 독특한 문양을 지니고 있지만 그렇다고 그것이 전적으로 새로운 것이라 말할 수는 없다. 넓게는 우리나라를 비롯한 동아시아 전반의 건축 문화, 좁게는 일본의 전통 건축, 그리고 더 구체적으로는 안도가 건축가로 활동하기 시작한 1960년대를 전후한 일본 건축계 또한 일본 전통 건축의 현대화라는 이슈의 일환으로 자연과 조화를 이룬 건축을 지향했다. 물을 품은 안도 건축의 배후에는 르 코르뷔지에류의 서양 기능주의 건축 전통과 더불어 일본의 고건축 전통이 또한 어른거리고 있는 것이다.

전통의 현대화라는 측면에서 안도 건축의 물 경관은 일본의 전통 정원을 떠올리게 만든다. 고금을 막론하고 일본의 정원에서 물은 풍경의 중심이다. 특히 에도 시대에 유행한 후 일본 정원의 원형으로 자리 잡은 지천회유식(池泉回遊式) 정원에서 연못과 그로부터 흘러나와 길을 따라 회유하는 물길은 정원 구성의 핵심을 이룬다. 이 연못과 수로 그리고 주변에 축성한 산의 형상과 거기에 심어진 나무들 그리고 드문드문 점경(點景)으로 박혀 있는 경승지와 아담한 건물들은 하나의 전체상을 이루는데, 그것은 그야말로 자연 전체를 압축한 풍경인 것이다. 혹자는 일본의 축경(縮景) 정원을 국토 그 자체의 알레고리라고 주장하기도 하는데, 어쨌든 그것은 일본인이 본 자연 혹은 세계의 모습이라 할 수 있다. 연못 주변에 들어서 있는 다실이나 작은 집도 인위적인 것을 최소화하여 자연과 일체를 이루는 모습을 연출한다. 일례로 이들 건물에 이르는 행로에 깔린 도비이시(飛石, 징검돌)도 자연석을 있는 그대로 활용함으로써 건물이 자연의 일부라는 인상에 일조한다. 여기서 시선의 중심을 건물에 두고 그로부터 주변 정원의 모습을 바라본다면, 그 정경이 바로 일본 전통 건축이 지향한 전형적인 공간 구성이라고 말해도 크게 상치되지 않을 것이다. 안도 건축에서 물의 경관은 바로 이 정경으로부터 영감을 얻은 것이라고 볼 수 있다.

  일본 전통 건축의 현대적 의의를 먼저 알아본 것은 실상 서양의 건축가들이었다. 20세기 현대 건축의 미국 쪽 기수라고 할 수 있는 프랭크 로이드 라이트(Frank Lloyd Wright)도 그중의 하나이다. 1905년의 일본 여행을 필두로 여러 번 일본을 방문했던 라이트는 1923년 도쿄의 제국호텔 건물을 설계하여 일본 건축계에 적지 않은 영향을 끼쳤는데, 그것은 일방적인 것이 아니라 상호적인 것이다. 라이트 자신 일본 전통 건축으로부터 많은 시사점을 얻어 자신의 건축에 응용하곤 했는데, 예컨대 그가 지은 주택에 종종 보이는 넓은 처마나 물매가 급하지 않은 지붕에서 그 점을 엿볼 수 있다. 그의 대표작이라고 할 수 있는 유명한 낙수장(Falling Water) 건물에도 자연친화적 일본 전통 건축의 그림자가 짙게 어른거리고 있다. 서양의 주택 건축에서 으레 기피했을 법한 폭포 옆에 집을 앉히면서 육중한 캔틸레버식 콘크리트 테라스를 폭포가 떨어지는 계곡을 향해 뻗어나게 설계함으로써 건물 내부에서 넓게 낸 유리창을 통해 주변의 자연 경관을 시각적으로 즐길 뿐만 아니라 폭포의 물소리를 청각으로 느끼도록 한 것은 자연과 일체감을 강조해온 동양적 사유에서나 나올 수 있는 발상이다. 건축과 주변 자연의 유기적 연관성을 강조한 그의 프레리 스타일(prairie style)의 집이나 이론적 사색인 유기적 건축론에서도 일본식 사유의 편린이 엿보이지만, 그 자신은 그것이 자연과 인간 정신의 상응을 역설한 19세기 중엽의 미국 초월주의 전통과 그의 집안이 대대로 신봉해온 유니테리어니즘에서 비롯된 것이라고 주장했다.

나치 정권이 들어선 후 박해를 피해 1933년 일본으로 잠시 망명한 독일의 건축가 브루노 타우트(Bruno Taut) 역시 일본 전통 건축의 현대적 가능성을 발견한 또 다른 인물이다. 그는 17세기 초엽, 에도 시대에 지어진 교토의 가쓰라리큐(桂離宮) 천황 별장을 보고서 현대 기능주의 건축이 봉착했던 메마른 형식주의를 극복할 수 있는 길을 찾아낸다. 특히 별장의 맨 앞에 위치한 고쇼인(古書院) 건물을 중심으로 펼쳐지는 공간 전개에서 그는 경이의 충격을 맛본다. 고쇼인은 외양으로는 장식도 별로 없고 수직선과 수평선이 교차하는 평범한 건물로, 주재료가 목재라는 점을 빼면, 르 코르뷔지에나 미스 반데어로에식의 기하학적 건물과 일견 유사해 보인다. 그러나 건물 내부로 들어가게 되면 판이한 양상이 펼쳐진다. 미닫이문을 열면서 맑은 연못과 숲이 조화를 이룬 아름다운 풍경이 집안 깊숙이 들어온다. 방 안의 다다미 바닥과 수평으로 연결된 마루 그리고 그 너머로 이어지는 잔잔한 연못의 수면은 일체감을 이루면서 연못 너머의 숲으로, 그 위의 푸른 하늘로 시선을 인도한다. 창문 위쪽의 긴 가로벽과 더불어 창문이 액자 역할을 하면서 맑고 고요한 수변 경관을 한 폭의 그림처럼 제시하고 동시에 집의 내부가 바깥 자연 공간으로 무한히 확장되는 느낌을 자아내는 것이다. 옆면으로 자리를 옮기면 거기에서도 마찬가지로 자연과 일체감을 주는 또 다른 풍경이 펼쳐진다. 더욱이 어두운 실내와 밝은 바깥 공간이 명암 대비를 이루면서 건물의 좁은 실내에 깊숙한 공간감을 부여한다. 이렇게 건물이 자연 경관의 프레임 역할을 하면서 내부에 앉아서도 늘 변화하는 자연 경치를 감상할 수 있다는 것은, 타우트의 눈에, 장식은 제거했지만 내부가 동일한 몰개성적인 기능주의 건축에서는 전혀 기대할 수 없는 경이로움으로 비쳤다.

일본의 전통 건축에서 건물은 이처럼 자연의 일부를 이루며 하나의 점경으로 나타난다. 다시 말해 건물의 주인공은 건물 그 자체라기보다는 그것을

가쓰라리큐 실내에서 보는 바깥 풍경

포함한 주변 공간, 곧 풍경이다. 그렇기 때문에 일본의 건축을 말하면서 건물의 외형과 그 내부에만 국한한다면 많은 것을 놓치게 된다. 극단적으로 건물은 그 주변을 둘러싼 정원을 아름답게 꾸미기 위한 하나의 요소일 뿐이라고 말하더라도 지나치지 않다. 또 하나 주목할 것은 건물이 자연과 만나는 모양새이다. 건물은 드러난다기보다 정원의 숲속에 잠겨 있다. 숲속으로 난 길을 따라 건물에 이르면 먼저 눈에 들어오는 것은 건물의 길고 깊은 처마이다. 건물은 그 처마의 그늘, 어스름한 어둠 속에 잠겨 있는 것이다. 은미하고 웅숭깊은 이 그늘은 주변의 나무들을 싱싱한 청록으로 빛나게 해주는 햇살의 반사광이 만들어내는 것이기에 그것과 명암 대비를 이루면서도 그것의 일부를 이룬다. 그리하여 이 도비사시(土庇)를 받들고 있는 기둥들로 이루어진 처마 공간은 건물의 일부이기도 하고 정원에 속하기도 하는 것이다. 고전적 일본미를 탐구한 문학으로 일가를 이룬 소설가 다니자키 준이치로(谷崎潤一郎)는 『음예예찬(陰翳禮讚)』(1933)에서 이 미묘한 음예(陰翳)의 공간이 일본 건축미의 핵심이라고 주장한다.

> 서양 사원의 고딕 건축이란 지붕이 높디높게 뾰족 솟아있으며, 그 끝이 하늘 높이 오르려고 하는 데 아름다움이 있다고 한다. 이와 반대로 일본의 가람에서는 건물 위에 먼저 큰 기와를 얹고, 그 처마가 만들어내는 깊고 넓은 그늘 속에 전체의 구조를 집어넣는다. 사원뿐만 아니라 궁전이나 서민의 주택도, 바깥에서 볼 때 가장 눈에 띄는 것은 기와지붕 또는 띠를 씌운 지붕과 그 처마 아래의 농도 짙은 어둠이다.[8]

그는 이를 더 일반화하여 일본 문화에서 아름다움은 사물 자체에 있는 것이 아니라 사물과 사물이 만들어내는 음예의 짜임새, 곧 명암에서 비롯된다고 주장한다. 안도 다다오의 건축에서 특히 어두운 공간이 밝은 공간으로, 좁은 공간이 넓은 공간으로, 혹은 그 반대로 이어지는 양상이 건물 전체로 반복되는 구조를 보이는 경우가 많은데 이 또한 일본 전통 건축의 현대화라는 측면에서 그 의의를 평가할 수 있을 것이다.

안도 건축에서 물의 경관은 다양한 양상으로 펼쳐진다. 물론 거기에 안도 특유의 일정한 패턴이 없지는 않다. 그렇지만 그 정서적 효과를 간단히 몇 마디로 요약하기는 어렵다. 주지하듯 물은 다양한 물성을 지니고 있다. 물은 출렁이며 움직이고, 어디든 낮은 곳으로 흘러가고, 투명하고, 흐르면서 소리를 낸다. 물의 이와 같은 유동성, 융통성, 투명성, 청각성에 대해 사람들은 저마다 다르게 반응한다. 아무튼 안도는 지형과 환경 혹은 건물의 목적에 따라 물의 속성을 적절히 활용하여 건축 효과를 극대화하고자 한다.

---

[8] 나카무라 요시오, 『풍경의 쾌락』, 강영조 역, 효형출판, 2007, 220쪽에서 재인용.

원주 뮤지엄 산 입구

안도는 종종 건물의 진입로에 물의 경관을 덧붙여 사람들의 관심을 진입하고자 하는 건물로 끌어모으면서 마음의 준비를 시킨다. 원주의 뮤지엄 산이 전형적인 예이다. 뮤지엄 산은 미술관 본 건물의 앞부분에 널찍한 연못을 만들고 그 위로 예각으로 한 번 꺾이는 진입로를 다리처럼 놓아서 미술관에 진입하도록 설계되었다. 사람들은 맑은 물로 둘러싸인 진입로를 따라 걸으면서 물에 살짝 흔들려 비치는 하늘과 나무와 숲의 영상에 긴장이 풀어지고 자연 속에 빠져들어 가는 기분 속에서 일상과 단절된 어떤 별세계로 들어가는 듯한 느낌에 젖기 십상이다. 그런 느낌은 진입로 다리의 중간에 아치형의 문처럼 세워져 있는 거대한 붉은 조형물(알렉산더 리버만의 「아치웨이」)에 의해서 더욱 강화된다.

물을 활용한 이런 속리(俗離)의 느낌은 종교 건물에서 더욱 두드러진다. 가령 아와지 섬에 있는 유명한 '물의 절'의 연꽃 연못이 그렇다. 물의 절에서 공간적 차단은 사실 세 겹이다. 연못에 이르기 전 직선으로 된 긴 콘크리트 벽을 지나고 다시 원호 모양의 벽을 통과해야하기 때문이다. 그렇게 해서 연못에 이르면 관람객은 거기에 감도는 탈속적인 고요함에 빠져들 수밖에 없고 연꽃이라도 피어 있을 경우에는 몸과 마음이 더욱 정화되는 느낌에 젖기 마련이다. 게다가 연못 위에서 잠시 뒤를 되돌아보면 통과해온 벽 너머로 아득히 바다가 펼쳐져 있는 광경이 눈에 들어오게 된다. 연못과 망망대해가 하나가 된 광활한 세계 속에 자신이 안겨 있는 듯한 느낌 속에서 관람객은 연못의 중앙을 가르며 아래로 내려가는 계단을 발견하게 된다. 청정한 연꽃을 피워내는 물의 가람을 머리에 이고 계단을 통해 지하로 내려가는 것 자체가 서방 정토로의 여행에 상응하는 것이다. 은은한 붉은 빛이 새어 나오는 통로에 이르러 발걸음을 조금 더 옮기면 붉은 격자 창살과 기둥으로 이루어진 아담한 법당이 쏟아져 들어오는 빛으로 화려하면서도 엄숙하게 빛나고 있는 모습을 보게 될 것이다. 콘크리트를 주 재료로 사용하면서 물을 활용한 적절한 공간 배치로 이런 탈속적인 사찰을 만들어낸 안도의 건축적 상상력이 놀라울 뿐이다.

홋카이도 도마무에 있는 '물의 교회'에서 물의 경관은 세속도시와 단절된 신성한 공간의 표상이다. 여기에서도 교회 내부로 들어가기 위해서 사람들은 'L' 자형의 긴 담을 따라 걸어야 한다. 세속의 일상과 교회를 분리하는 이 콘크리트 벽이 강요하는 건축 체험은 진입로의 끝에서 연못과 마주하며 종교적 체험으로 승화된다. 거기 연못의 물속에 십자가가 장엄하게 서 있고 사람들은 그것을 보면서 다시금 역방향으로 걸어 의자가 배열되어 있는 교회의 내부로 들어가게 된다. 예배석에 앉으며 사람들은 넓은 연못 한가운데로 솟아 있는 십자가와 그 뒤로 펼쳐지는 숲과 산 그리고 하늘이 일체를 이룬 풍경을 대면하게 된다. 그것은 성스러운 세계이면서 또한 무한한 자연 공간이다. 물의 교회는 이처럼 좁은 공간에서 넓은 공간으로, 내부에서 외부로 공간을 확장해가면서 종교적 감흥을, 신앙심을 이끌어내는 공간 디자인을 연출한다. 물속에서 솟아 올라와 주변의 자연과 일체상을 구현하고 있는 십자가를 보면서 기독교도라면 어쩌면 갈릴리 바다를 걸었던 예수를 연상할지도 모른다. 예수는 산에 올라 홀로 "아버지의 뜻이 하늘에서 이루어진 것 같이 땅에서도 이루어지"길(「마태복음」 6: 10) 기도한 후, 맞바람을 받아 우왕좌왕하고 있는 제자들이 탄 배를 향해 물 위를 걸어 다가갔다. 예수가 간구했던 하늘이 땅이 되고, 땅이 하늘이 되는 일, 그 역사를 맑은 정화의 물속에서 자연과 하나를 이루고 있는 십자가가 표상하고 있다고 한다면 지나친 과장일까?

나는 수년 전 안도 다다오의 건축을 마음속 깊이 느껴볼 기회가 있었다. 그해 여름 한 철을 미국 매사추세츠주 서쪽 경계 부근에 있는 작은 도시 윌리엄스타운에서 보내고 있었다. 이곳은 산간 지대라서 한적하고 여름에 시원하여 동부 해안가의 보스턴이나 뉴욕 혹은 그 인근에 사는 부유한 사람들이 여름 피서지로 많이 찾는 곳이다. 이곳에는 종합대학이 아닌 소규모의 학부중심 인문대학(liberal arts college) 중에서 명문으로 꼽히는 윌리엄스대학이 있고 또한 미술 연구기관 겸 미술관으로 명성이 높은 클라크미술연구소(Clark Art Institute)가 자리 잡고 있다. 인근의 탱글우드(Tanglewood)라는 곳에서는 여름마다 보스턴 심포니 오케스트라가 주관하는 음악회가 열려 더위를 피하면서 수준 높은 음악을 즐길 수 있는 이점도 있는 곳이다. 나는 이곳 대학에서 강의하고 있는 딸이 방학 중에 집을 비운 사이에 한 달여간 집을 보아주면서 주로 대학의 도서관에 나가 책을 읽으면서 지냈다. 눈이 피로해지는 늦은 오후가 되면 도서관을 나와 숲으로 둘러싸인 캠퍼스의 주변을 이리저리 걷기도 하고 인근의 클라크미술관을 찾기도 했다. 나중에는 클라크미술관의 고즈넉한 분위기가 좋아서 거의 매일 찾아가 부지 주변을 순환하는 산책로를 따라 한 바퀴 걷고는 미술관 내정에 한참 앉아 있다가 돌아오곤 했다. 이 미술관 건물이 바로 안도 다다오의 손을 거친 것이다. 1955년에 문을 연 이 유서 깊은 미술관은 2001년 새롭게 증개축 계획을 세우고 안도 다다오를 초빙하여 설계를 맡겨 2014년에 전반적으로 안도풍의 건물로 탈바꿈했다.

미술관의 진입로는 전형적인 안도 스타일로 한쪽에 콘크리트 벽이 있고 다른 쪽에는 녹지가 있는 긴 길로 되어 있다. 1955년에 개관한 원래의 미술

클라크 미술연구소 전경 (출처: https://www.clarkart.edu/about/employment)

관은 건물 정면에 출입구가 있었는데 개축하면서 주차장으로부터 새로 지은 클라크센터에 이르는 긴 우회로를 통해 미술관에 입장하도록 새로 진입로를 만든 것이다. 벽면에는 미술관 안내 포스터나 홍보물이 부착되어 있어서 관람객은 진입로를 따라가면서 자연스럽게 미술관에 대한 기초 지식을 얻고 관람에 대한 기대감을 갖게 된다. 진입로의 끝에 이르러 투명한 유리문이 열리면 복도 공간이 나오고 그 전면 유리창 너머로 넓은 연못이 펼쳐져 있다. 관람객은 곧바로 미술관 관람을 하는 대신 복도의 문을 통해 연못가의 널찍한 테라스 공간으로 나와서 흘러가는 연못의 물을 관조하면서 담소를 나누고 휴식을 취할 수도 있다. 연못을 L자로 둘러싸고 있는 이 테라스 공간에는 의자가 곳곳에 놓여 있고 오른편으로 꺾어진 테라스의 한 면의 일부는 연못 안쪽으로 돌출되어 있어서 한결 더 가까이서 주변의 수변 경관을 조망할 수 있다. 이 테라스의 풍경이 그 자체로 하나의 볼거리를 제공하기 때문에 사람들은 미술관을 관람하지 않고 그냥 여기에서 시간을 보내기도 한다. 실제로 이곳을 약속 장소로 삼아 만나서 대화를 나누는 사람도 꽤 있는 것 같았다.

 이곳이 한적한 피서지다 보니 노령 인구가 많고 관람객도 중년 이상의 노인들이 주종을 이루고 있는 것으로 보인다. 미술관은 시간의 여유가 많은 사람들이 소일하기에 좋은 장소이다. 실제로 미술관이나 음악회의 주 고객이 60대 이상의 노인층이라는 통계도 있다. 이렇게 널따란 실외 공간을 둔 것도 지역사회의 사정을 고려한 설계라는 생각이 들었다. 공공건물의 경우 지형적 여건은 물론 주변 지역사회의 문화적 환경도 십분 고려해야 건축의 목적을 제대로 실현할 수 있을 터이다. 안도는 건축은 "사람들이 모이고 대화하는 장소"라고 말한 적이 있는데 이곳 미술관이 지역사회의 주민들을 위한 서비스 공간으로 열려 있는 것을 보면서 그 말을 실감할 수 있었다.

미술관에서 작품 감상을 마치고 나온 사람들은 맑은 물이 조용히 흐르는 이곳 연못가에서 마음속에 일었던 심미적 감흥을 다시금 돌이켜 음미해볼 수 있을 것이다. 세 단으로 나누어진 장방형 연못의 물은 나지막한 소리를 내며 아랫단으로 각각 흘러내린다. 활주로처럼 긴 수평의 수면은 마지막 단의 끝에서 초록의 풀이 융단처럼 덮인 야트막한 언덕에 이어지고 그 너머로는 푸른 하늘이 펼쳐져 있다. 언덕은 연못과 연결된 경사면 부분만 녹색 초지이고 나머지는 나무숲이라서 물-초원-하늘로 이어지는 공간의 개방감을 극대화하면서 동시에 듬성듬성 서 있는 몇 그루의 나무들과 그 그늘로 인해 공간적 깊이도 얻고 있다. 미술관 지하에서 계단을 올라와 대기실 복도에 서면 이처럼 테라스로부터 잔잔한 수면, 푸른 초원, 하늘로 이어지는 시원한 공간이 시야로 들어온다. 앞서 언급한, 미닫이문을 열면 마루에서 정원의 연못 그리고 그 너머 숲으로 연결되는 일본의 전통 건축물의 공간 구성과 흡사하다. 물론 일본 전통 정원처럼 경관 배치가 아기자기하고 섬세한 것은 아니다. 어쨌든 물 경관을 매개로 자연은 미술관 내정까지 바싹 다가와 있는 것이다.

    이런 경관 구성은 미술관 본연의 기능과 어떻게 조화를 이룰 수 있을까? 예술적 감동은 사물을 인식하는 우리의 눈을 새롭게 열어주면서 동시에 그 지평을 확대하고 더불어 마음을 고양시키기 마련이다. 이런 마음의 고양감은 경관이 매개하는 자연과의 일체감을 통해서 한결 더 큰 양태로 확장되어 더욱 충만해지고 그와 더불어 우리 마음은 번쇄한 일상의 구속에서 잠시나마 벗어난다. 그리하여 이런 초월적 경험은 우리에게 정화된 기쁨을 준다. 아울러 잔잔히 흐르는 물소리에 실려 오는 평온함과 고요함은 예술적 감흥을 마음 깊은 곳까지 물결치게 하여 그것을 더욱 심화된 그리하여 보다 영속적 경험으로 내면에 간직하는 데 일조할 수 있으리라. 워즈워스는 "고요함 속에서 회상된 정서"를 말한 바 있지만, 훗날에 어떤 체험이 회상되려면 오히려 그것이 고요하고 평온한 분위기 속에서 체험되는 것이어야 할 것이다. 우리의 인식이 새로워지고 우리의 느낌이 심원하고 풍요해지는 때, 우리의 마음은, 주변이 아무리 번다하더라도, 맑고 잔잔한 호수처럼 평정 상태를 지향하지 않으면 안 된다.

클라크미술관에는 내가 관심을 가지고 즐겨 살피는 풍경화와 미국 화가들, 특히 조지 인네스(George Inness)와 윈슬로 호머(Winslow Homer)의 작품이 다수 소장되어 있다. 나는 며칠에 한 번씩 미술관에 들러 한두 사람의 그림을 집중해서 관람하고 나머지 날들은 그냥 야외 테라스에 앉아 풍경을 즐겼다. 오후 4시가 지나 미술관 문이 닫히고 관람객들이 빠져나가면 테라스는 더욱 고즈넉해진다. 테라스는 연못이 끝나는 부근에서 숲으로 이어지는 트레일과 연결되어 있어서 미술관 내부를 통과하지 않고도 밖으로 나올 수 있었다. 나는 때로 늦은 오후에 그 트레일을 산책하다가 사람들이 거의 사라진 석양 무렵, 테라스를 찾아 혼자서 그 멋진 풍경을 독점하는 행운을 즐기기도 했다. 비스듬히 기우는 석양의 햇살 속에서 물과 푸른 대지와 하늘이 하나로 조화를 이룬 고요한 풍경을 나는 온몸으로 느끼곤 했다. 이 순간 클라크미술관은 나에겐 오브제로서의 건축, 눈에 보이는 형태로서의 건축이 아니라 마음으로 느끼는 체험의 공간으로 완벽하게 변신한 셈이다. 이 한가롭고 맑은 분위기, 그 한미청적(閑美淸適)의 세계는 필시 내가 마음속으로 오랫동안 희구하고 있었으나 구체화할 수 없었던 어떤 원형적 형상일 것이라는 생각이 들기도 했다. 그러기에 이 정경이 그처럼 잔잔한 희열감을 불러일으켰으리라. 그 순간 그 일체적 정경은 나에겐 조화로운 자연의 모습이자 세계의 전체상으로 보였다. 시선을 거꾸로 하여 다시 근경의 물을 바라보면 거기에 푸른 초원과 나무와 하늘이 비친다. 근경은 원경으로 퍼져 나가고 원경은 근경에 아른거린다. 물의 풍경 속에서 존재는 현상이 되고 현상은 존재의 본질을 다시금 되묻는다. 사라져가는 석양의 햇살 속에서 물을 관조하고 있노라면 풍경은 이렇게 사유의 문을 연다. 물의 풍경은 보이지 않던 세계의 몸을 현시하며 나를 끌어들이고 나는 그 속에 안겨 생각에 잠긴다. 말하자면 풍경을 통해, 풍경에 의해 나는 사유하는 존재, 가장 근원적이고 가장 인간다운 존재로 환원되는 것이다. 나의 사유는 또한 세계를 향해 있으니 나는 존재하는 것들의 세계 속에서 그 세계를 마음속에 품으면서 가장 순수한 나의 존재와 만나는 것이다.

여름을 그렇게 보내고 서울로 돌아온 얼마 후, 마쓰이에 마사시(松家仁之)가 쓴 『여름은 오래 그곳에 남아(火山のふもとで)』(2012)를 읽을 기회가 있었다. 작중의 건축가 무라이 슌스케의 다음과 같은 말이 시선을 멈추게 했다.

> 나눗셈의 나머지 같은 것이 없으면 건축은 재미가 없지. 사람을 매료시키거나 기억에 남는 것은 본래적이지 않은 부분일 경우가 많거든. 그 나눗셈의 나머지는 계산해서 생기는 것이 아니야. 완성되고 나서 한참 지나야 알 수 있지.[9]

한여름의 석양 무렵 클라크미술관에서 느꼈던 '고요한 행복감(bliss of solitude)'이 다시 떠오르고, 그때 그 건물에서 이 나눗셈의 나머지가 무엇이었을까를 생각하며 나는 한동안 회억에 젖어 멍하니 앉아 있었다.

---

[9] 마쓰이에 마사시, 『여름은 오래 그곳에 남아』, 김춘미 역, 비채, 2016, 180쪽.

참고문헌

강병국, 『한국의 늪』, 서울: 지성사, 2006.
고　은, 『두고 온 시』, 서울: 창작과비평사, 2002.
관　중, 『관자』, 김필수 외 역, 서울: 소나무, 2016(개정판: 초판, 2006).
금장태, 「다산의 인(仁) 개념의 인식과 실천」, 『다산학』 7(2005): 7~50.
김광규, 『시간의 부드러운 손』, 서울: 문학과지성사, 2007.
─── , 『우리를 적시는 마지막 꿈』, 서울: 문학과지성사, 1979.
김동식, 「숨쉬기의 무의식에 관하여」, 천운영, 『명랑』, 서울: 문학과지성사, 2004. 259~274.
김　숨, 『물』, 서울: 자음과모음, 2010.
김애란, 「물속 골리앗」, 『비행운』, 서울: 문학과지성사, 2012.
─── , 『잊기 좋은 이름』, 파주: 열림원, 2019.
김우창, 『궁핍한 시대의 시인』, 서울: 민음사, 1977.
김응교, 『처럼: 시로 만나는 윤동주』, 파주: 문학동네, 2016.
김정용, 『메롱메롱 은주』, 서울: 문학과지성사, 2010.
나카무라 요시오, 『풍경의 쾌락』, 강영조 역, 파주: 효형출판, 2007.
남회근, 『노자타설 상』, 설순남 역, 서울: 부키, 2013.
『노자/장자』, 장기근·이석호 역, 서울: 삼성출판사, 1976.
로이드, G. E. R., 『그리스 과학사상사-탈레스에서 아리스토텔레스까지』, 이광래 역, 서울: 지성의 샘, 1996.
마쓰이에 마사시, 『여름은 오래 그곳에 남아』, 김춘미 역, 파주: 비채, 2016.
바슐라르, 가스통, 『공간의 시학』, 곽광수 역, 서울: 민음사, 1990.
─────── , 『물과 꿈』, 이가림 역, 서울: 문예출판사, 1980.
발레리, 폴, 『해변의 묘지』, 김현 역, 서울: 민음사, 1973.
박재환, 「人間相互作用에 관한 濟州島民의 社會意識-民俗資料를 中心으로」, 『제주

대 논문집: 인문·사회과학편』 9(1978): 607~635.
박지원,『열하일기』, 김혈조 역, 파주: 돌베개, 2017(개정판).
박화성,『순간과 영원 사이』, 서울: 중앙출판공사, 1974,
―――,『박화성 단편집』, 박연옥 편, 서울: 지식을 만드는 지식, 2012.
박희영,「그리스 초기 자연 철학의 형이상학적 사유」,『철학』79(2004): 107~134.
배한봉,『우포늪 왁새』, 서울: 시와시학사, 2002.
베르낭, 장 피에르,『그리스인들의 신화와 사유』, 박희영 역, 서울: 아카넷, 2005.
보들레르 샤를르,『악의 꽃』, 윤영애 역, 서울: 문학과지성사, 2003.
서정주,『미당 시전집 1』, 서울: 민음사, 1994.
송우혜,『윤동주 평전』, 서울: 도서출판 푸른역사, 2004.
순 자,『순자』, 김학주 역, 서울: 을유문화사, 2008 (초판 2001).
김용옥,『석도화론』, 서울: 통나무, 1992.
스트랭, 베로니카,『물의 인문학』, 하윤숙 역, 서울: 반니, 2020.
솔로몬, 스티븐 ,『물의 역사』, 주경철·안민석 역, 서울: 민음사, 2013.
신동옥,『달나라의 장난 리부트』, 서울: 문학실험실, 2021.
신문수,「소로우의『월든』에 나타난 생태주의적 사유」,『영어영문학』48.1(2002 봄): 169~190.
―――,「해석의 이데올로기:『모비딕』의 경우」,『영미문학교육』6.1(2002 여름): 15~40.
―――,「월든 호수를 찾아서:『월든』 발간 150주년에 붙여」,『문학과 환경』3(2004 하기): 219~236.
―――,『'모비딕' 읽기의 즐거움』, 서울: 살림출판사, 2005.
―――,「고래·『모비딕』· 생태주의적 비전」,『문학과 환경』7.2(2008): 23~52.
―――,「기후변화·기상학적 비전·문학적 상상력」,『영어영문학』57.1(2011): 3~25.
―――,「자연의 의미망」,『문학과환경』19.4(2020): 67~95.
―――,「우물, 혹은 기억의 터: 서정주·윤동주·오정희의 우물에 대한 상상력」,『작가포럼』8(2025 봄): 10~30.
심경호,『다산과 춘천』, 강원대학교 출판부, 1996.
아감벤, 조르조,『얼굴 없는 인간: 팬데믹에 대한 인문적 사유』, 박문정 역, 서울: 효형출판, 2021.
안도 다다오,『일을 만들다』, 이진민 역, 서울: 재능교육, 2014.

엘리엇, T.S.,『황무지』, 황동규 역, 서울: 민음사, 2004.
오정희,「옛 우물」,『불꽃놀이』, 서울: 문학과지성사, 1995(개정판, 2017). 7~52.
─── ,『유년의 뜰』, 서울: 문학과지성사, 1995 (초판, 1981).
오주석,『오주석의 옛 그림 읽기의 즐거움 1』, 신구학원신구문화사, 2018(재개정판: 초판, 1999).
우찬제,『나무의 수사학』, 서울: 문학과지성사, 2018.
요시카와 고지로,『요시카와 고지로의 공자와 논어』, 조영렬 역, 뿌리와 이파리, 2006.
유소홍,『오행, 그 신비를 벗긴다』, 송인창·안유경 역, 서울: 국학자료원, 2008.
유치환,『유치환: 한국현대시문학대계 15』, 김현 편, 서울: 지식산업사, 1981.
유홍준,『화인열전 2』, 서울: 역사비평사, 2001.
윤동주,『정본 윤동주 전집』, 홍장학 편, 서울: 문학과지성사, 2004.
이성선,『이성선 전집 1』, 이희중·최동호 편, 서울: 서정시학, 2011.
이중환,『완역 정본 택리지』, 안대회·이승용 외 역, 서울: 휴머니스트, 2018.
이 이,『격몽요결』, 이민수 역, 서울: 을유문화사, 2003.
이창대,「헤라클레이토스 철학에 대한 새로운 이해」,『철학』3(1995): 125~155.
이청준,『이어도: 이청준 문학전집 8』, 서울: 열림원, 1998.
이하석,『늪을 헤매는 거대한 수레: 시와 함께하는 생태환경기행』, 파주: 세계사, 2005.
장미경·김순전,「박화성 일본어 소설에 나타난 '물'의 이미지 – 단편「홍수전후」와 「한귀」를 중심으로」,『일본문화연구』31(2009): 315~336.
정약용,『다산문선』, 민족문화추진회 편, 서울: 솔출판사, 1997.
─── ,『다산문학선집』, 박석무·정해렴 편역, 서울: 현대실학사, 1996.
─── ,『다산시선』, 송재소 역, 파주: 창비, 2013(초판, 1981).
─── ,『다산산문선』, 박석무 역, 파주: 창비, 2013(초판, 1985).
─── ,『다산 정약용 산문집』, 허경진 역, 서울: 한양출판, 1994.
정현종,『세상의 나무들』, 서울: 문학과지성사, 1995.
조선미,「공자성적도고」,『미술자료』60(1998): 1~43.
주 희,『사서집주 I: 논어/중용』, 한상갑 역, 서울: 삼성출판사, 1976.
─── ,『사서집주 II: 맹자/대학』, 한상갑 역, 서울: 삼성출판사, 1976.

천운영,『명랑』, 서울: 문학과지성사, 2004.
최경원,『르 코르뷔지에 vs 안도 타다오』, 서울: 숨비소리, 2007.
최동호,『한국 현대시와 물의 상상력 – 한국 현대시의 의식현상학적 연구』, 서울: 서정시학, 2010.
최서해,「큰물진 뒤」,『최서해전집』상, 곽근 편, 서울: 문학과지성사, 1987.
크루티어, 알레브 라이틀,『물의 역사』, 윤희기 역, 서울: 예문, 1997.
Agamben, Giorgio, *Means without End: Notes on Politics*, Trans. Vincenzo Binetti and Cesare Casarino, Minneapolis: University of Minnesota Press, 2000[*Mezzi senza fine*, 1996].
Carson, Rachel, *The Sea Around Us*, New York: Oxford University Press.
Cikovsky, Nikolai Jr. and Franklin Kelly, *Winslow Homer*, Washington D.C.: National Gallery of Art, 1995.
Dickinson, Emily, *Final Harvest: Emily Dickinson's Poems*, Boston: Little, Brown, 1961.
Eliade, Mircea, "The Waters and Water Symbolism", *Patterns in Comparative Religion*, Trans. Rosemay Sheed, New York: Sheed and Ward, 1958.
Eliot, T.S., *The Complete Poems and Plays of T.S. Eliot*, London: Faber and Faber, 1978.
Griffin, Randall C., *Winslow Homer: An American Vision*, London: Phaidon, 2006.
Hargrove, Nancy Duvall, *Landscape as Symbol in the Poetry of T.S. Eliot*, Jackson: University Press of Mississippi, 1978.
Heaney, Seamus, *Seamus Heaney Selected Poems 1966-1987*, New York: The Noonday Press, 1990.
Johns, Elizabeth, *Winslow Homer: The Nature of Observation*, Berkeley: University of California Press, 2002.
Maclean, Norman F., *A River Runs Through It*, Chicago: The University of Chicago Press, 1976.
Melville, Herman. *Moby-Dick or The Whale*, Evanston and Chicago: Northwestern University Press and The Newberry Library, 1988.
Nietzsche, Friedrich, *The Pre-Platonic Philosophers*, Trans. Greg Whitlock, Urbana and

Chicago: University of Illinois Press, 1995.

Olson, Charles, *Call Me Ishmael*, New York: Reynell &Hitchcock, 1947.

Reid, Roberta Anne, *Bodies of Water: Winslow Homer's Paintings of the Sea/Shore*. Ph. D. dissertation, Stanford University, 2001.

Salvador, Michael and Todd Norton, "The Flood Myth in the Age of Global Climate Change", *Environmental Communication*. 5.1(March 2111): 45~61.

Smith, Grover, *T.S. Eliot's Poetry and Plays: A Study in Sources and Meanings*, Chicago: The University of Chicago Press, 1974.

Snyder, Gary, *No Nature: New and Selected Poems*, New York: Pantheon Books, 1992.

Thoreau, Henry David, *Walden*, Ed. J. Lyndon Shanley, Princeton: Princeton University Press, 1971.

──────────. "Walking", *The Selected Works of Thoreau*, Boston: Houghton Mifflin, 1975. 659~686.

찾아보기

ㄱ

「가을 거울」 63
강 166, 170, 184, 185, 215
강희안 53
「걷기(Walking)」 148
『격몽요결(擊蒙要訣)』 182
격물(格物) 54
『경교명승첩(京郊名勝帖)』 183
『경세유표』 181
『계자서』 54
〈고사관수도〉 53
고은 208
「곡산북방산수기」 188
곡신불사(谷神不死) 140
공자 36~38, 179
『관자』 34
관조 53, 57
굴원 179
「그들이 황무지를 가진 것은」 120
〈그랜드 뱅크스에서의 실종〉 263
기후변화 95, 99, 125
길가메시 신화 93, 112
김광규 63~66
김숨 93

김애란 95, 102
김영랑 39
김정용 101
김홍도 56

ㄴ

나르시시즘 48
낙수장(Falling Water) 275
낚시[예도(藝道)로서의] 161~163
노자 41, 43
「논두렁에 서서」 61
『논어』 36, 40, 199
『논어고금주(論語古今註)』 182

ㄷ

『대동수경(大東水經)』 192
대양적 감정(oceanic feeling) 228
『도덕경』 41, 43, 140, 191
『드라이 샐베이지스』 214~222
디킨슨, 에밀리(Emily Dickinson) 67~70

ㄹ

라이트, 프랭크 로이드(Frank Lloyd Wright) 275

람사르 협약 117
로스, 아돌프(Adolf Loos) 270
롤랑, 로맹(Romain Rolland) 228
르 코르뷔지에(Le Corbusier) 271

ㅁ

『마과회통(麻科會通)』 180
마쓰이에 마사시(松家仁之) 286
마테오 리치 186
『매씨상서평』 194
매클린, 노먼(Norman Maclean) 157, 158
맹자 38, 41, 249
멜빌, 허먼(Herman Melville) 223, 249
「명랑」 103
『모비딕』 223~245, 254~255
모성의 자연(Mother Nature) 147
모파상, 기 드 116
『목민심서』 180, 181
『물』 93
「물가의 죽음」 204
『물과 꿈』 32
「물속 골리앗」 95~102, 108, 112
「물을 건너다가」 59
물의 경관 268, 278
물의 교회 268
물의 상상력 200
「물의 신전」 127
물의 절 268
「물의 힘」 65
뮤지엄 산 268, 279
므리바의 샘 67

ㅂ

바다 215, 217, 223, 224, 242, 249, 255
바슐라르, 가스통(Gaston Bachelard) 32, 48, 93, 124, 138, 172, 198
박지원 172
박화성 105
반 데어로에, 미스(Mies van der Rohe) 271
「반짝이는 늪에 관한 명상」 122
발레리(Paul Valéry) 242
배한봉 120, 122, 126~127, 129~130
베르낭(Jean-Pierre Vernant) 30
보들레르(Charles-Pierre Baudelaire) 229
〈보트 만드는 아이들(The Boat Builders)〉 257, 258
본태박물관 268
부가범택(浮家汎宅) 188
「빗물 속의 사원」 58

ㅅ

사마천 179
사바나 가설 268
4원소설 32
『산수심원기(汕水尋源記)』 192
『산행일기(汕行日記)』 192
상실/기다림의 모티프 204
생물다양성 121
서정주 15
석도(石濤) 54
『성경』 28
소로, 헨리 데이비드(Henry David Thoreau) 135, 223

찾아보기

293

솔로몬, 스티븐(Steven Solomon) 27
「수면의 물결」 225
수사지학(洙泗之學) 37
수유칠덕(水有七德) 41
순자 42, 152
〈순풍을 타고〉 258
스나이더, 게리(Gary Snyder) 224
스미요시 나가야(住吉の長屋) 주택 271
스토이케이온(stoicheion, στοιχεῖον) 31
습지 117, 121
「시냇물소리」 39
「심장이 두 개인 큰 강(Big Two-Hearted River)」 162

ㅇ

아가니페 샘 67, 80
아감벤, 조르조(Giorgio Agamben) 49
아낙시만드로스(Anaximandros) 29
아낙시메네스(Anaximenes) 29
아도르노(Theodor W. Adorno) 240
아렌트, 한나(Hannah Arendt) 19
아리스토텔레스 31
〈아빠가 오신다!(Dad's Coming!)〉 250
〈안개 경보〉 261
안도 다다오(安藤忠雄) 268~286
「어사재기(於斯齋記)」 190
에머슨(Ralph W. Emerson) 230
엘리아데(Mircea Eliade) 28
엘리엇, T.S.(T.S. Eliot) 23, 203, 204, 213, 252
엠페도클레스(Empedocles) 31

『열하일기』 172
「옛우물」 81~89
오규 소라이(荻生徂徠) 38
오상순 18
오정희 81~89
오행사상 33
올슨, 찰스(Charles Olson) 238
외돌개 전설 204
요시카와 고지로(吉川幸次郎) 38
우포늪 117~133
『월든』 135, 136, 142~144, 147, 150, 152, 153
월든 호수 135~153
「유년의 뜰」 87
유치환 43
유토피아적 공간 128
윤동주 71~77
음양오행사상 33
이성선 57~62
이어도 204
「이어도」(고은) 208, 209
「이어도」(이청준) 204~212
이어도 전설 204
이이(李珥) 182
이청준 204, 205
이하석 131
「인간과 바다」 230

ㅈ

「자연 도서관」 130
『자찬묘지명』 187

「자화상」 71, 74
장마 95, 99, 103
장소성 268
장소애 268
장자 57
정선 183
정약용 176~200
정자(程子) 37
정현종 234
제갈량 54
주자(朱子) 37
증기기관 26
증기력 26
지천회유식(池泉回遊式) 정원 274

ㅊ

「참회록」 77
천상지탄(川上之嘆) 37
천운영 103
『천주실의』 186
〈청어 그물〉 262
『촌병혹치(村病或治)』 180
최동호 39
최서해 110

ㅋ

카슨, 레이첼 202
칸트 253
「큰물진 뒤」 110~113
클라크미술연구소 281

ㅌ

타우트, 브루노(Bruno Taut) 276
「타워 크레인」 101
탈레스(Thales) 29
터너, 프레더릭 잭슨(Frederick Jackson Turner) 264
『톰 소여의 모험』 256
트웨인, 마크 215, 256

ㅍ

「풀리는 한강 가에서」 15
〈프라우츠넥 동쪽 곶(Eastern Point, Prout's Neck)〉 265
프로이트(Sigmund Freud) 49, 203, 228
플라톤 31

ㅎ

하백 22, 28
〈해변의 세 소년(Three Boys on the Shore)〉 256~257
『허클베리 핀의 모험』 215, 256
헤라클레이토스(Herakleitos) 31
헤밍웨이 162
호머, 윈슬로(Winslow Home) 250~266, 285
호쿠사이(葛飾北斎) 249
「홍범(洪範)」 34
홍수 95, 99, 103, 108
홍수 신화 112
「홍수 전후」 105~110
화이트, 길버트(Gilbert White) 142

황진이 39, 40
『흐르는 강물처럼』 157
「흐름에 잠긴 소도(小刀)」 44

『흠흠신서』 194
히니, 셰이머스(Seamus Heaney) 77~80
히포크레네 샘 67, 80